序　文

哲学の主題は多岐にわたるが、その関心の一部は常に人間の生にかかわるものであり続けてきた。すなわち、それをどのように理解し、それをどのように生きるべきか、といった問題である。本書に収められた諸論文は生に関するもの、すなわちその目的、その意味、その価値、そして、意識の形而上学に関するものである。主題のうちのいくつかは分析哲学者たちからは、ほとんど注目されなくなってしまったものである。というのも、それらの主題に関して明晰で正確であることは困難であり、諸々の事実や感情の交錯の中から哲学的に論じられるに値する抽象的な問いを引き出してくることも容易ではないからである。人生に関する諸問題は哲学的な方法によって検討されなければならないが、その際の哲学的な方法は、理論的な理解とともに個人的な理解を目的とし、しかも理論的な諸帰結を自己認識の枠組みの中に取り込むことによって、その二つの理解を結びつけることを目ざすような方法なのである。これには危険がともなう。重大で本質的な問いはまた、大げさで内容のない答えを誘い出しがちだからである。

あらゆる理論領域において、放縦と抑制、創造性と厳密性、豊潤さと精確さの対照が見られる。一方の過剰を避けようとすれば、他方の過剰に陥りやすい。壮大なスタイルに愛着をもてば、厳密さの要求に忍耐強く応えていくことができなくなり、知性によって理解できないものに対する寛大な態度に行き着くかもしれない。ある伝統のもつ欠点はそれのもつ長所を反映しがちであってみれば、分析哲学における問題はその逆の形で現われた。英米哲学は大問題を避けているというのは、正確には正しくない。一つには、哲学という領域の中心にある形而上学、認識論、言語哲学の諸問題以上に深遠で重大な問題は存在しないからであり、もう一つには、分析哲学の論壇の側でも、馴染みのない分野を探索していこうとする最近の試みを、快く受け入れるようになってきているからである。それにもかかわらず、無意味（ナンセンス）に対する恐れは、依然として強力な抑制効果を保持し続けている。論理実証主義が終焉して久しいが、分析哲学者たちは、最新の技術的な装備で身を固め、慎重に前進する傾向をもち続けているのである。

特定の標準的な諸方法に愛着をもった場合、それらの方法によくなじむ諸問題に関心が集中するようになることは、理解できることである。それは戦略的な選択としては完全に合理的でありうる。しかし、それはしばしば、何が真正の問いであるかを、利用できる解決方法の側から規定するという傾向をともなうのである。このような傾向は、学問的な主題においてばかりか、政治的、社会的な諸問題に関する議論の中にも見られ、「実在論」や「プラグマティズム」の名で通用している。たしかにこの傾向はある種の安心感を与えてくれはする。これによって、実在する重要な諸問題を無視しているのではないかという恐れからは解放されるからである。しかしこれは、どのような領域においても、そしてとりわけ哲学においては、不健全な傾向なのである。興味深いことが起こるのは、既存の探究方法によっては提起されることもないような問いを扱うために、新しい方法とそれに適した模範が開発されなければならなくなったときだからである。そのような問いは、ときには方法が開発されるまでは完全には理解されないこともある。不明瞭で根拠のない主張を避け、高水準の証明と論証を維持しようと努めることは重要である。しかし、他にも重要なことがらはあり、そのうちのいくつかのものは、事態を明快に保つことをむずかしくさせるのである。

私自身の哲学的な好悪ははっきりしている。私は、解決よりは問題を、論証よりは直観を、体系的調和よりは多元的不協和を信頼すべきだと信じている。単純さや優美さは、ある哲学理論を正しいとみなすべき理由には少しもならない。それどころか、そうしたものは通常、その理論が誤っているとみなされるための根拠なのである。直観的には受け入れがたい結論を擁護する圧倒的な論証が与えられた場合、われわれは、多分その論証には自分には見破れない欠陥があるのだ、と考えてみるべきである——もちろん、直観という源泉の方が誤認されている可能性もありはするが——。論証や体系的・理論的な考察の結果が直観的には意味をなさないように見える場合や、ある問題にスマートな解決が与えられても、問題は依然として存在するという確信を払拭しきれないような場合、あるいはまた、ある問題が本当の問題ではないことが証明されても、やはりそれを問い続けたいような気持ちが残る場合、その論証には何か欠陥があるのであり、さらなる検討が必要とされているのである。問題はしばしば再定式化されなければならない。最初の定式化に対して妥当な答えが与えられても、それによって問題を感じなくなってしまうわけにはいかないからである。未解決の問題に対する直観的な感覚を大いに尊重することは、哲学においては常に正当なことである。なぜならば、哲学においては、われわれの採っている方法はいつもそれ自体が問題とされているのであって、このことによって、われわれはいつでもその方法を放棄することができるからである。

哲学的実践に関する以上の諸見解を相互に結びつけているのは、哲学においては、理解させるためには得心させなければならない、という前提である。すなわち、哲学は信念を産み出したり破壊したりしなければならないのであって、ただ単に首尾一貫した言説を提供すればいいというわけではないのである。そして信念というものは、言説とは異なり、それがどのようにして形成されるにしても、意志の支配を受けるはずのものではない。信念とは不随意的であるはずのものなのである。

もちろん実際には、信念はしばしば意志の支配を受けている。信念が意志によって強制されることさえありうる。その端的な例は、政治的信念と宗教的信念である。しかし、とらわれた心は純粋に知的な文脈において、より巧妙な形をとって現われるのである。最も強い動機の一つは、信念それ自体に対するひたすらな渇望である。この病気にかかっている者にとっては、自分の興味を引きつける主題に関して、たとえ短い期間であろうと、自分の意見をもたずにいることは耐えがたい。そういう人々は、苦痛なしに採用できるような別の意見が出てきたときには、すぐに自説を変えてしまうかもしれないが、いかなる判断もできないような状態に身を置くことだけは、好まないのである。

この傾向はさまざまな形であらわれうるが、そのどれもが現在の主題の中にも見られるものである。一つは、どのようなことがらについてでも結論を導き出せるような体系的理論への愛着である。もう一つは、正しいものと誤ったものとの間で選択させようとする明快な二分法への偏愛であり、さらにもう一つは、その主題に関して考えつく他のあらゆる見解が論駁されたという理由で、ある見解を採りたくなるような傾向である。信念に対する節度のない渇望だけが、そうした理由に基づいてある見解を採ることを動機づけるのである。確信がもてない限り落ちつくことはできないが、さりとてどうにかして何が真理であるかを明らかにする力もない人々は、最後の手段として次のような決定を下して、逃げることもできる。すなわち、論争されている領域には正しいとか誤っているとかいったことは存在しないのだから、われわれは何を信じるべきかを決定する必要はなく、ただ自分の好きなことを——相互の撞着さえなければ——言うようにすればよいのであって、さもなければ、観察力は鋭いが自分の立場をはっきりさせない論敵たちの演ずる戦いの上を浮遊してもよいのである、と。

思慮の不足を避けることは、他の分野においてと同様に、哲学においても難しい。だが、問題のもつ困難な点に正当な顧慮を払わないような解決に到達するのは、あまりにも安易すぎる。われわれにできることはただ、常に答えを求め続け、長いあいだいかなる答えも得られないことに耐え、説明しがたい直観を無視しないように努め、明晰な表現と説得力のある議論という正当な規範には従うようにする、といったことだけである。

哲学的な問題のなかには解決のないものがあるかもしれない。最も深く最も古い問題こそがそうなのではないか、と私は思う。だが、そうした問題は、われわれの知性の限界をわれわれに教えてくれているのである。このような場合、われわれがどのような洞察に到達することができるかは、問題を放棄せずにしっかりとつかみ続けること、そして解決を目ざす新たな試みのどれもが、古い試みとともに、失敗していることを理解すること、にかかっている。（そういう理由で、プラトンやバークリーのように、その見解が誰からも受け入れられていない哲学者の著作を、われわれは研究するのである。）解決不可能な問題は、解決不可能だからといって、本当の問題でなくなるわけではない。

本書に収められた諸論文を書くにあたっては、内的な動機と外的な動機とがあった。それらはまったく異なる諸主題を扱っているとはいえ、個としての人間の生の観点への興味と、その観点がより客観的な現実の捉え方とどのように関係するかという問題への関心によって、相互に結びつけられている。このような問題は、第14章で総括的に論じられることになるが、倫理学から形而上学にいたる哲学のあらゆる領域で生じる問題である、客観的世界における主観性の位置という同じ関心が、心の哲学、人生の無意味さ、道徳における運の問題、その他に関する論文を書かせた。この関心は哲学について考え始めて以来ずっと、私の興味の中心にあって、私が取りくむ問題や私が達したいと思う理解の種類を規定し続けてきた。

いくつかの論文は、合衆国があの犯罪的に遂行されたばかげた戦争に従事している期間に、執筆された。この事実のために、私は自分の理論的な探究にむなしさを感じざるをえない状態におかれた。同胞意識というものは、愛国的な感情の弱い者にとってさえ、驚くほど強いきずなとなる。われわれは毎日、怒りと恐れをもって新聞を読んだ。そしてそれは、他国の犯罪について読むときとは違っていた。そのような感情によって、一九六〇年代の後半には、社会的・政治的問題に関して哲学者による本格的な専門研究がなされるようになったのである。

しかし、国策に対して哲学的な批判を提出することには、別種のむなしさがともなう。道徳的判断や道徳理論は、たしかに社会や政治の問題に適用することができるが、しかしその効力は著しく弱いのである。強い利害関係がからんでいるような場合には、品位、人間性、同情、公正に訴えるような議論によって——たとえそれがどんなに説得力のあるものであっても——何かを変えることはきわめて困難なのである。そのような議論をもち出すとすれば、名誉、応報、強さへの敬意といった、より原始的な道徳感情と競うことも必要となる。そうした諸感情は現代においても重要性を失っていない以上、政治的な議論において、侵略行為を非難し利他主義と人間性を力説することは、愚かな行為であらざるをえない。名誉を維持するには、通常、人間性を侵害したり妨害したりする能力が必要とされるからである。もちろん、名誉という概念にも柔軟性がある以上、それがいつかはある種の品位の要求を含むようにならないとも限らない。しかし、それは今ここにおける道徳意識の一般的形態ではないのである。

それゆえ私は、倫理学説の提唱が公共的奉仕活動の一形態たりうるかという点に関しては、まったく悲観的である。道徳的議論は、かなり特殊な条件下においてのみ、行為に対して影響を与えうるのだが、その条件が私には今のところまだはっきりわからないのである。（そのような条件は道徳の歴史と道徳の心理学を通して探究される必要がある。それは、ニーチェ以後の哲学者たちからはほとんど無視されてきた、重要だが未開発の課題である。）ある行動が不正であることや、ある政策が誤ったものであることが、白日の下に晒されるだけでは、明らかに不十分なのである。人々が聴く耳を持っていなければいかんともしがたいのだが、論証によってそういう状況をつくり出すことは不可能なのである。このようなことを述べることによって、私が強調したいことはただ、どれほど今日的な社会問題に関するものであっても、哲学的著作は依然として理論的なものであって、実践的な有効性の観点から評価されてはならない、ということだけである。哲学的著作が有効性をもつことはまれなのであり、もしそれが理論的に見て、社会の問題に無関係な著作ほどの深さがないならば、その関心が社会的であるというだけの理由で、より重要性が高いと主張するわけにはいかないのである。世界を変えることと、世界を理解することでは、どちらがより重要であるのか、私にはわからない。しかし哲学は、世界の推移への貢献度によってではなく、その理解への貢献度によってこそ、最もよく評価されるものなのである。

新装版　コウモリであるとはどのようなことか

目　次

凡　例

一、本書は、Thomas Nagel, *Mortal Questions*, Cambridge University Press, 1979 の全訳である。

二、原文のイタリック体は訳文では、圏点を付して示した。

三、原書の脚注は、各章ごとに章末にまとめた。訳注はすべて〔訳注〕と明記して、原注の後、または本文中に挿入した。他に訳注というほどではない言葉の補いを〔　〕によって文中に挿入した場合がある。

四、括弧の用法は、書名は『　』を用いる等、日本語の通常の慣例に従っている。

五、論文の配列、節、段落の切り方などは、すべて原書通りである。（ただし、原書の第14章には注5が欠落しているので、本訳書第14章の注5～注12は、それぞれ原書の注6～注13に対応している。）

1 死

死は、われわれの存在の絶対的かつ永久的な終焉である、と考えられている。だが、もしそうだと、すると、死ぬことははたして悪いことなのかどうか、という問いが起こるであろう。

この問題については、明らかな見解の不一致がある。一方には、死をひどく恐ろしいものと考える人々がいる。だが他方には、自分自身の死が早すぎたり苦痛をともなうものであったりすることは望まないとはいえ、死ぬことそれ自体には格別の不満はない、という人々もいる。前者のグループに属する人々は、後者のグループに属する人々が明々白々な事実に対して盲目である、と考えたがるのに対して、後者のグループに属する人々は、前者のグループに属する人々がある種の混乱に陥っている、と考える傾向にある。一方から言えば、生こそがわれわれの持っているすべてなのだから、それを失うことはわれわれが被りうる最大の損失である、と言える。しかし他方から言えば、死とはまさしくこの想定された損失からそれを被る主体を除去することなのだ、という反論が可能である。さらにまた、もしわれわれが、死は存続している人物に起こる想像不可能な一状態なのではなく、まったくの空白にすぎない、ということを理解するならば、死が、肯定的にせよ否定的にせよ、いっさいの価値を持ちえないことが理解されよう、と反論することもできる。

私は、われわれが何らかの形で死後の生をもつか否か、あるいはもちうるか否かという問いを不問に付しておきたいと思う。それゆえに私は、この議論においては、その後には意識のあるいかなる状態も継起しないような、永久的な死を意味するためにだけ、「死」という語、あるいはそれに類する語を使うことにする。私は、死はそれ自体として悪であるか否か、もし悪だとすれば、どの程度の悪であり、またいかなる種類の悪でありうるのか、を問題にしたい。この問題は、何らかの形で死後の生を信じている人々にとっても、興味の持てるものであろう。というのも、死後の生に対する態度の一部は、死に対する態度に基礎を置いているはずだからである。

およそ何らかの意味で死が悪であるとすれば、それは死のもつ積極的な性質のゆえではありえず、もっぱら死がわれわれから奪うもののゆえでしかありえない。私は、死は生が内に含んでいるすべての善きもの（goods）を無に帰してしまうがゆえに悪である、という自然な見解の周辺にあるいくつかの困難な問題を検討してみるつもりである。ここでは、そのような善きものそれ自体について説明する必要はあるまい。ただ、知覚、欲望、活動、思考といったそのうちのいくつかのものは、人間の生の全体に行き渡っており、それを成り立たせている当のものだと言えるほどである、という点に留意しておけばそれで十分であろう。生が内含しているそのような善きものは、幸福の条件であると同時に不幸の条件でもある。また、個々に生起する悪があまりにも多いために、ときにはそのような善きもののもつ価値など眼に入らなくなることもあるだろう。それにもかかわらず、その種の善きものは、それ自体としては巨大な恩恵であると広く認められているのである。思うに、このことが、たとえつらい人生であっても、生きることはそれだけでよいことである、という考えの意味するところであろう。事情は大略次のようなものであろう。それが起こることで人生がよいものになるような要因が存在し、逆に、それが起こることで人生が悪いものになるような要因も存在する。しかし、これら二種の要因を取り去ったとき、後には単に価値中立的なものが残るわけではない。残るのはあくまでも積極的な価値をもったものなのである。だからこそ、たとえ悪の要因に満ちあふれ、善の要因が少なすぎて単独では悪の要因を凌駕できない状況にあっても、やはり人生は生きるに値するのである。付加される善さは、人生の体験それ自体が与えてくれたものであり、体験の個々の内容によって与えられたものなのではない。

私は、ひとりの人間の生と死が他者に対して持つ価値、あるいは客観的に持つ価値については論じない。ただ、生と死がその主体である当の人物に対して持つ価値についてだけ論じたいと思う。私の見るところでは、それこそが最大の問題であって、また最も困難な問題でもあるのだ。二点だけ付け加えておこう。第一に、人生そのものの価値も人生の個々の内容のもつ価値も、単に生物として生き延びることには伴わない、という点。たとえば、即死の場合と昏睡状態が二十年続いてから死ぬ場合とを（他の条件は等しいものとして）比較していただきたい。ほとんどの人にとって、そこにたいした違いは認められないであろう。そして第二に、人生とその内容のもつ価値は、他のほとんどの財産がそうであるように、時間に比例して増加する傾向にある、という点。つまり、時間の量は多いに越したことはないのだ。その量は時間的に連続している必要はない（もちろん連続している方が社会的な観点からは好都合であろうが）。人々は、長期にわたる仮死または凍結状態の後に、意識をもった生を取り戻すという可能性に、魅力を感じている。なぜならば彼らはそのような事態を、内側から素直に自分の現在の生の継続とみなすことができるからである。そのような技術が完成した暁には、外側からは三百年間の休止期間と見えるものも、当人にとっては、自分の体験の内部における急激な不連続としてしか体験されないであろう。もちろん、このようなことがさまざまな不都合を含むことを、私は否定しない。家族や友人たちはその間に死んでしまっているかもしれない。言語は変化してしまっているかもしれない。社会的、地理的、文化的な馴染み深さからくる安心感はなくなっているだろう。それにもかかわらず、こうした不都合は、生存の継続――たとえ不連続的であっても――という根本的な利益を帳消しにすることはないであろう。

生における善の問題から死における悪の問題に眼を転じると、様相は一変する。細部にはなお問題を残すにせよ、本質的な点から言えば、生においてわれわれが望ましく思うものは、ある状態、ある境遇、ある行動様式、といったものである。われわれがよいとみなすものは、生きている状態であり、何かをする活動であり、何かに出会うという体験である。これに対して、死が悪だとすれば、そこで忌み嫌われているものは、生の喪失であって、死んでいるとか、存在していないとか、意識がないといったような状態ではない[1]。この非対称性は重要である。生きていることがよいことであるとすれば、そのよさは人生のそれぞれの時点における当の人物に帰属しているはずである。それは、バッハの方がシューベルトよりも長生きしたというそれだけの理由で、バッハの方がより多く持っているような善なのである。これに対して、死は、シェークスピアの方がプルーストよりも長く死んでいるという理由で、シェークスピアの方がより多く持っているような悪なのではない。死が損失であるとすれば、いつ人はその損失を被るのかを語ることは、容易ではないのである。

　われわれが死を嫌悪するのは、単にそれが人を長期に亘る非存在の状態に陥れるからではない。そのことを示す事実が他に二つある。第一は、すでに述べたように、われわれの大部分は生の一時的な中断を——たとえそれがかなりの長期に亘るものであっても——それだけでは不幸とみなさないだろう、ということである。もし、意識のある寿命の長さは縮めることなしに、人々を冷凍することに成功したとすれば、一時的な活動停止状態にある人を哀れむことは、不適切であろう。第二は、われわれは誰も生まれ落ちる以前には（あるいは母の胎内に宿る以前には）存在していなかったわけだが、そのことを不幸だとみなす人はほとんどいない、という事実である。この点については、後にまたふれる機会があろう。

　死は不幸な状態とはみなされないという点を確認することによって、われわれは死の恐怖の起源に関する奇妙ではあるがきわめて広く受け入れられている一つの見解を論駁することができる。死を嫌悪する者は、死んでいるということはどのようなことなのかを想像しようとする誤りを犯してきた、としばしば主張される。すなわち、この試みが論理的に不可能である（想像されるべきものが存在しないという陳腐な理由で）ということがわからないために、死は不可解な、それゆえに恐ろしい、予想された状態であると確信されるようになるのだ、というわけである。しかし、この診断は明らかに誤っている。というのも、死んでいる状態を想像することが不可能なのは、完全に意識のない状態を想像することが不可能なのと同じこと（もちろん、どちらの状態にある自分自身も、外側から想像することは容易であるが）でしかないからである。それにもかかわらず、死を嫌悪する人も無意識を（それが目覚めた人生の総持続時間の実質的な削減とならない限り）嫌悪しないのが普通なのである。

死ぬことは悪いことである、という見解の意味するところを理解するためには、生は善であり死はその善の剥奪あるいは喪失である、ということを根拠にせざるをえない。死が悪であるのは、死のもつ積極的な特質によってではなく、死が奪い去るものの望ましさによってなのである。ここでわれわれは、この仮説がひき起こす重大な困難に向かわなければならない。喪失や剥奪といったことがらそのものにともなう困難と、特に死に関する場合の困難である。

本質的に言えば、問題は三つの型に分けられる。第一に、何ごとであろうと、ある人にとって積極的に不快であることなしに、その人にとって悪い事態であるようなことがありえようか、という疑問が立てられうる。もっと立ち入って言えば、可能性としての善きものが剥奪されることにのみその本質を置き、誰かがその剥奪に嫌悪感をもっていることには基づかないような悪というものがありえようか、という疑問である。第二に、想定された不幸はそもそもどのようにしてある主体に帰せられうるのか、という死の場合に固有の困難がある。その主体は誰なのかという点にも、彼はいつその不幸を被るのかという点にも、疑問がある。ある人が存在する限り、その人はまだ死んでいないが、ひとたび死ねば、その人はもはや存在しない。それゆえに、死は、たとえ不幸であるとしても、その不幸の主体に帰される時がないように見える。第三の困難は、すでに言及したことだが、死んだ後の非存在と生まれる前の非存在に対するわれわれの態度の非対称性に関するものである。後者が悪い事態でないとすれば、前者はどうして悪い事態でありうるのだろうか？

もしこれらの問題点が、死を悪とみなすことに対する正当な反論であるとするならば、それらはまた悪とみなされた他の多くの事象にも妥当することが、当然認められてよいはずである。第一の問題点は、当人の知らないことが人を傷つけることはありえない、というよく知られた見解の中に一般的な形で表現されている。それはすなわち、ある人が友人に裏切られていようとも、陰で嘲笑されていようとも、また、面と向かっては丁重に扱ってくれる人々に実は軽蔑されていようとも、その結果として当人が苦しみ悩んでいない限り、それらはいずれも彼にとっての不幸とはみなされえない、ということを意味する。それはまた、遺言状の執行者によって自分の意志が無視されることになったとしても、また、自分の栄光を支えているすべての著作が、実は二八歳のときメキシコで死んだ弟の筆によるものであると、死後広く信じられるようになったとしても、当人がそのことで傷つくことはない、という意味でもある。善と悪に関するどのような前提からこのような強い限定が導かれるのかは、私には問うに値することのように思われる。

問題になっていることがらは、すべて時間と何らかの関係をもっている。たしかに、もっぱらある時点において彼が置かれている条件だけのために、その人がその時点で所有するような単純な善と悪（快と苦をふくむ）も存在する。しかし、われわれがある人にとってよいとか悪いとか言っているすべての場合が、この単純な善悪で割り切れるわけではない。ある事象が彼にとって不幸であるか否かを判定するために、彼の経歴を知る必要があることもしばしばである。これは特に、悪化、剝奪、損傷といったような害悪について言えることである。時には、当人の体験している状態は、どちらかと言えばむしろ重要でない場合もある――アスパラガスと交信する方法を探究することで、愉快に人生を浪費する人の場合などがそうである。あらゆる善悪はその人に起こる時間指定の可能な状態でなければならない、と考える人の中には、より複雑な善悪がひき起こす快や苦を指摘することによって、困難な事例も等し並に扱おうとする人がもちろんいるであろう。この見地に立つと、損失を被ること、裏切られること、欺かれること、嘲笑されることが悪であるのは、それを知ったときに人々が苦しみ悩むからである、ということになる。しかし、それはちがう。むしろまったく逆に、これらの困難な事例も説明できるためには人間の価値に関するわれわれの考え方がどのように出来ていなければならないのか、が問われるべきなのである。このように考えることの一つの利点は、それによって、なぜそれらの不幸を知ることが苦悩をひき起こすのかが――その苦悩を理にかなったものとするような仕方で――説明されうるようになる、という点にあると言えよう。というのも、裏切られたことを知った人が不幸になるのは、裏切られることが悪いことだからである、と考える方が、裏切られることが悪いことであるのは、それを知った人が不幸になるからである、と考えるよりも、無理のない考え方だからである。

それゆえ、次のような見解は研究に値するものであるように思われる。それは、ほとんどの幸福と不幸、善と悪は、限定された短時間の状態によってのみならず、過去の経歴と未来の可能性によっても規定された人物を、その主体としてもつ、という見解であり、そしてまた、この主体は連続的な空間と時間の中に正確に位置づけられうるのに対して、彼に起こる善や悪は必ずしもそのように位置づけられるわけではない、という見解である。(2)

このような考え方は、その過酷さにおいて死に近い、剝奪の一例によってうまく説明することができる。ある聡明な人物が脳に損傷を受けて満ちたりた幼児のような精神状態に退行してしまった、と想定しよう。彼に残っているような欲求はどれも保護者によって満たしてもらえるので、彼には何の悩みも不安もない。このような状況は、通常、彼の友人、親類、知人たちにとってだけではなく、誰よりも彼自身にとって、重大な不幸であるとみなされるであろう。これはもちろん、満ちたりた幼児が不幸であるという意味ではない。このような状態に退行してしまった聡明な大人こそが、不幸の主体なのである。彼自身は当然にも自分の置かれた状況に嫌悪感をもってはおらず、いやむしろ、彼がまだ存在していると言えるかどうかにさえ、いくらかの疑問があるにもかかわらず、われわれが同情する相手は、まさしく彼なのである。

このような人物も不幸な目にあっているという見方は、死に関して提出されたのと同じ反論にさらされている。彼は自分の置かれている状況を嫌悪していない。実際、彼の状況は、年齢と体の大きさを除けば、彼が生後三ヵ月の赤ん坊だったときの状況と同じなのである。その当時の彼には誰も同情などしなかったとすれば、なぜ今われわれは彼に同情すべきなのか。いや、そもそも同情されるべき人物として存在しているのは誰なのか。聡明な大人はもはや存在せず、われわれの前に残された生物にとって、幸福とはすなわち満腹と乾いたおむつのことなのである。

もしこれらの反論が妥当性を欠くとすれば、その理由はこれらの反論が、不幸の主体とその不幸を構成する境遇との間に成り立つ時間的な関係に関して、ある誤った仮定に基礎を置いているからである。われわれの前に横たわる大きすぎる赤ん坊にばかり注目するのをやめて、もしわれわれが、在りし昔の彼と在りえたはずの現在の彼とに思いを馳せるならば、そのような状態への彼の退行と、大人としての自然な成長の抹殺は、完全に理解可能な悲劇を構成するはずなのである。

この事例から学ぶべきことは、人に起こりうる善や悪を、特定の時点において彼に帰される非関係的な諸性質に限定することは、根拠のない独断にすぎない、ということである。このような限定が加えられてしまえば、今述べたような大規模な退行が悪から排除されるだけではなく、人生の成功や失敗に関して重要な多くのことがらも、また過程という性格をもつ人生の他の諸特徴も、善悪の規定を受けつけないものとなってしまうであろう。しかし、われわれにはそのような場所にとどまっていなければならない理由はない。まったく関係的でしかありえない善や悪が存在し、それらは、通常の仕方で時間空間的に制限された一人の人物と、時間においても空間においても彼と一致しない場合がありうる状況との、関係に関する諸特徴なのである。ある人間の生は、自分の身体と精神の境界の外で起こる多くのことを含み、また彼に起こることは、彼の生の境界の外で起こる多くのことを含みうる。このような境界は、欺かれたり、軽蔑されたり、裏切られたりするという不幸によって、常に踏み越えられている。（このような考え方が正しいとすれば、死に際にした約束を後に破ることのもつ悪さに関しても、単純な説明が成り立つだろう。それは死者に対して加えられた危害なのである。ある目的のためには、時間を別種の距離にすぎないものとみなすことが可能なのである。）精神的退行の事例はわれわれに、現実と可能だった非現実との対照に基づく悪を示している。人は、快と苦を感じる能力があるがゆえにのみ、善と悪の主体たりうるのではない。人はまた、成就されるかもしれないがまたされないかもしれない希望をもつがゆえに、あるいは、実現されるかもしれないがまたされないかもしれない可能性をもつがゆえに、善と悪の主体たりうるのである。死が悪であるとすれば、それはこのような観点から説明されねばならず、その場合、死を人生の内部に位置づけることができなくとも、そこにはいかなる困難もないはずである。

一人の人間が死ねば、死体が残る。そして死体も、家具に起こりうるような災難にならば、遇わないとも限らないのだが、そういう場合でも、死体は同情されるにふさわしい対象とは言えまい。だがその人間は、まさに同情されるにふさわしい対象なのである。彼は生を失った。だがもし彼が死ななかったならば、彼はその生を生き続け、生きることの内に存するどのような善をも手に入れることができたはずなのである。脳傷害による後天性の痴呆の例に対して提出された説明を、死の場合に当てはめてみるならば、損失を被った個人の時間空間的な位置は十分に明確であっても、不幸それ自体はそう簡単には位置づけられない、と言えよう。ただ、彼の人生は終わり、もはやそれが回復することはありえない、と述べることで満足せざるをえないのである。彼の過去や現在の状況ではなく、その事実こそが、——死が不幸であるとすれば——その不幸を構成する当のものなのである。それにもかかわらず、損失があるならば、誰かがそれを被らなければならず、彼は、たとえ損失それ自体はそうでないとしても、実在し特定の時間空間的な位置をもたなければならないのだ。ベートーヴェンに子供がいなかったという事実は、彼自身にとっては残念なことだったかもしれないし、世界にとっても悲しむべきことであったかもしれない。しかしそれは、生まれてこなかった子供にとっての不幸として記述されるわけにはいかない。私の考えでは、われわれはみな、この世に生を受けたという点において幸運だったのである。だが、善悪が胎児に、あるいはもちろん結合しなかった精子と卵子にも、帰属しえないものであるならば、この世に生を受けないことが不幸なことであるとは言えないのである。(これは、堕胎や避妊が殺人の一種であると言えるかどうかを考える際に、考慮されるべき論点である。)

このような観点をとることによって、ルクレティウスによって指摘された時間的非対称性の問題にも、解決の途が開けてくる。彼の見るところによれば、自分の誕生に先立つ永遠について思いを巡らしたからといって、精神の平静を掻き乱されるような人はいない。そこで彼は、この事実を論拠にして、死は誕生に先立つ深淵の対称的な鏡像にすぎないのだから、死を恐れることは非合理的である、と論じたのである。しかし、この議論は正しくない。そして、誕生に先立つ時間と死後の時間の違いこそが、それらを違ったものとみなす態度が理にかなったものであることを説明するのである。どちらの時間も彼が存在しない時間であるというのは正しい。しかし、死後の時間は、死が彼から奪う時間であり、もしまだ死んでいなかったならば、彼が生きていた時間なのである。それゆえ、どのような死も、彼がそのときまだ死んでいなければ送っていたはずの何らかの生の喪失を含意している。われわれは、彼がもしそれを失わずに持っていたならばどうであったかを、はっきりと知ることができ、それを失った主体を特定するのに、何の困難もないのである。

これに対して、誕生に先立つ時間は、彼が実際に生まれたよりも早く生まれていたならば、彼が生きたであろう時間である、とは言えない。というのは、早産の場合に許される短い許容幅を別にすれば、彼がより早く生まれていたという可能性はないからである。彼が実際に生まれた時点よりも十分に早く生まれた人は、誰であれ、彼以外の人なのである。それゆえ、彼の誕生に先立つ時間は、彼の誕生がそれより以後に起こるために彼が生きられなかった時間ではない。彼の誕生は、それが起こる時点において、彼からいかなる形にせよ生を奪うことを含意してはいないのである。

人間や他の諸個体に可能性を付与するに際して、時間の方向は決定的な役割を演じる。一人の人物がもちうる異なる可能的人生は、共通の端緒から分岐していくことはできるが、分岐した端緒から共通の結末へ向けて収斂していくことはできない。（後者は、一人の個人のもちうるさまざまな可能的人生をではなく、人生の結末を同じくするさまざまな可能的諸個人を表現していると言えよう。）特定可能な一人の個人が与えられれば、彼の持続的生存に関して無数の可能性が想像可能であり、また、われわれは彼が無限に生存し続けたならばどうであるかを、はっきり思い描くことができる。そのようなことが起こらないことがどれほど確定的であろうとも、もし人生がわれわれが考えたように善であるとするならば、そのような可能性は、やはり彼にとって善の持続の可能性を意味するはずである。(3)

それゆえ、われわれに残された問題は、その可能性が現実とならないことはいかなる場合にも不幸なことであるのか、それともそれは、通常は何が望まれるかに依存しているのか、という問題である。これは、死は常に悪であるという立場のもつ最も深刻な困難であるように私には思われる。体験されない、あるいは人生の特定の時点に割り当てられない不幸を認めることに対する反論を、たとえうまく処理することができたとしても、依然としてわれわれは、その可能性が現実とならないことが不幸である（あるいはひょっとしてその可能性が悪いものである場合には、幸福である）可能性はどの程度なのか、という点に関しては、ある限度を設定せざるをえないであろう。二四歳で世を去ったキーツの死は、一般に悲劇的なものとみなされているが、八二歳で迎えたトルストイの死は、そうはみなされていない。彼らは二人とも永遠に死んでいるではあろうが、キーツの死はキーツからトルストイには与えられていた多年の人生を奪ったのである。したがって、まったく明らかに、キーツの損失の方が甚大であった（無限量相互の数学的比較において標準的に用いられる意味においてではないが）。しかし、だからといってトルストイの損失が取るに足らないものであったことにはなるまい。おそらくわれわれは、不可避的なことがらに理由なく付加された悪に対してだけ、嫌悪感を表明するものなのであろう。八二歳で死ぬよりも二四歳で死ぬことの方が悪いという事実は、八二歳で——いや、八六歳でさえも——死ぬことが恐ろしいことではないということを含意していない。問題は、死すべき運命のような、種にとって正常な限界を不幸とみなしうるかどうかである。盲目あるいは、それに近い状態はモグラにとって不幸ではない。人間にしたところで、盲目が人類の正常な状態であったとすれば、それが不幸であるとは言えないだろう。

厄介なことに、生は死がわれわれから奪い去る善きものにわれわれを精通させるのである。モグラは視力の真価を理解することができないのに反し、われわれは死が奪い去る善きものの真価をすでに十分に知悉している。それらのものの善きものとしての資格に対する疑いは不問に付し、それらの量はいくぶんかはその持続時間に左右されるものであることを認めるならば、残る問題はやはり、死は、いつ起ころうとも、その犠牲者から本質的な意味において生の可能的継続を奪うことになる、と言えるかどうかである。

われわれの置かれた立場は両義的なものである。外側から見れば、人間は明らかに自然の寿命を持っており、せいぜい百年ほどしか生きることができない。これに対して、自分自身の体験に関して人間が抱いている感覚には、この自然的限界という観念が備わっていないのである。彼の存在は彼に対して、本質的に終局のない可能的未来をはっきりと示しており、その未来もまた、彼が過去において一応我慢ができるものだとみなした善と悪とのありきたりの混淆を含んでいる。自然的、歴史的、社会的偶然の集積によって、無理由にこの世に生を受けてしまった彼は、自分が一つの生の主体であることを知り、不確定ではあるが本質的に限界のない未来が開けていることに気づくのである。このように見れば、死は、どれほど不可避的なものであるとしても、不確定に広がる可能的な善きものの突然の抹消にはちがいない。それが正常であるということは、ここでは何の重要性ももたない。というのも、われわれの誰もが数十年で死ぬからと言って、それ以上長く生きることはよくないことだ、ということにはならないからである。われわれの誰もが苦痛に喘ぎながら——半年間続く激しい肉体的苦痛のうちに——死んでいくと想定してみよう。この場合、誰もがそれを免れえないという事実は、その未来の展望から少しでも不快さを取り除くであろうか。だとすれば、剝奪の場合にどうして事情が異なることがあろうか。もし正常な寿命が千歳だったとすれば、八〇歳で死ぬことは悲劇であろう。だが現実の場合にも、それは単により広く行き渡っているというだけで、悲劇であることに変わりはないのかもしれない。もしそれを体験できれば善い体験となるような生の総量に限界がないとすれば、その場合、われわれの誰にも例外なく悪しき終局が待ち受けているのだ、と言ってもよいことになるだろう。

（1）　われわれが本当に嫌悪しているのは死んでいく過程である、と言われることがある。しかし、もしその過程の果てに死があるのでなければ、私は死んでいくという過程自体を恐れはしないだろう。

（2）　もちろんこのことは、彼について言えること一般に妥当するわけではない。たとえば、エイブラハム・リンカーンはルイ十四世よりも背が高かった。しかし、いつ？

（3）　率直に告白すれば、私は上述の議論に困惑している。それは、誕生以前の非存在と死後の非存在に対するわれわれの態度の単純な違いを説明するためにはこの議論は複雑すぎるという理由による。この理由のために、死を可能性の剝奪とみなす分析によっては、死が悪であることの説明から何か本質的なものが欠落してしまうのではないかと、私は感じている。私の疑惑は、ロバート・ノージックの次のような想定によって補強される。人間はその誕生よりもはるかに以前から存在している胞子の成長した形態であることが発見されたと想定してみよう。この空想においては、自然のままでは、人間の誕生は胞子の存在の永久的な終結より百年以上前に起こることはない。しかしそのとき、この胞子の孵化を早期に誘発する方法が発見され、人々は自分の前に数千年に及ぶ人生が開けた状態で生まれてくることになる。このような状況を想定すれば、自分自身が数千年前に生まれていたと想像してみることも可能となるだろう。そこで本当に人物の同一性が成立していると言えるかどうかという問題はさておき、胞子の同一性という条件さえ与えられていれば、そこから、ある時点での人間の誕生は、可能だったはずの何千年もの生を彼から奪うことになりうる、ということが帰結するように思われる。生まれるのが遅すぎたために、可能だった何千年もの生を奪われてしまったことは、彼を落胆させるかもしれないが、その感情は多くの人々が死に対して抱く感情とは違ったものであろう。それゆえに私は、将来の見通しとしての永遠の無には、可能性の否定という観点からの分析ではとらえられない何かがある、と結論せざるをえない。そうだとすれば、ルクレティウスの議論はまだ答えられていないことになる。それに答えるためには、自分自身の人生に向かう態度における過去と未来の相違を一般的に考察する必要があるのではないかと思われる。たとえば、過去の苦痛と未来の苦痛に向かうわれわれの態度は大いに異なっている。デレク・パーフィットのこの問題に関する未刊の著作は、この問題の難しさを私に教えてくれた。

2　人生の無意味さ〔訳注〕

ほとんどの人が、時おり、人生は無意味なものだと感じるが、中にはそのことを特に強く、そして継続的に感じる人もいる。だが、この信念の根拠としてしばしば提出される諸理由は、明らかに不適切なものである。それらによっては、なぜ人生が無意味であるのかを、真に説明することはできないのである。だとすれば、それらの諸理由が人生は無意味であるという気分の自然な表現でありえているのは、なぜだろうか。

I

いくつかの例を考察してみよう。今われわれが行なっていることは、何であれ百万年後にはどうでもよいことになってしまう、としばしば言われる。しかし、もしそれが正しいとすれば、同じ根拠によって、百万年後に起こることは、何であれ今はどうでもよいことだ、とも言えるはずである。だとすれば、その一例である、百万年後に今われわれが行なっていることがどうでもよいことになってしまうというそのことも、今はどうでもよいことだ、と言えるはずなのである。さらにまた、たとえ、今われわれが行なっていることが百万年後に重要性をもつとしても、それによってどうしてわれわれの現在の関心事が無意味なものでなくなりうるだろうか。われわれの関心事が今重要であることによっては、それが無意味でなくなりはしないのであれば、そうした関心事が百万年後に重要であるとしても、それがどんな助けになりうると言うのか。

われわれが今行なっていることが百万年後に重要性をもつかどうかが決定的な違いとなりうるのは、それが百万年後に重要性をもつかどうかが、そもそもそれが重要性をもつかどうかに依存している場合だけである。しかし、そうだとすると、何であれ今起こっていることが百万年後に重要性をもつことを否定するならば、それは今起こっていることが重要でないということをすでに前提していることになる。なぜならば、そのような意味において、（たとえば）ある人が今幸福であるか不幸であるかが百万年後に重要性をもたないということは、それが今重要性をもたないということが知られていなければ、知りえないからである。

われわれが人生の無意味さを表現するのに用いる言葉は、多くの場合、空間または時間と関係している。われわれは、宇宙の無限の広がりの中では、ほんのちっぽけな点にすぎず、われわれの人生は、宇宙論的な時間は言うに及ばず、地質学的な時間の尺度から見ても、ほんの瞬間にすぎない。われわれの誰もが次の瞬間にはもう死んでいるのである。しかし、言うまでもなく、これらの明白な諸事実のいずれも、人生を無意味に――それが無意味だとして――している当のものではありえない。というのもわれわれが永遠に生きると仮定してみよ。七十年間続くとき無意味であった人生は、永遠に続くとすれば無限に無意味なものとはならないだろうか。また、もしわれわれの人生が現在の大きさで無意味であるとすれば、われわれが宇宙全体を満たしたとき（われわれ自身が大きくなるか、または宇宙の方が小さくなるかのいずれかの仕方で）、どうしてその無意味さが減ることがあろうか。自分が時間空間的に小さな存在であるという意識は、人生は無意味であるという感情と密接に結びついているように思われる。しかし、それがどのような結びつきなのかは、明らかではない。

もう一つの根拠薄弱な議論は、われわれはいずれ死ぬのだから、正当化のあらゆる連鎖は空中で止まってしまう、というものである。人は金を稼ぐために、勉強したり働いたりする。金を稼ぐのは、衣服、住居、娯楽、食糧に使うためである。そのようにして、年々自分の生活を維持し、おそらくは家族を養い出世しようと努める、――だが、最終的には何のためになのか。それらはすべて、たいへんな労力と熱意を要するが、結局はどこへも行き着かない旅のようなものではないか。(人はまた、他の人々に対して何らかの影響を与えることもあろう。だがそれもまた同じ問題をうむだけである。彼らもまた死ぬのだから。)

この議論にも、いくつかの応答が可能である。まず第一に、人生は、それぞれの活動が後に続く行為を目的として持つような活動の連続から成り立っているのではない。正当化の鎖は、人生の内部で繰り返し終局に達するのであって、過程が全体として正当化されるかどうかは、そうした終局点の終局性とは何の関係もない。頭が痛いときにアスピリンを服用するとか、好きな画家の個展を見に行くとか、子供が熱いストーブに手を突っ込むのを止めるといったようなことを理にかなったものとするために、さらなる正当化が必要とされることはない。それらの行為が有効であるために、より広い文脈やさらなる目的が必要とされることはないのである。

たとえ誰かが、通常は自己正当化的であるとみなされている人生のあらゆる事象の遂行に対して、さらなる正当化を与えたいと望んだとしても、そのような正当化もまた、どこかで終わらざるをえない。もし、それ自身の外部にある何か――それもまた正当化される――によって正当化されるのでなければ、何ものも正当化する側にまわることができないのだとすれば、無限背進が帰結し、いかなる正当化の連鎖も完結しないことになる。そのうえ、理由の有限な連鎖が何ごとも正当化できないのであれば、無限の連鎖――その連鎖の個々の結合はどれもそれ自身の外部にある何かによって正当化されなければならない――によって、何が成し遂げられるであろうか。

正当化はどこかで終わらざるをえない以上、人生の内部で、正当化が終わるように見える地点でそれが終わることを否定しても、あるいは、数多くの、そして多くの場合取るに足らない日常的な正当化を、単一の、人生全体を統制するような枠組みの下に包含しようとしても、そこからは何も得られない。われわれは、そのような試みに訴えるまでもなく、簡単に納得することができるのである。実のところ、正当化の過程に関する誤ったイメージによって、この議論は空疎な要求をしている。それは、人生の内部で有効に使われている理由では不十分だと主張しながら、そのことによって、終わりのあるすべての理由は不十分であることを示唆しているのである。だとすれば、およそ理由を与えることは不可能になるはずである。

それゆえ、人生の無意味を主張する標準的な議論は、論証としては失敗しているように思われる。しかし私の信じるところでは、そのような議論は、正確に述べるのは難しいが、根本的には正しい何かを表現しようと試みているのである。

Ⅱ

日常生活において、状況が無意味で馬鹿げているのは、意図または願望と現実の間に、はっきりとわかる食い違いが生じている場合である。たとえば、すでに可決された提案を支持するために誰かが手の込んだ演説をする場合、悪名高い犯罪者が有名な慈善団体の代表者にさせられる場合、留守番電話の録音された音声を相手に愛の告白をする場合、ナイト爵を授けられるときにズボンがずり落ちる場合、といったような状況である。

自分がそのような無意味で馬鹿ばかしい状況に置かれていることに気づくと、その人はふつう次の三つの方法のいずれかによってその状況を変えようとする。第一は、自分の願望を変える方法。第二は、現実の方を願望に適合させようと試みる方法。第三は、自分自身がその状況から完全に身を引く方法。われわれは、自分にとって無意味であることが明らかになった状況から、いつでも自ら抜け出ようとするとは限らないし、またいつでも抜け出られるとも限らない。にもかかわらず、そうした無意味さを除去しうると思われるある種の変化を想像することは――それを実行に移せるかどうか、また移すかどうかは別にして――通常は可能である。全体としての人生が無意味であるという感覚が起こってくるのは、われわれが、人間として生き続けることから不可分であり、それゆえ人生の無意味さからの脱出を——人生そのものから脱出することなしには——不可能とするような、膨張した意図または願望を——おそらくはぼんやりとであろうが——持ったときである。

多くの人々の人生は、彼らに固有の野心、境遇、人間関係といったものにかかわる月並みな諸理由のために、一時的あるいは恒常的に、無意味なものとなる。しかしながら、もし人生の無意味さに哲学的な意味があるとすれば、それは何か普遍的なもの——われわれすべてにとって意図と現実が不可避的に衝突するようなある点——の認知から生じるのでなければならない。このような条件が満たされるのは、これから私が論じるように、われわれが人生に対して抱く真剣さと、真剣に取りくんでいるあらゆることが恣意的なことあるいは疑問の余地のあることとみなされうるという常に開かれた可能性とが、衝突する場合である。

われわれは、エネルギーと注意力なしには、また、自分があるいくつかのことがらに特に真剣に取りくんでいるということを示すような選択をすることなしには、人生を生きていくことができない。だが一方では、われわれは常に、自分が現に生きている特定の生のかたちの外部に、ある視点をもつことができ、そこから見れば真剣であることは根拠のないことに見えてくる。われわれが持たざるをえないこの二つの視点が、われわれの中で衝突し、その結果、人生が無意味なものとなる。それが無意味であるのは、われわれが、自分でも解決不可能であることがわかっている疑念を黙殺し、その疑念にもかかわらずほとんど減ずることのない真剣さをもって生き続けるからなのである。

この分析は、二点において弁護を必要とする。第一点は、真剣であるこの避けがたさに関してであり、第二点は、疑念をもつことの免れがたさに関してである。

われわれは、真剣な人生を送っていようといまいと、また、名声、快楽、美徳、贅沢、勝利、美、正義、知識、救済といったものに第一義的な関心を抱いていようと、単なる生存に第一義的な関心を抱いていようと、ともかく自分自身を真剣に受け取ってはいる。もしわれわれが他の人々のことを真剣に受け取り、彼らのために献身的に努めているとしても、ただ問題が複雑になるというだけのことである。人間の生は努力、計画、打算、成功、失敗といったもので満たされており、われわれは、さまざまな程度の怠惰と活力によって、自分の人生を追求しているのである。

もしわれわれが一歩退いてこの過程を反省することができず、自己意識なしに衝動のおもむくままに導かれる存在であったならば、事情は違っていよう。しかし、人間はもっぱら衝動によってのみ行動するような存在ではない。人間は思慮深く、反省的であり、結果を比較考量し、自分のしていることがするに値するかどうかを問い直す。人間の生は、時間的な構造をそなえたより広い諸活動の中ではじめて整合的となるような、個別的な選択によって満たされているのではない。人間はまた、最も広大な観点から、何を追求すべきであり何を避けるべきか、自分のもつさまざまな目標の優先順位はどうあるべきか、どのような人間でありたいか、またはなりたいか、といったことにも決定を下す。時に応じて自分が下す広い範囲に及ぶ決定に従って、そのような個別的選択に臨む者もいれば、無数の小さな決定の結果として彼の人生がとっている方向を反省してみるだけで、そのような選択に臨む者もいる。人間は、誰と結婚し、どんな職に就いたらよいかを決断し、カントリークラブに入るべきか、それともレジスタンスに身を投じるべきかについて決定を下す。人間はまた、自分がなぜセールスマン、学者、タクシー運転手であり続けているのかに多少の疑問を感じ、しばらく考えた後、これといった結論も得られぬまま、それ以上考えるのをやめてしまうかもしれない。

人生が提起するその時々の必要に応じて次々と行為の動機づけがなされていくにしても、人々がそのような過程を継続させていられるのは、そうした動機が位置づけられている一般的な慣習体系や生活様式に固執することによって——あるいはことによると生そのものに執着することによってのみ——なのである。彼らは瑣末なことがらに巨大なエネルギーと危険と打算を費している。普通の人々が自分の容貌、健康、性生活、情緒的な誠実さ、社会的有用性、自己認識、家族や同僚や友人との人間関係、仕事をどのくらいよくやっているか、世界情勢を理解しているかどうか、といったことがらに、どれほど必死になっているかを、考えていただきたい。人生を送ることはフルタイムの仕事であり、誰もがこの仕事に何十年にも及ぶ熱烈な関心を寄せ続けるのである。

この事実はあまりにも明白であるため、それが異常で重大であることに気づくのは困難である。われわれは各々、自分自身の人生を生きている——一日二十四時間、自分自身とともに生きている。他のどんなことをしていると考えられようか——他人の人生を生きることか？　だが、それにもかかわらず、人間には特別の能力があって、ちょうど砂山に四苦八苦しながら登って行くアリを見るときに湧いてくるような第三者的な驚嘆の念をもって、自分自身と自分が従事している人生とを、一歩退いて眺めることができるのである。人間は、自分がおかれているまったく独特な状況から逃れることができるという幻想をもつことなしに、その状況を永遠の相の下に眺めることができる——その眺めかたが人を落ち着かせ、彼の笑いを誘う。

きわめて重大な意味をもつこの後退の一歩は、正当化の連鎖の中でなお別の正当化を求めて、それが得られないことによってなされるのではない。この方向からの攻撃に対する反論は、すでに述べた通りである。正当化には終わりがあるのだ。しかし、このことこそがまさしく普遍的な懐疑にその対象を与えることになる。われわれが一歩退いて発見するのは、われわれの選択を支配し合理性の要求を支える正当化と批判の全体系は、反応と習慣に基づいているのだが、その反応と習慣はわれわれによって決して問題視されず、循環に陥ることなしには弁護されるすべもなく、たとえ問題視されたとしてもなおわれわれが固執せざるをえないようなものなのだ、ということだからである。

われわれが理由なしに、そして理由を必要とせずに為したり欲したりしていることがら——われわれにとって何が理由となり何がそうならないかを決めている当のもの——は、われわれの懐疑論の出発点である。外側から自分自身を眺めると、自分の目ざしているものやそれを追求することが、いかに偶然的で特殊的であるかがはっきりしてくるからである。しかし、われわれがこの観点をとり、自分の行なっていることが恣意的なことにすぎないと認めても、それによって人生から解放されるわけではない。そこに人生の無意味さがあるのだ。そのような外的な観点をわれわれがとりうるという事実に、ではない。究極的な関心事がそれほど冷静に捉えられている当の人物であり続けながら、その観点をとりうるという事実に、である。

Ⅲ

人はより広大な究極的関心事――そこからは一歩退くことが不可能であるような――を求めることによって、この状況を脱しようと試みるかもしれない。これはすなわち、人生が無意味に思われるのは、われわれが真剣に取りくんでいることがらが卑小な、取るに足らない、個人的なことがらだからだ、という考え方である。自分の人生に意味を与えようとする人々は、通常、自分自身よりも大きな何かの中で自分が果す役割や機能を心に描くものである。彼らはそれゆえ、社会、国家、革命、歴史の進歩、科学の前進といったものへの奉仕や、宗教や神の栄光への献身のうちに満足を見出すことになる。

しかし、より大きな企画の中での役割が人生に意味を与えうるのは、その企画がそれ自体として有意義なものである限りにおいてである。そしてその意義はわれわれが理解できるものへ帰ってこなければならない。さもなければ、それはわれわれが求めているものを与えてくれるように見えることさえないであろう。たとえば、われわれ人間は人間の肉を好んで食べる他の生物の食糧になるために育てられており、その生物は人間があまり筋ばらないうちにカツレツにして食べてしまおうとしていることがわかった場合には――たとえ人類というものはまさにこの目的のために飼育者によって開発されたものであることがわかった場合でも――、そのことによって人生に意味が与えられるとは考えられない。それには二つの理由がある。第一に、われわれはまだ、人間を食用にするこの存在者の生の意義に関しては何も知らないからであり、第二に、たとえ食用にされるというこの役割のゆえにわれわれの人生が彼らにとって有意味なものになるとしても、どうしてその役割のゆえにわれわれの人生がわれわれにとって有意味なものになるのかは、はっきりしないからである。

当然のことながら、より高き存在者への奉仕のとる通常の形態は、これとは異なっている。人はたとえば神の栄光を、鶏が「鶏肉のワイン煮」の栄光にあずかるような仕方で、眺め、分かちあうのではない。同じことは、国家、政治運動、革命といったものへの献身についても言える。人々は、自分がより大きな何かの一部であるとき、それが自分の一部であるとも感じるようになる。彼らは自分自身に特有のことがらにはもはやあまり思い煩わされなくなり、より大きな企画に同化することによって、その中での自分の役割に満足を見出すようになる。

しかし、より大きな目的は、それが何であれ、個人的生活の目標が疑問に付されたのと同じように、そして同じ理由で、疑いの対象となりうる。そこに究極的な正当化を見出すことは、より以前の段階に、つまり個人的な生の瑣末なことがらのうちにそれを見出すのと同じ程度には、適切なことである。しかし、それが適切であるという事実は、われわれが正当化を終わらせることに満足しているときにも、つまりさらなる正当化の必要性を感じないときにも、正当化には終わりがないという事実を変化させはしない。われわれが個人的な人生の諸目的から一歩退き、その諸目的のもつ意味を疑うことができる以上、われわれはまた、歴史や科学の進歩、社会や国家の繁栄、権力、神の栄光といったものから一歩退き、同じようにして、これらすべてのものに疑いをもつこともできるはずである。われわれに意味、正当化、意義を授けてくれるように見えるものがそう見えるのは、われわれがある点までしか理由を必要としていないからでしかない。

個人的な人生の有限な諸目的に関する疑いが避けがたいとすれば、それと同じ理由によって、人生が有意味であるという気分を醸成するより大きな目的のどれをとっても、それを疑うことは避けがたいことになる。ひとたび根本的な疑いが始まってしまえば、それを途中で止める手だてはない。

カミュは『シシュポスの神話』において、人生が無意味になるのは、世界が意味を求めるわれわれの要求に応えてくれないからだ、と主張している。だとすれば、世界が別様でありさえすれば、その要求が満たされることもありうることになる。しかし、そうでないことははっきりしている。（その中にわれわれがいる）どのような世界を想定してみても、そこに静めることのできない疑いが生起してこないとは考えられない。すなわち、人生の無意味さは、われわれの期待が世界と衝突することから生じるのではなく、自分自身の内部での衝突から生じるのである。

Ⅳ

このような疑いが感じられるとされているような見地など存在しない、という反論がなされるかもしれない。すなわち、推奨された一歩後退を実行したならば、われわれは稀薄な空気の中に入り込んでしまい、自分が査察の対象としているはずの自然な反応に関して、判断のいかなる根拠も見出しえなくなるだろう、という反論である。もしわれわれが重要性に関する通常の規準を持ち続けるならば、人生においてわれわれが行なっていることの意義に関する問いは、通常の仕方で答えられるであろう。しかし、もしわれわれがそれを持ち続けないとすれば、その問いはわれわれにとって何も意味することができない。なぜならばその場合、重要性という観念にはもはや何の内容もなくなるからであり、それゆえ、何も重要でないという観念にも何の内容もなくなるからである。

しかし、この反論は一歩退くということの本質を誤解している。一歩退くことによって、われわれは何が真に重要であるかを理解し、それに照らして自分の人生の意義のなさに気づく、と言っているのではない。われわれは決して、そのような反省の過程において、われわれの人生を導く通常の諸規準を棄てたりはしない。われわれはただ、それらの諸規準がはたらいているのを眺め、それらが疑問に付されたならば、無意味なことに、それらの諸規準自身を参照することによってしかそれらを正当化することができない、ということを認識するだけである。われわれはその成り立ちからしてそれらの諸規準に固執するように出来ているが、現在のわれわれにとって重要であったり、深刻であったり、貴重であったりするように思えることも、もしわれわれが異なったあり方をしていれば、そうは思われないのである。

たしかに日常生活においては、無意味さと対比されうるような真剣さや意義や調和の諸規準をわれわれが持っているのでなければ、ある状況が無意味であると判断することはできない。このような対比は、人生の無意味さに関する哲学的判断の場合には成り立たないのだから、無意味さという概念はこの種の判断の表現にはふさわしくない、と思われるかもしれない。しかし、そうではない。というのは、哲学的判断というものは、哲学的判断をより日常的なケースからの自然な拡張とするような、もう一つの対比に依存しているものだからである。哲学的判断が日常的諸判断から区別されるのは、人生の諸要求を、日常的な規準に代わる最優先の規準が出てくるかもしれないような文脈とではなく、むしろいかなる規準もありえないようなより大きな文脈と対比することによってなのである。

V

この点においても、他の点においてと同様、人生の無意味さに関する哲学的洞察は、認識論上の懐疑論に似ている。どちらの場合にも、最終的な哲学的懐疑は、確実性との対比が必要とされるような、証拠や正当化の体系の中での懐疑からの類比的拡張によって達せられるものではあるが、いずれも万人が認めるような揺るぎない確実性と対比されて立てられてはいない。また、どちらの場合にも、われわれの有限性は思考においてそのような限界を超越する能力と結合している（したがってそれらを限界とみなし、また回避できないものとみなしている）。

懐疑論が始まるのは、われわれが知識を主張する世界の中にわれわれ自身を含めるときである。われわれは次のことに気づく。あるタイプの証拠がわれわれを納得させること、信念の正当化がある点で終わることにわれわれが満足していること、もしそれが真であるならば自分が知っていると主張していることがらが偽となるようなことがらの否定を知っていたり、それを信じるに足る根拠をもっていたりすることなしに、われわれは多くのことがらを知っていると感じていること、といったことである。

たとえば、私は、今夢を見ていないことを知っていると主張するに十分な根拠を持ってはいないにもかかわらず、自分が一枚の紙を見ていることを知っている。だが、もし私が夢を見ているならば、私は一枚の紙を見てはいないのである。ここでは、われわれが自分の世界を大部分は自明のものとみなしていることを示すために、見かけがどのようにして実在から区別されうるかに関する日常的な理解が利用されている。自分は今夢を見ているのではないということの確実性は、循環をおかすことなしに、疑われている当の見かけによっては正当化されえない。私は今夢を見ているのかもしれない、と考えることにはいくらか無理がある。しかし、その可能性は一つの例であるにすぎない。この例が示していることは、知っているというわれわれの主張は、その内容と両立不可能なある別の内容を排除する必要を感じないことに依存している、ということであり、また、夢を見ているという可能性やすべてが幻覚であるという可能性は、大部分は思いつくことさえできないような無数の可能性の代表例であるにすぎない、ということなのである(1)。

ひとたびわれわれが一歩退き、信念、証拠、正当化の織りなす体系全体を眺める抽象的視点をもつにいたり、その体系全体が、見かけに反して、世界の大部分を自明なものとみなすことによってしか作動しないことを知るにいたったとき、われわれはすべてこれらの見かけをそれに替わるべき実在と対比できるような立場に立ったのではない。われわれは日常的な反応を脱却することはできないし、もしそれができたとすれば、そのときわれわれはどのような実在をも思い描く手段を持たないことになるであろう。

実践的な領域においても、事情は同じである。われわれは人生の外へ足を踏み出し、真に、客観的に有意義なことは何であるかを認識できるような、新たな立脚点に立てるわけではない。われわれのあらゆる決定や確信が可能なのは、ただ単にわれわれがわざわざ排除しようとはしない多くのことがあるからでしかない、ということを知りつつも、われわれは生の大部分を自明なものとみなし続けるのである。

認識論上の懐疑論も人生の無意味さの感覚も、われわれが受け入れている証拠と正当化の体系の内部で立てられた当初の諸懐疑を通って到達することができ、また日常的な諸概念を歪曲することなしに述べることができる。われわれは、なぜ自分の脚下に床があることを信じるべきなのかを問いうるだけでなく、なぜそもそも自分の感覚の明証性を信じるべきなのかを問うこともできる——そしてある点において、組み立て可能なこれらの問いはその答えよりも永続性をもつことになるであろう。同様に、われわれはなぜ自分がアスピリンを飲むべきなのかを問いうるだけでなく、なぜそもそも自分の苦痛を緩和しようと努めるべきなのかを問うこともできるのである。われわれはこの問いに対する答えを待たずにアスピリンを服用するからといって、この問いが本当の問いでなくなるわけではない。われわれはまた、なぜ自分の感覚の明証性を信じるべきなのかという問いへの答えを待たずに、自分の脚下に床があることを信じ続けるであろう。いずれの場合も、支えのないこの自然な信頼感こそが懐疑論的な懐疑を生み出すのであり、それゆえ、それらの懐疑を解決するために、その信頼を用いることはできないのである。

哲学的な懐疑論は、われわれの日常的信念を放棄させるのではなく、ただそうした信念に独特の風味をそえるのである。そうした日常的信念の真理性は、疑問に付されている当の信念の中に含まれている根拠を別にすれば、ありえないことだと決めてかかる根拠はないような諸々の可能性と両立不可能である、ということをわれわれはまず承認する。その後にある種のアイロニーと諦念をもって、もとの慣れ親しんだ確信に戻って来るのである。そうした確信が依存している自然な反応を放棄することができないので、われわれはそうした確信を取り戻すのである。他の誰かとともに逃げてはみたが、やはりもとの鞘(さや)におさまることに決めた夫または妻のように。しかしこのとき、元の確信や元の配偶者を見る眼は、おのずと異なったものになっているだろう。(ただしどちらの場合にも、新しい態度の方が古い態度よりも必然的に劣る、という意味においてではない。)

自分の人生や人間生活一般に対する真剣さを疑問に付し、諸々の前提を取り去って自分自身を見た後にも、同じ状況が成立する。われわれは自分の人生に復帰することになるし、またそうしなければならないのだが、その際、われわれの真剣さにはアイロニカルな風味が加わっている。アイロニーがわれわれを人生の無意味さから解放してくれるというのではない。何をするときでも、あたかも添えもののように、「人生は無意味だ、人生は無意味だ」とつぶやいてみても、無益である。生き、働き、努力し続けることにおいて、口で何を言おうと、われわれは行為において自分を真剣に扱っているのである。

信念と行為においてわれわれを支えているものは、理由や正当化ではなく、もっと根底的な何かである――というのも、理由が尽き果てたことを納得した後でさえ、われわれはこれまでと同様にやっていくからである。[(2)] もしわれわれが理由(リーズン)に完全な信頼を寄せようと努め、それを強力に押し進めたならば、われわれの人生や信念は崩壊してしまうだろう――それは、世界や人生を自明視する惰性的な力が、何らかの仕方で失われたときに実際に起こりうる、狂気の一形態である。もしわれわれがそうした惰性的な力を手放してしまったならば、理性(リーズン)の力によってそれを取り戻すことは不可能であろう。

VI

自分が実際に立てるよりも広い視野から自分自身を眺めれば、われわれは人生の傍観者となる。人生の純然たる傍観者として行なえることは多くないので、われわれは人生を継続して送り、ちょうど異国の宗教儀礼を見るときのように、単なる好奇心の対象として見ることもできるようなことがらに、真剣に取りくむのである。

このことによって、人生は無意味だという感覚が、この議論の当初に提示されたあの正しくない論拠のうちに、その自然な表現を見出すのはなぜなのか、ということが説明される。われわれの卑小さや寿命の短かさ、そして全人類はいずれは跡形もなく消滅するという事実への言及は、一歩退いて見ることのメタファーであり、そのことによってわれわれは自分を外部から眺め、特定の形態をとった自分の人生が好奇心をそそり少々驚くべきものであると気づくことができるのである。星雲的見地を気どることによって、われわれは自分自身を、諸々の前提を取り払って、世界の中に存在する任意の、独自性をもった、高度に特殊的な個体として、つまり可能な無数の生の形態のうちの一つとして、とらえうる能力を例証しているのである。

人生の無意味さは悲しむべきことであり、可能ならば免れるべきことであるのかどうか、という問題に向かう前に、もしそれを避けようとすれば何が放棄されねばならないかを、考えてみよう。

なぜネズミの生は無意味でないのか。月の旋回もまた無意味ではないが、そこにはいかなる努力も目的も含まれてはいない。しかしネズミは違う。彼らは生きていくために努力しなければならない。それでもネズミの生が無意味でないのは、彼らには自分が単なるネズミにすぎないことを知るのに必要な自己意識と自己超越の能力が欠けているからである。もし彼らにそうした能力が備わっていたとすれば、彼らの生は無意味で馬鹿げたものとなるはずである。というのも、自己認識は彼らがネズミであることをやめさせてくれるわけではなく、また彼らをネズミとしての努力を越えた高みに立たせてくれるわけでもないからである。自己意識が与えられたことによって、ネズミは、答えることのできない疑念に満ちた、しかしまた捨てることのできない目的にも満ちた、貧弱でしかも狂わんばかりの生に戻って行かなければならないのである。

超越論的な一歩はわれわれ人間の本性に属するものである以上、この一歩を踏み出すことを拒絶し、現世的な生の中にどっぷりと漬かり込むことによって、われわれは人生の無意味さを免れることができるだろうか。少なくとも、その一歩を意識的に拒絶することは不可能である。というのも、そうするためには、われわれは自分が採ることを拒絶している観点を知っていなければならないからである。問題の自己意識を免れる唯一の方法は、それに到達しないかまたはそれを忘れ去るかのいずれかであるが、どちらも意志によって実現されうることがらではない。

他方においてはまた、人生の無意味さのもう一方の構成要素を打ち倒そうとする試み——人間の生が無根拠で取るに足らないものに見えるような普遍的な視点とできる限り完全に一体化するために、自分の現世的で個別的な生を放棄すること——に労力を注ぎ込むことも可能である。（これはある種の東洋の宗教が説く理想のように見える。）もしこれに成功すれば、多大な努力を要する世俗的な生活の中で超越的な認識を引きずっていく必要がなくなるので、人生の無意味さは減少するであろう。

しかし、このような自己脱色（self-etiolation）が努力や意志力や克己心といったものの賜物であるならば、そのことは自分自身を個人として真剣にとらえることを、すなわち、卑少な人間的な生を無意味に生きることを避けるために相当な努力をあえてすることを、要求しているのである。このようにしてあまりにも精力的に求められることによって、世俗を脱するという目的の追求は、自ら墓穴を掘ることになる可能性がある。それでもなお、もし誰かが自分の個別的で動物的な本性を野放しにし、衝動のおもむくままにさせておく——衝動の要求を実行することを意識的な中心目的とするのでなしに——とすれば、それだけで彼は、相当量の反社会的な犠牲を払ってではあるが、たいていの人生に比べて無意味さの少ない人生を送れるかもしれない。もちろん、その人生が有意味であるとも言えないだろう。しかし、その人生においては、世俗的な目標の絶え間のない追求の中に、超越的な認識が忍び込んでくることもない。そして、このこと——つまり、納得しない超越的な意識を強いて人生のごとき内在的かつ有限的な企てに無理やり奉仕させること——こそが、人生を無意味なものに感じさせる主要な要因なのである。

最後の逃げ道は自殺だ。しかし、性急な解決策をとる前に、われわれの存在の無意味さが本当にわれわれに問題を提示し、その問題に対してある解決が発見されねばならないのかどうかを、注意深く考察する方が賢明であろう——これは一見したところ災難と見える事態に対処する一つの方法である。これはまさしくカミュがこの問題に取りくむ際の姿勢であり、この姿勢は、われわれの誰もが無意味で馬鹿げた状況のより小規模なものからは逃げ出すことを切望する、という事実によって支えられている。

カミュは——常にしかるべき根拠に基づいてとは言えないが——自殺やその他の彼が現実逃避的とみなす解決策を拒絶している。彼が推奨するのは、反逆と嘲笑である。われわれは、自分の申し立てに耳を貸さない世界に対して拳を震わせ、それにもかかわらず生き続けることによって、自分の尊厳を救うことができる、とカミュは信じているようである。これは、われわれの生を無意味でないものとはしないが、われわれの生にある種の高貴さを与えはするであろう。(3)

この考え方は、私にはロマンチックで少々自己憐憫的であるように思われる。われわれの生の無意味さは、これほどの悲嘆も、これほどの反逆も、正当化しない。私は、別の通路からロマン主義に陥る危険を犯しても、人生の無意味さこそがわれわれに関することがらのうちで最も人間的なものの一つ——われわれの最も進んだ最も興味深い特徴の現われ——である、と言いたく思う。認識論における懐疑論の場合と同様、この場合にもやはり、それが可能であるのはただわれわれがある種の洞察力を——すなわち、思考において自己自身を超越する能力を——所有しているからにすぎない。

生の無意味さの感覚がわれわれの置かれている本当の状況を把握するための一つの方法であるとすれば（その把握が成立したときにはじめて状況は無意味化されるのだとしても）、その感覚を嫌悪し、それから逃れようとすることに、どのような理由がありえようか。認識論上の懐疑論を生み出す力と同様、この感覚もまたわれわれの人間としての限界を理解する能力に起因しているのである。その感覚には、われわれがそうするのでなければ、苦悩の材料となる必然性はない。それはまた、われわれに自分の勇気や誇りを感じさせるかもしれないような、運命への反逆的嘲笑といったものをひき起こす必然性もない。そのような芝居じみた行動は、たとえ私的に遂行されるにしても、自分の置かれた状況の宇宙論的観点から見た取るに足らなさを正しく受け入れることができない、という弱点をはしなくも露呈している。もし永遠の相の下で何ものも重要であると信じるべき理由がないのであれば、それはまた事実重要でもないのであり、われわれは自分の無意味な人生に、英雄的勇敢さや絶望によってではなく、アイロニーをもって取りくめばよいのである。

（1） 外界に関する懐疑論はすでに論駁されていると一般に考えられていることは私も承知している。しかし私は、バークレーでこの問題に関するトンプソン・クラークの大部分は未発表の見解に接して以来、その論駁不可能性を確信し続けている。

（2） ヒュームも『人間本性論』の有名な一節でこう言っている。「きわめて幸運なことだが、理由（理性）にこれらの雲を吹き払う力がないがゆえに、自然（本性）そのものがこの目的を果たすことになる。つまり自然（本性）は、上述のような心の傾きを緩和したり、私の感覚にすべてこれらの妄想を一掃するような気晴らしや生き生きとした印象を与えたりすることによって、この哲学的な鬱屈と譫妄から私を立ち直らせてくれるのである。私は食事をとり、バックギャモンに興じ、会話をし、友人たちと楽しい時を過ごす。そして、三、四時間の娯楽の後、以前の思索に復帰しようものなら、そうした思索はあまりにもよそよそしく、不自然で、ばかげたものに思われ、なおもその思索に深入りしていく気にはなれなくなっている。」（第一篇・第四部・第七節）

（3） 「神々のプロレタリアートであり、無力で反抗的であるシシュポスは、自分のみじめな境遇を知りつくしている。下山のあいだ彼が考えているのはそのことである。彼を苦しめたはずの明敏さこそが、同時に彼の勝利を確実なものとする。嘲笑によって乗りこえられない運命はないのだ。」（『シシュポスの神話』新潮文庫、一七一ページ）

〔訳注〕「無意味さ」の原語は'absurd'。アルベール・カミュの『シシュポスの神話』での用法が強く意識されている。「不条理」という訳語が定着しているが、原語のニュアンスを過不足なく捉えることよりも、むしろ少々原語のニュアンスを逸しても、日常の日本語に移して問題を我がこととして感じとれるようにすることの方が大切だ、という訳者の考えから、ここではあえて「無意味さ」という訳語を採った。

3　道徳における運の問題

カントは、幸運や不運は、ある人物や彼の行為に対するわれわれの道徳的判断にも、彼に対する彼自身の道徳的評価にも、影響を与えてはならない、と信じていた。

善い意志は、それが達成したり成就したりすることのゆえに善いのでもなければ、目ざされた目的を実現するのに役立つがゆえに善いのでもない。善い意志は、その意志作用によってのみ、すなわちそれ自体として、善いのであって、それ自体として取り出された善い意志は、どれか一つの傾向を満たすために、いやそれどころか場合によっては一切の傾向の総和を満たすために、その意志がもたらしうるすべてのものよりも、比較を絶して高く評価されなければならない。特別の不運のゆえに、あるいはまた冷やかな自然があまりにも僅かなものしか与えてくれなかったがゆえに、この善い意志にはその意図を実現する能力がまったく欠けていたとしても、したがってどれほどの努力を払ってみてもこの意志は何ひとつ成し遂げることができず、あとにはただその善い意志だけが残る（もちろんこの意志は単なる願望のようなものではなく、力の及ぶ限りあらゆる手段を結集したものなのだが）としても、善い意志は、自らの内にその全価値をもつものとして、宝石のようにただそれだけで光り輝くのである。それが有益な結果をもたらそうともたらすまいと、その価値は増加も減少もしない(1)。

おそらく彼は、悪い意志についても同じことを語ったであろう。悪い意志がその邪悪な意図を実現しうるかどうかは、道徳に無関係なのである。そして、悪い結果が出れば非難されたであろう一連の行為は、たとえたまたまよい結果が得られたとしても、正当性が認められるわけではない。道徳上の冒険(リスク)というものはありえないのだ。この見解は誤っているように見えるが、しかしそれは、道徳的責任に関する根本問題に対する応答として登場したのであって、この根本問題にはまだ満足のゆく解決が得られていないのである。

この問題は道徳的判断の通常のあり方から出てきた。よく考えてみるまでは、当人の過誤でないことや、当人の手に負えない要因によって引き起こされたことのために、人々を道徳的に評価することはできないということは、直観的に当然のことのように見える。このような評価は、ある物を、あるいはある事態を、よいとか悪いとか評価することとは違う。後者もまた道徳的判断とは別に問題となりうるが、しかしわれわれが誰かをその行為ゆえに責める場合、われわれは単にそうした行為が生じたことが悪いとか、彼が存在することが悪いとか、言っているのではない。われわれは彼を判断しているのであり、彼は悪いと言っているのであって、それは彼が悪い物であるということとは違っている。この種の判断は、ある特定の種類の対象にしか妥当しない。どうしてそうであるのかを正確に説明することはできないが、ともかくわれわれは、ある行為や属性が——それがどれほど悪であれ——当人の意のままにならないということがわかれば、道徳的な評価を下すことの適切さはたやすく損なわれる、と感じるのである。他の評価はなお可能であるとしても、道徳的評価はその足場を失うように見えるのである。したがって、不随意の運動、物理的な力、状況に対する無知によって生み出された統制の明らかな不在状態において為されたことは、道徳的判断の対象とはならない。しかし、われわれの為すことは、そうした諸状態よりもはるかに多様な仕方で、自分の統制下にないものに——カント風に言えば、善い意志や悪い意志によって生み出されないものに——基づいている。そして、このより広い範囲における外的影響の数々が、為されたことを道徳的判断——肯定的であれ否定的であれ——から免除するとは、通常、考えられていない。

カントが念頭に置いていたような事例を始めとして、いくつかの事例を挙げてみよう。われわれが為そうとすることが首尾よく為されるかどうかは、ほとんどの場合、自分の統制力を越えた要因にある程度依存している。このことは殺人、利他的行為、革命、他の利益のためにある利益を犠牲にすること、といったような、道徳的に重要なほとんどすべての行為について妥当する。何が為されたか、そして何が道徳的判断の対象とされるかは、部分的には外的諸要因によって決定されているのである。善い意志がいかにそれだけで宝石のように光り輝こうとも、焼えているビルから逃げ遅れた人を実際に救出することと、その人を救出しようとして十二階の窓から下へ落とすことの間には、道徳的に重要な相違がある。同様に、不注意な運転とそれゆえの殺人との間にも、道徳的に重要な相違がある。だが、不注意な運転者が歩行者をひくかどうかは、彼が赤信号をうっかり見落として通り過ぎたその場所に、たまたま歩行者がいたかどうかにかかっているのである。われわれの為すことはまた、自分が直面する状況や選択の範囲によって限定されているが、そうしたもののほとんどは、自分の意のままにならない要因によって決定されている。強制収容所の役人であったある人物は、もしナチスがドイツにおいて政権をとらなかったならば、穏やかで無害な一生を送ったかもしれない。そして、アルゼンチンで穏やかで無害な一生を送ったある人物は、もし一九三〇年に商用でドイツを離れなかったならば、強制収容所の役人になっていたかもしれないのである。

これらの例や他の例については、後に言及するつもりである。ここではただ、一般的な論点を示すために例示してみたにすぎない。ある人の為すことの重要な一面が彼の意のままにならない要因に依存しているにもかかわらず、その点において彼を道徳的判断の対象とみなすことをわれわれがやめない場合、その一面は道徳上の運（moral luck）と呼ばれうる。それは幸運であっても不運であってもよい。そして、この現象によって提起される問題——それこそがカントをしてこの現象の可能性を否定させることになったのだが——は何かと言えば、それは、ここで確認された広い範囲にわたる外的影響は、仔細に検討してみると、より狭い範囲における周知の免責条件と同じほど確実に、道徳的評価の土台を掘りくずすように見える、ということなのである。当人の統制の下にある（意のままになる）という条件が常に適用されるのであれば、われわれが自然に行なっている道徳的評価の大部分がそれによって浸食されてしまうであろう。われわれが誰かを道徳的に判断する際の根拠となる事象は、一見そう見えるよりも多くの点で、当人の意のままにならないことがらによって決定されているのである。そして、過誤や責任についての一見自然に見えるこの必要条件が、これらの事実を考慮に入れて適用されるとすれば、反省以前的な道徳的判断の大部分は、維持できなくなってしまうであろう。究極的には、人の為すことに関するすべてのことが、あるいはほとんどすべてのことが、彼の統制下にはないように見えるのである。

それならばなぜ、統制下にあるという条件は誤りであって、最初はもっともらしく見えたが、明白な反例によって論駁された仮説にすぎない、と結論づけてはならないのか。そうする代わりに、人はこのような場合、特定の道徳的判断を実際に無効とするような統制の欠如の*種類*を選び出す、より洗練された条件を求めて行くことができるであろう。そして、ほとんどのあるいはすべての道徳的判断は不当であるという、よい広い条件から導出される受け入れがたい結論に屈することはないのである。

この逃げ道をふさぐものは、われわれは理論的な推測をしているのではなく哲学的な問題を論じているのだ、という事実である。統制下にあるという条件は、ある種の明白な諸事例からの*一般*化としてだけ持ち出されるわけではない。その条件は、元来の諸事例を越えて拡張された新たな事例においても適切であるように見える。統制が欠如している新たな事例を考慮することによって道徳的判断の根拠を危くする際、われわれは単にそのような一般的仮説が与えられた*なら*ばそこから何が帰結するかを発見しているのではなく、それらの事例においてもまた統制の欠如が重大な意義をもつことを現に承認しているのである。道徳的判断の浸食は、その判断が諸事実のより完全でより正確な説明を考慮して適用されている場合には、単純すぎる理論からの不合理な帰結として現われるのではなく、道徳的判断の通常の観念からの自然な帰結として現われるのである。それゆえ、その帰結の受け入れがたさから道徳的責任の帰結に関する異なった説明の必要性へと議論を進めるのは、誤りであろう。道徳上の運とは矛盾した観念であるという見解をもつ人は、倫理的にせよ論理的にせよ誤謬を犯しているのではなく、道徳的判断の直観的に受け入れ可能な条件がその判断そのものの根拠を脅かす危険性の一つを認知しているのである。

これは、哲学の別の領域、すなわち知識論の領域における状況と類似している。その領域でもまた、知識の主張の正当性を疑ったり弁護したりする際の通常の手続きから出てくる、まったく自然に見える条件が、もし一貫して適用された場合には、その種の主張の正当性そのものの根拠を脅かす危険性がある。懐疑論的な議論の大部分はこのような性質を持っている。それは、誤解によって到達された根拠のない知の基準の押しつけに基づいているわけではなく、通常の基準の一貫した適用からの不可避的な帰結として現われて来るのである。[2] さらに、実質内容にかかわる類似もある。というのは、認識論上の懐疑論とは、われわれの信念とその信念の実在に対する関係が、われわれの統制を越えた（意のままにならない）要因に依存しているような点を考慮することから、生じるものだからである。外的原因と内的原因からわれわれの信念は産み出される。もちろんわれわれは、こうした過程を誤りを避けるための批判的吟味にかけることもできようが、しかし、その水準におけるわれわれの結論もまた、部分的には、自分の直接的な統制下にはない諸々の影響を受けざるをえないのである。どこまで探究を進めても、結果は同じことであろう。われわれの信念は常に、究極的には、自分の意のままにならない諸要因に依存しており、そうした諸要因を包囲しようとすれば、今度は別の諸要因に依存せざるをえない。それゆえにわれわれは、自分が何ごとかを知っているということを、疑問とせざるをえないことになる。われわれの信念のどれかが真理であるとしても、それは知識というよりも純粋な生物学的幸運であるかのように見えてくるのである。

道徳上の運もこれに似ている。というのは、道徳的評価の自然な対象が当人の意のままにならないものであったり、意のままにならないものによって影響されていたりする場合は多いのだが、こうした事実を考慮に入れながら、しかも自分の判断を手放さないでいることは不可能だからである。

道徳的評価の自然な対象が、困ったことに運に左右される仕方は、大ざっぱに言って四つある。一つは構成的な運という現象であり、あなたがどういう種類の人間であるか、という問題である。と言っても、あなたが何を意図的に行なうかが問題なのではなく、あなたの性向、資質、気性が問題なのである。もう一つはあなたの置かれた環境に関する運である。つまり、あなたがどういう種類の問題や状況に出会うか、ということである。他の二つは、行為の原因と結果に関係している。すなわち、先行する事情によって行為が決定される仕方に関する運と、行為や計画が何らかの結果をもたらす仕方における運、の二つである。これらはすべてある共通の問題を提示している。すなわち、これらのどれもが次のような観念と対立しているのである。それは、ある人が何ごとかに関して非難や賞賛に値すると言っても、その人の統制下にある、その何ごとかの一部分に関して、その人が非難や賞賛に値するほどではありえない、という観念である。当人の統制の及ばない事象や、当人の統制が部分的にしか及ばない結果に与える影響に関して、功績を称えたり責任を負わせたりすることは、非合理的であるように思われる。そのような事象は行為の条件をなすかもしれない。しかし行為が道徳的な判断の対象となりうるのは、行為がその条件を越えており、単なるその条件からの帰結ではない場合に限られるのである。

まず最初に、行為のもたらす結果に関する運——幸運と不運——について考察しよう。カントは、先に引用した箇所で、これの一例を念頭に置いていた。しかし、この部類に属する事例は多岐に亘っている。[3] たとえば、はからずも子供をひいてしまったトラックの運転手、絵に専心するために妻と五人の子供を捨てた画家、さらには成功の可能性や失敗の可能性がより大きいような他のケースもまた含まれうる。子供をひいたその運転手は、もし彼に少しの落ち度もないのであれば、その事件における自分の役割に関してひどくいやな感情を抱くではあろうが、自分を責めるには及ばないだろう。それゆえ、この行為者としての後悔(agent-regret)[4]の例は、まだ道徳的不運の事例とは言えない。しかし、もしその運転手がほんの些細な過失でも——たとえば最近ブレーキの調子を点検するのを怠っていたといったような——身に覚えがあり、しかもその怠慢が子供の死の一因となっていたとすれば、彼は単にひどくいやな気分になるだけではすまされない。彼はその子供を死なせたことで自分を責めるであろう。この例が道徳的不運の一例でありうるのは、子供をひくのを避けようとして突然しかも激しくブレーキを踏まなければならないような状況がもし起こらなかったならば、彼はブレーキの点検を怠ったことそれ自体に関して自分を責めなければならないことなどはほとんどなかったはずだからである。にもかかわらず、どちらの場合にも彼の怠慢はまったく同一であり、しかも彼には、道路に子供がとび出して来るか来ないかを自分の意のままにする力はないのである。

より高水準の怠慢についても同じことが言える。たとえば誰かが飲酒運転をして車が歩道に乗り上げてしまったとする。その歩道にたまたま歩行者がいなければ、彼は自分を道徳的に幸運だったとみなすことができよう。もし歩行者がいたとすれば、彼はその歩行者を殺したことで責めを負うべきであろうし、おそらくは故殺罪で告訴されもしよう。しかし彼が誰も傷つけなかったとすれば、彼の無謀さはまったく同一であったとしても、法的制裁ははるかに軽く、自他からの責めもまたはるかに軽いはずである。法律上の例をもう一つ挙げておこう。殺人未遂に対する刑罰は成功した殺人に対する刑罰よりも軽い——両者において襲撃者の意図と動機がどれほど類似していようともである。彼の罪の程度は、被害者がたまたま防弾チョッキを着ていたかどうか、あるいはたまたま弾道に鳥が飛び込んできたかどうかといったようなことに、つまり彼の統制下にないことに依存しているように見える。

最後に、不確実な状況下で決定がなされる場合——公的生活においても私的生活においても——が存在する。アンナ・カレーニナはウロンスキー伯爵と駆け落ちし、ゴーギャンは家族を捨て、チェンバレンはミュンヘン会談において同意書に調印し、デカブリストは皇帝に反旗を翻すよう兵隊を説得し、植民地アメリカはイギリス本国からの独立を宣言し、あなたは結婚の世話をするために一組みの男女を会わせる。すべてこうした事例において、その時点で知られていることだけを考慮に入れて、結果がどう出ようと非難されることのないようなある決断がなされうるはずだ、と感じられがちである。しかし、そうではない。このような行為を行なうとき、彼はあえて危険を冒して自分の生命を、あるいは道徳的立場を賭けているのである。なぜならば、結果がどう出るかが、彼が何を行なったのかを決定するからである。その時点で知られていたことの観点から決断を評価することもまた可能ではあるが、それで話が終わるわけではない。一八二五年に、デカブリストがニコライ一世を退位させて立憲体制を確立することに成功していたならば、彼らは英雄になっていたであろう。しかし実際には、彼らは失敗して罰せられたばかりか、説得に応じて彼らに従った兵隊たちに課せられたひどい刑罰に対する責任も負うことになった。アメリカの独立革命が、多くの人々の血が流されたすえ失敗に終わり、さらに厳しい植民地支配を受ける結果になったとしても、ジェファソンやフランクリンやワシントンの試みが崇高なものであったことに変わりはなく、断頭台に送られても後悔することさえなかったかもしれないが、しかしその場合、彼らが同胞たちにもたらすことになった結果に関しては、彼らは自分を責めなければならなかったはずである。（おそらく、改革への平和的な努力が結局は功を奏したであろうが。）ヒトラーがヨーロッパ侵略も数百万の大量虐殺もせずに、ズデーテン地方占領ののち心臓病の発作で死んでいたとしても、ミュンヘン会談におけるチェンバレンの行動がチェコスロバキア人に対する完全な裏切り行為であったことに変わりはなかったであろうが、しかしその場合には、彼の行為は彼をこれほど悪名高き人物とするような道徳上の大不運にはならなかったであろう(5)。

困難な選択を強いられる多くのケースにおいて、結果を確実に予見することは不可能である。選択に対するある種の評価は予め可能だが、別の種類の評価は結果を待たなければならない。結果を待ってはじめて何が為されたかが定まるからである。意図、動機、関心において非難に値する、あるいは評価に値する程度が同一であったとしても、そのことは、その後に起こったことに依存するような諸判断――肯定的であれ否定的であれ――の範囲が広大であることと矛盾するわけではない。どのような結果も生まなかったとしても存在しえた犯意は、道徳的判断の根拠を尽くしてはいない。実際に起こる結果が、怠慢行為から政治的選択にまで及ぶ、疑いもなく倫理的と言える広い範囲にわたる諸事例において、有罪性や評価に影響を与えているのである。

これらが仮設的な態度の表明であるというよりはむしろ真正な道徳的判断であることは、道徳的裁定がいかに結果に左右されうるかを人々は前もって言うことができる、という事実からして明白である。誰かがうっかりして浴槽に赤ん坊を入れたまま水を出しっ放しにしてしまったとしよう。その人が浴室への階段を駆け上がっているとき理解していることは、もし赤ん坊が溺れていたら自分は大変なことをしでかしたことになるが、もし溺れていなければ単に不注意なことをしたにすぎない、ということである。また、独裁体制に対して暴力革命を起こす者は、もし失敗すれば徒労に終わった多くの苦難に責任を負うことになるが、成功すればその結果によって正当化されることになることを知っているのである。私は、いかなる行為も歴史によって遡及的に正当化されうる、とは言っていない。それ自体としてあまりにも悪く、あるいは危険であるため、どのような結果をもってしても正当化しえないようなことがらも、確かに存在する。だがしかし、道徳的判断が真に結果に依存するものである場合、その判断は客観的で無時間的なものなのであって、成功や失敗によって生じた観点の変化に依存することはない。事後に下された判断は、あらかじめ下されていたはずの仮言判断から導かれたものであり、他の誰でも行為者自身と同じく容易に下すことのできるものなのである。

責任を統制に依存させる観点から見れば、これらはすべて理屈に合わないように見える。子供が道路に飛び出して来るかどうか、鳥が弾道に飛び込んで来るかどうか、といったことがらに依存して有罪性の程度が決まるということは、いかにして可能なのか。おそらく、何が為されるかは行為者の心理状態や意図以上のものに依存しているということは真理である。とすれば問題は、道徳的評価をこの広義における人々が為すことの方に基づかせることはなぜ不合理ではないのか、ということになる。それは、人々に自分自身の貢献——彼らが最初の時点で何らかの貢献をしたとして——に対する責任だけでなく、運命の貢献に対する責任も負わせることになる。怠慢行為や未遂行為の場合には、総体としての有罪性は心的あるいは意図的な過誤の所産と結果の重大性の双方に対応する、という類型が成り立つ。不確実な状況下での決断の場合には、そう簡単には行かない。というのは、この場合には、総体としての判断が結果に左右されて、肯定的なものから否定的なものへと転じることさえありうるように思われるからである。しかし、ここでもまた、選択に引き続いて起こる、その場合にのみ起こりえた出来事の影響を差し引いて、確率を考慮に入れて道徳的評価を実際の決断に集中させることは、理にかなっているように思われる。道徳的判断の対象が人物（person）であるとすれば、彼に広い意味で彼が為したことの責任を負わせることは厳格責任に類することであって、法的用途はもつかもしれないが、道徳的立場としては不合理であるように思われるのである。

このような考え方を押し進めていくと、それぞれの行為は次第に肉をそがれていって、道徳的に本質的な核、すなわち動機や意図によって評価される純粋意志の内的行為に行きつくことになる。アダム・スミスは『道徳感情論』においてそのような立場を提唱しているが、それがわれわれの実際の判断と矛盾することを指摘している。

しかし、われわれがこの公正な原則をこのような仕方で抽象的に考察する場合、この原則の真実性がいかに納得のゆくもののように思われようとも、われわれが個々のケースに臨んだときには、ある行為からたまたま生じる現実の結果がその行為の功罪に関するわれわれの感情に非常に大きな影響を与え、ほとんど常に功罪に関するわれわれの感覚を高めたり低めたりする。どの一つの例をとっても、おそらく、詳しく検討してみるならば、われわれの感情は、われわれの感情を全面的に規制するにちがいないとわれわれすべてが信じているこの原則によっては、全面的に規制されることがほとんどないことがわかるであろう。(6)

ジョエル・ファインバーグはさらに進んで、道徳的責任の領域を内的世界に限定することは、道徳的責任に運に対する免疫性を与えることにはならない、と指摘している。行為者の統制を越えた諸要因——咳込みのような——は、銃から出る弾の弾道に干渉しうるのと同じ確実さで、彼の諸決定に干渉することができる。(7)それにもかかわらず、道徳的評価の及ぶ範囲を縮小する傾向が広く受け入れられており、それは諸結果の影響に限定されてはいない。その傾向は、構成的な運をいわば切り離すことによって、意志を他の傾向から孤立させるのである。次に、この問題を考えてみることにしよう。

カントは、意志の統制下にない気性や性格からくる諸性質が、道徳と無関係であることを特に強調した。同情や冷淡のような性質は、それに逆らって道徳的要請に従うことが多少とも困難であるような背景を成してはいようが、それ自体が道徳的評価の対象となることはありえず、しかも道徳的評価の適正な対象——義務という動機による意志の決定——に対する確信に満ちた評価の妨げになることは十分ありうるのである。このことによって多くの美徳や悪徳に関する道徳的判断が排除されることになる。排除されるのは、選択に影響を与えはするが、故意に特定の行為を行なう傾性によっては尽くされないような性格のあり方である。人はどん欲であったり、嫉妬深かったり、臆病だったり、冷淡だったり、狭量だったり、不親切だったり、虚栄心が強かったり、自惚れ屋だったりするかもしれないが、意志の鍛練によって申し分なく行動することもありうる。こうした悪徳を所有していることは、特定の状況の下では特定の感情を抱かざるをえないということであり、悪く行為しようとする強い自然発生的な衝動をもつことである。たとえそうした衝動を統制しうるとしても、悪徳をもっていることに変わりはない。嫉妬深い人は、他人が自分よりも成功することを嫌悪する。たとえ彼が成功した他人を心から祝福し、その成功に汚辱を加えたり、それを台無しにしたりするようなことを何もしなかったとしても、彼の嫉妬深さは道徳的な非難には値するのである。同様に、自惚れもまた言動にあらわれる必要はない。それは、自分の業績、才能、美貌、知能、美徳といったものの卓越性に、ひそかな満足感を感じつつ、心の中でそれに執着せざるをえないような人物のうちに、確かに存在しているのである。その種の性質は、ある程度までは以前になされた選択の産物でありうるし、またある程度までは現在の行為によって変化しうるものである。しかしそれは、大部分は構成的な不運に属することがらなのである。それにもかかわらず、人々はその種の性質のゆえに道徳的に非難され、また、同様に意志の統制を越えた他の諸性質のゆえに評価されたりもする。つまり、彼らがどのようにあるかが評価の対象となるのである。

カントにとっては、これはつじつまの合わない話である。というのも、徳は誰にでも要求されるものであり、したがって原理的には誰にでも可能でなければならないからである。それは他の人々よりもある人々に容易に獲得されうるかもしれないが、いかなる気質的な背景にも抗して、正しい選択をすることによって徳をもつようになることは可能でなければならないのである。[8] 人は寛大な精神をもちたいと望むかもしれないし、あるいはそれを持っていないことを悔やむかもしれない。しかし、意志の統制下にない性質に関して、自分や他人を非難することは無意味なのである。非難は、あなたはそうあるべきではない、ということを含意するのであって、あなたがそうあることは不幸である、ということを含意するのではないからである。

それにもかかわらず、カントの結論は依然として直観的に受け入れがたいものである。われわれは、そのような道徳的判断が不合理であることを説得されて受け入れるかもしれない。しかし議論が終わるやいなや、その種の道徳的判断が再び知らぬ間に登場しているのである。それは、この主題に関する不変のパターンである。

考察すべき第三のものは、環境における運である。それに手短かに言及しておこう。われわれが為すように要求されること、われわれが直面する道徳的試練は、われわれの統制下にない諸要因によって決定されている、ということは重要である。ある人物に関して、彼は難局に遭遇すれば臆病に、あるいは英雄的に振舞うであろう、しかしそういう状況に巡り会わなければ、勇名を馳せる機会も名誉を汚す機会もなく、彼の道徳的行状録は異なったものになるであろう、ということは真でありうる。[9]

政治的な事例において、それは顕著である。チナス政権下のドイツの一般市民には、体制に反対することによって英雄的に振舞う機会が与えられていた。彼らはまた、悪く振舞う機会もあった。そして、彼らの大部分はこの試練を乗り越えられなかったことによって非難に値する。しかし、これは他国の市民には課せられなかった試練なので、その結果として、たとえ彼らが、あるいは彼らのうちの何人かが、同じような環境の下ではドイツ人と同じように悪く振舞っていたはずだとしても、実際には彼らはそうしなかったのであるから、彼らが同じように非難に値することにはならない。ここでもまた、人は道徳的評価に関して運のなすがままになっている。そうしたことは反省的な思考においては理屈に合わないことのように思われるかもしれないが、それにもかかわらずわれわれの日常の道徳的態度は、それを考慮に入れなければ理解できないように出来ているのである。われわれは、人が実際に為したことと為しえなかったことによって、その人を判断するのであって、もし環境が異なっていたら何を為しえたかによって、その人を判断するのではない。(10)

実際に起こったことに基づくこの型の道徳的判断もまたパラドクシカルなものではあるが、われわれはまた、責任という概念のうちにどれほど深くパラドックスが埋め込まれているかを、見ることができる。人は自分が為したことに対してのみ道徳的責任を負いうる。しかし、彼が為したことは彼の為していない多くのことの結果なのである。それゆえに、彼は責任のあることに関しても責任のないことに関しても、道徳的責任がないことになる。(これは矛盾ではなく、パラドックスである。)

責任や統制に関するこれらの問題と、はるかに馴染み深い問題である意志の自由の問題との間には、明らかにあるつながりがある。これが、私が最後に取り上げたいタイプの道徳上の運なのである。ただし、この論文の範囲内では、他のタイプの道徳上の運との関係を指摘する以上のことはできないであろう。

自分の意のままにならない諸要因に帰因する、自分の行為の帰結に関して、あるいは、自分の意志に服従しない気質的諸特質のような、行為に先立つものに関して、あるいはまた、道徳的選択を要求する環境に関して、人がもし責任がないのであれば、意志それ自体の作用が取り出されたとしても、その作用が意志の統制下にない先立つ環境の産物である以上、どうして人はそれに対して責任を負うことができようか。

純正な行為主体(agency)の領域、したがってまた正当な道徳的判断の領域は、このような精査を受ければ、延長をもたない一点にまで収縮するように思われる。あらゆる出来事は、行為者の統制下にない諸要因——行為に先行するにせよ後続するにせよ——の複合的な影響から生じるように思われる。彼は、そうした諸要因に対して責任がないのであるから、それらからの帰結に関しても責任があるわけにはいかない。こうして道徳的態度は追放されることになる。道徳的態度の美学的その他の評価的類似物を問題にすることは、なお可能であるかもしれないとしても。

もちろん、厚顔無恥を装って、こうした結論を受け入れるのを拒絶することもまた可能ではあるし、そもそもこうした結論は、われわれがその議論について考えることをやめるや否や、受け入れがたいものに思われてくる。確かに、もし周囲の環境が異なったものであったならば、邪悪な意図にもかかわらず、そこから何ら不幸な結果が引き起こされることはなかったであろうし、それゆえに重大な非難に値するような行為はまったく為されなかったことになるだろう。しかし、環境は異なったものではなく、それゆえ行為者は実際に極めて残忍な殺人を犯すことに成功したのだから、それが彼の為したことなのであり、それに彼は責任を負うのである。同様にして、先行する環境が異なったものであったならば、行為者はそんなことをするような人間になりはしなかったであろう、とは言える。しかし、彼は（それら先行する環境の不可避的な結果として）現にあるところの悪人に、それゆえ、そのような殺人を犯す人物に、なってしまったのだから、それにこそ彼は責めを負うのである。どちらの場合にも、人は自分が実際に行なったことに責任を負う――たとえ、彼が実際に行なったことは、重要な点で、彼の統制下にないことに依存していたとしても、である。われわれの道徳的判断がこのような形で、両立主義的に説明されるならば、責任の通常の条件――強制、無知、不随意運動がないこと――は、行為者が為したことを決定していた要因の一部として、その余地が認められることになる。しかしそれは、彼が為したのではない多くのことの影響を排除しないように理解されているのである。(11)

この解決の唯一の難点は、どうして懐疑論的な問題が起こってくるのかがこれでは説明できない、という点にある。というのも、そうした問題は、恣意的な外的必要条件の押しつけから起こるのではなく、道徳的判断そのものの本性から起こるものだからである。人が為すことという通常の概念のなかに、単に生起するにすぎないことはどうしてそこから差し引かれるべきだと思われているのかを説明してくれるものが、含まれているはずである。たとえ、そのようにして差し引かれていった結果、最後には何も残らなかったとしても、である。そして、知識という通常の概念のなかに、なぜ信念に対して主体の統制下にない影響が少しでも加われば知識は損なわれてしまうように見えるのか、を説明してくれるものが、含まれているにちがいない。その結果、知識は自律的な理性という不可能な基礎なしには成り立ちえないもののように思われてくるのである。しかし、ここでは認識論には立ち入らず、行為、性格、道徳的評価に、論点を絞ることにしよう。

私の考えでは、問題が起こるのは、行為する自己、道徳的判断の対象である自己が、その行為と衝動を出来事のクラスに同化させることによって、消滅の危機に瀕しているからなのである。ある人物に対する道徳的判断は、彼に起こることに対する判断ではなく、彼に対する判断である。道徳的判断は、単にある事件や事態が幸運であるとか不運であるとか言っているのではないし、また単に恐ろしいことだと言っているのでさえもない。それは、世界の一状態に関する、あるいは世界の一部としての個人に関する評価ではないのだ。われわれは単に、彼が違った人であったならば、あるいは存在しなかったならば、あるいは実際に行なったことのうちのいくつかのことを行なわなかったならば、その方がよかっただろう、とだけ考えているわけでもない。判断されているのは彼なのであって、彼の存在や彼の性質なのではない。彼の統制下にないことからの影響に注意を集中すると、その結果として、この責任を負う主体が、単なる出来事の秩序に吸収されて消滅してしまうように見えてくるのである。

しかし、このような道徳的判断の対象であるためには、人は何であらねばならないと考えられているのだろうか。行為主体という概念は危い基礎の上に成り立っており、しかも、この概念をポジティヴに特徴づけることははなはだ困難なのである。自由意志に関する文献に通じている方なら、そのことはよくご存じのはずである。

ある意味でこの問題は解決不可能であると私は信じている。なぜならば、行為主体という概念のうちには、行為は出来事であり人は物である、という事実と両立不可能な何かが含まれているからである。ところが、人が為したことを外から決定していたものが、結果、性格、選択それ自体への影響というように、しだいに明らかにされるにつれて、行為が出来事であり、人が物であるということも、しだいに明らかになってくる。最終的には、責任を負う自己に帰されうるものは何もなくなり、残るのは出来事の長い連鎖の一部分でしかなく、それは嘆かれたり祝われたりすることはできるが、非難されたり賞賛されたりすることはできないのである。

このような危い基礎の上に立つ能動的自我の概念を、定義することは私にはできないが、それが生じてくる源泉についてなら語ることができる。自分自身に関するわれわれの感情と他人に関するわれわれの感情のあいだには、密接な関係がある。自責と義憤、羞恥と軽蔑、自負と敬服は、それぞれ同じ道徳的態度の内的側面と外的側面である。われわれは自分自身を単に世界の一部分とみなすことはできない。そして内側から、自分であるものとそうでないもの、自分が為すことと自分に起こること、自分の人格と偶然的な障害とのあいだに、大ざっぱながら境界線を引いている。われわれは他人に対しても、自己に関する本質的に内的なとらえ方を、同じように適用するのである。自分自身に関して、われわれは自負、羞恥、自責、良心の苛責、行為者としての悔恨を感じ、自分の行為や性格を、単に幸運なまたは不運なエピソードとみなしたりはしない――そうである場合もあるかもしれないのに。われわれは自分自身を――つまり自分の最も本質的な部分や自分の為す行為を――単に外的な評価的視点からのみ眺めることはできない。そして、われわれが自分の存在、自分の性質、せざるをえない選択、行為をある結果に導く諸状況といったものに対して、何ら責任をもたないとわかっている場合にさえ、このことは依然として妥当するのである。われわれを消滅させるように見える諸々の論拠の説得力にもかかわらず、それらの行為はあくまでもわれわれの行為であり、われわれはあくまでもわれわれ自身なのである。

このような内的な視点を、われわれは道徳的判断において他人にまで拡張する――そのときわれわれは、彼らの望ましさや功利性ではなく、彼らを判断するのだ。われわれは自分自身を単に外的な評価の対象としかみなさないことを拒否するが、この拒否を他人にまで拡張し、彼らに自分自身の自我と同様の自我を認めるのである。しかし、どちらの場合にも、このことは、人間や人間に関する万事を世界の中に乱暴に含み入れることと対立する。人間はその世界から分離されることはできず、その世界の内容物であるほかはないにもかかわらず、である。外的な視点は、われわれわれがそれに抵抗するのと同じときに、われわれに強要される。その一つのケースは、起こることへの吸収によって為すことがしだいに浸食されていく場合であった(12)。

われわれが為したことという概念の中に結果を含めることは、われわれが世界の一部分であることを認めることである。しかし、このように認めることから生じてくる道徳上の運のパラドクシカルな性格は、そのような見解がわれわれに存在する余地を残さない以上、われわれはそれを受け入れることができないことを示している。これと同じ問題が、決定論は責任を消し去る、という現われ方をする場合もある。ひとたび自分や他人の為すことの一面を起こることとみなすやいなや、それは為されたことなのであり、単に起こった出来事ではなく、それを為した行為者こそが判断の対象とされてよいのだ、と考えることがわれわれにはできなくなるのである。このことによって、行為主体という概念にとって受け入れがたいのは決定論ばかりではないという、しばしば指摘されてきた論点が説明される。いずれにせよ、行為は外側から、一連の出来事の一部分として眺められているのである。

道徳における運の問題は、行為主体を内的にとらえることと、そのことが他の型の価値に対立するものとしての道徳的態度に対して特別な関係をもっていることとが説明されなければ、理解されえない。私はそのような説明を持ちあわせてはいない。この問題にどの程度まで解答が与えられるかは、このような内的なとらえ方と、われわれが自分の為すことを意のままにできないさまざまな場合との両立不可能性が、ある程度は単に見かけ上のものにすぎないのかどうかを、認識することによってのみ決定されうる。私は、この論点についても述べるべきことを持ちあわせていない。しかし、自分と他人に対する基本的な道徳的態度は現実に起こることによって決定される、と言うだけでは十分ではない。というのは、基本的な道徳的態度はまた、そのような現実性の源泉をなすものや行為に対する外的な観点によって脅かされてもおり、しかもその外的な観点は、われわれの為すあらゆることが自分で創り出したのではない世界に属するのはいかにしてなのか、を理解しようとする際に、われわれに押しつけられてくる観点でもあるからである。

（1）『道徳形而上学原論』第一章、第三パラグラフ。

（2）Thompson Clarke, 'The Legacy of Skepticism,' *Journal of Philosophy*, LXIX, no. 20 (November 9, 1972), 753-69.

（3）このようなケースは、バーナード・ウィリアムズの 'Moral Luck,' *Proceedings of the Aristotelian Society*, supplementary vol. L (1976), 115-35〔邦訳：「道徳的な運」鶴田尚美訳、『道徳的な運――哲学論集一九七三～一九八〇』伊勢田哲治監訳、勁草書房、二〇一九年、第二章〕においてゴーギャンの生涯をモデルにして、論じられている（これに対する応答としてこの論文の原型は書かれた）。ウィリアムズの指摘によれば、成功するか失敗に終わるかを前もって予見することはできないにしても、その決断に関してゴーギャンが回顧的に抱く感情の最も基本的なものは、彼の才能の開花によって決定されることになる。私がウィリアムズに同意できない点は、彼の説明ではこのような回顧的態度がなぜ道徳的と呼ばれうるのかを説明できないという点にある。彼が成功したという事実はゴーギャンが他者に対して自己を正当化するのには役立たないが、にもかかわらず彼の感情の最も基本的なものを決定してはいるのだ、というのであれば、そのことは単に彼の感情の最も基本的なものは道徳的な感情でなくともよい、ということを示しているにすぎない。道徳性が運に左右されうる、ということを示してはいないのである。もし回顧的判断が道徳的判断たりうるとすれば、それはあらかじめなされていた仮言判断の真理性を含意することになろう。その仮言判断とは「もし私が家族を捨てて偉大な画家になるとすれば、私はその成功によって正当化されるであろう。もし私が偉大な画家にならないとすれば、その行為は許されないであろう」というものである。

（4）ウィリアムズの用語。

（5）歴史による正当化という主題をめぐる魅惑的ではあるが道徳的には反感を感じさせる議論としては、メルロ＝ポンティ『ヒューマニズムとテロル』〔邦訳：合田正人訳、みすず書房、新装版二〇二一年〕を見よ。

（6）第二部、第三篇、序論、第五パラグラフ。

（7）'Problematic Responsibility in Law and Morals,' in Joel Feinberg, *Doing and Deserving* (Princeton: Princeton University Press, 1970)〔邦訳：J・ファインバーグ「法と道徳における問題含みの責任」望月由紀訳、『倫理学と法学の架橋――ファインバーグ論文選』嶋津格・飯田亘之編集・監訳、東信堂、二〇一八年、四七五～八七ページ〕。

（8）「自然がある人の心にほとんど同情心を授けなかったとする。それゆえ彼は、誠実な人なのだが、気質において他人の苦しみに対しては冷淡で無関心であるとする。それはおそらく、彼が堅忍不抜の精神力という天分に恵まれているために、他人も同じものをもつことを期待し、さらには要求しさえするからなのである。このような人物は、もちろん自然の最悪の産物ではない。彼はやさしい気質の人がもつ価値よりも遥かに高い価値を自らに与えるような源泉を、自らのうちに見出すのではあるまいか。」(『道徳形而上学原論』第一章、第十一パラグラフ)

(9) トマス・グレイ (Thomas Gray) の「田舎の教会墓地で書かれた哀歌(エレジー)」を参照。

何も語らなかった、無名のミルトンが
ここに眠っているのかもしれない、
祖国の流す血を経験しなかったクロムウェルが。

環境に関する道徳上の運に属する特殊な例として、人が自分に落ち度がないのに直面し、どうあがいても悪をなすことになるような種類の道徳的ディレンマがある。本書第5章、および Bernard Williams, 'Ethical Consistency' in *Problems of the Self* (Cambridge: Cambridge University Press, 1973) を見よ。

(10) 環境に関する運は、個人的行動以外の状況の諸局面にも拡張されうる。たとえばヴェトナム戦争中、当初から自国の行為に強く反対していた米国市民でさえ、自国の犯した罪に連座させられているように感じた、ということはありがちである。この場合、彼らには責任などありえない。当時進行しつつあった事態を止めるために為しえたことなど、おそらく彼らにはなかったであろうから。それゆえ、連座させられているように感じることは、不可解であると思われるかもしれない。しかし、たとえどちらの場合も犯罪行為を止める力がないという点では等しいにしても、他国の犯罪を眺めるのと同じように自国の犯罪を眺めることは、ほとんど不可能であると言ってもよい。人はいずれかの国の国民なのであるから、その国の行為とつながりをもっており(たとえそれが納税義務によるつながりにすぎないとしても)、それは他国の行為に対してはもちえないつながりなのである。このことのゆえに、一九六〇年代に米国市民であったことを、道徳的不運の犠牲であると感じることが、可能となるのである。

(11) 認識論においてこれに対応する局面として、知識はある特定の方法で形成された真なる信念から成り立っているが、それは知るに至る過程のすべてが知る主体の統制下にある——顕在的にせよ潜在的にせよ——ことを要求するわけではない、という点を挙げることができよう。それゆえ、信念の正しさも信念に至る過程も、ともに重要な点で、運に左右される。ノーベル賞は、その証明方法がどれほどすばらしいものであったとしても、結果的に誤っていることがわかれば、与えられないのである。

（12） 客観的態度と個人的反動的諸態度の対立に関する、P・F・ストローソンの議論を見よ。'Freedom and Resentment,' *Proceedings of the British Academy*, 1962, reprinted in *Studies in the Philosophy of Thought and Action*, ed. P. F. Strawson (London: Oxford University Press, 1968), and in P. F. Strawson, *Freedom and Resentment and Other Essays* (London: Methuen, 1974).

4　性的倒錯

われわれが性的倒錯（sexual perversion）という概念をもっているという事実から、性に関して何ごとかを学ぶことができる。私は、この概念を理解不可能であるという非難から弁護し、人間の性的活動に関して倒錯の余地を与えているものは何であるのかを正確に述べるよう試みることによって、この概念を検討していきたい。まず最初に、性的倒錯という概念が成り立つ以上それが満たしていなければならないいくつかの一般的条件から始めることにしよう。これらの条件は、特別な分析を前提することなく、受け入れられるであろう。

第一の条件。もし性的倒錯なるものが存在するとすれば、それは何らかの意味において不自然な性的欲望あるいは性的行為でなければならないだろう。しかしもちろん、自然‐不自然というこの区別を説明することこそが主要な問題なのである。第二の条件。たとえば、靴に対するフェティシズム、獣姦、サディズムのような行為はもし分類するならば、倒錯的な行為であり、通常の性交のような行為は、そうではない。また、どちらに分類すべきか、議論の余地のある行為もある。第三の条件。もし性的倒錯が存在するとすれば、それは、嗜好以外の他の理由によって採用された単なる不自然な行為ではなく、不自然な性的嗜好であろう。それゆえ、避妊は、たとえ性的・生殖的機能の意図的な逸脱（perversion）であると考えられるとしても、性的倒錯と有意味に記述されることはできない。性的倒錯とは、不自然な性的嗜好を示す振舞いのなかに現われるものでなければならないのである。もっとも、避妊具の使用が重要な意味をもつようなフェティシズムもあろうが、その場合の避妊具の使用は本来の使用方法とは言えまい。

性行為と生殖行為との結びつきは、性的倒錯とは何の関係もない。性的倒錯とは、生理学的関心ではなく、心理学的関心における概念である。この概念は、植物はもちろん、下等動物にも適用されないが、それらのものもさまざまな仕方で異常化しがちな生殖機能をもってはいるのである。（種なしオレンジを思いおこしていただきたい。）高等動物に性的倒錯が起こりうると考えられているとすれば、それは、解剖学的見地からではなく心理学的見地から見て、彼らが人間に類似しているからである。さらにつけ加えれば、不妊、流産、避妊、堕胎といった、人間の性行為における生殖機能からの逸脱は、どれも倒錯とみなされはしない。

性的倒錯という概念はまた、社会的に承認されていないとか社会的習慣であるといったようなことによっては、定義されえないものである。姦通や姦淫に対して眉をひそめてきたすべての社会のことを考えていただきたい。これらの行為は、しだいに不自然な行為であるとはみなされなくなってきたが、しかし、別の意味ではやはり非難さるべきものであると考えられている。何が不自然なものとみなされるかということは、当然のことながら、文化によって異なっている。しかしその分類は、単なる不承認や嫌悪の表現ではない。実際には、そうした分類の方がしばしば不承認の根拠とみなされており、その事実によっても、分類自体が独立の内容を持っていることがわかる。

私は、性欲と人間的性交に関するある理論に基づいて、性的倒錯に心理学的説明を与えようと思っている。この解決方法へのアプローチとして、まず最初に、一切の性的倒錯の存在を疑い、おそらくはその概念の意味さえも疑問視するような、正反対の立場を考察することから始めようと思う。そのような懐疑主義的議論とは、次のようなものである。

〝性欲は、空腹や喉の渇きと同様、単なる欲求（appetite）の一つにすぎず、そのようなものとして、さまざまな対象を持ちうる。その対象のうちのあるものは、他のものよりもありふれているということはありえようが、いかなる意味においてもより「自然」ではありえない。ある欲求が性的であると認められるのは、その満足がある程度まで局所化されうる器官と性感帯、およびその満足の中核をなす特殊な感覚的快楽によってである。それゆえにわれわれは、非常に多岐にわたる目的、活動、欲望を性的なものと認めうることになる。というのは、どのようなものでも性的快楽を産み出すことができ、その快楽を求める非意図的で性的な意味をもった欲望が起こりうる（他に理由がないとすれば条件づけの結果として）ことが、原理上考えられるからである。これらの欲求のうちには、われわれが共感できないものもあり、さらには、サディズムのように、別の根拠から非難されてしかるべきものもあるだろう。しかし、そうした欲求も性的であるための基準に適ってはいると認められた以上、その点に関してはそれ以上言うべきことはないのである。それらの欲求は性的であるかそうでないかのいずれかであって、性的であることには不完全性、倒錯、その他の同様の性格づけの余地はない――それは、そういう種類の感情ではないのである。〟

これは、おそらくラディカルな立場として一般に通用しているものであろう。この見解は、心理学的説明を擁護するためには、性欲が欲求であることを否定しなければならないかもしれないことを、示唆している。しかし、そうした擁護の方針が正しいものに思われる限り、われわれは懐疑主義の基礎にある、欲求の単純なイメージに疑念を抱かざるをえない。おそらく、食欲のような標準的欲求にしたところで――少なくとも人間の食欲に関する限り――そうした意味において純粋な欲求として分類されうるものではない。

食的倒錯と言えるようなものを想像することができるだろうか。空腹と食事は、セックスと同様、生物学的機能に奉仕しており、さらにわれわれの内的生活においても重要な役割を果たしている。何の栄養価もない物質に対して食欲をもったとしても、その欲求を倒錯とみなしたいという気にはほとんどなれない、ということに注目していただきたい。つまり、紙であれ、砂であれ、あるいは木でも木綿でも、そういったものを食べることを彼が好むとしても、おそらく、われわれは彼の欲求を倒錯とみなしはしないであろう。それらは単にかなり奇妙で、きわめて不健康な好みであるにすぎない。すなわち、この欲求には倒錯に要求される心理学的複雑さが欠けているのである。（すでに性的倒錯に数えられている愛糞症の場合には、話が別かもしれない。）それに対して、ある人が料理の写真が掲載されている雑誌を食べるのが好きで、しかも通常の食べ物よりもそれらを好む場合――あるいは、お気に入りのレストランから持ってきたナプキンや灰皿を愛撫することによって、空腹時の満足感を得ようとする場合――こうした場合には、倒錯という概念が適当であるように思われるかもしれない。それを食的フェティシズムと呼んでも、おかしくはあるまい。漏斗（じょうご）で喉に無理やり流し込まれたものだけしか食べられないとか、生きている動物だけしか食べられないといったような人物の場合には、食的に倒錯していると表現しても、おかしくないだろう。ここで役に立つのは、欲望が奉仕する生物学的機能に対する対象の不適切性ではなく、むしろ欲望それ自体の特異性なのである。欲求においてさえも、それが生物学的機能に加えて、有意味な心理学的構造を持つならば、倒錯が存在しうるのである。

空腹の場合、心理学的複雑さは空腹を表現する諸行為によって与えられる。空腹は、食べることによって鎮まる単なる不愉快な感覚ではない。それは、外界の食用に適する部分に対する態度であり、その部分をいくらか特別に扱おうとする欲望なのである。噛む、味わう、飲み込む、舌触りや香りを楽しむといった、食物摂取の方法はすべて、そうした関係を形成する重要な構成要素である。食物の受動性や扱いやすさといったことも同様である。（われわれが生きたまま食べる動物といえば、無力な軟体動物ぐらいのものであろう。）われわれと食物との関係はまた、われわれの身体の大きさにも基づいている。われわれは、アブラムシや蠕虫のように、食物の上に住んだり食物の中に穴を掘ったりするわけではない。こうした特徴のうちには、他の特徴と比べて主要なものとそうでないものとがあるが、食べることに関する十全な現象学的記述ならば、その特徴を、特有の感情を伴って外界と関係し、その外界の小部分を専有する方法、として扱わなければならないだろう。食べたいという欲求の排除ないし極端な制限は、空腹の自然な表現であるような人間と食物との直接的関係を浸蝕するに及べば、倒錯として記述されうるだろう。このことによって、食的フェティシズム、窃視症、露出症、あるいは食的サディズムや食的マゾヒズムさえもがなぜ容易に想像できるのかがはっきりわかる。これらの倒錯の中のいくつかは、かなり一般的なものである。

空腹のような欲求に関わる倒錯を想像することが可能であるならば、性的倒錯という概念が意味をなすことは当然可能であるはずだ。私が言いたいのは、性的欲望が欲求であるということではなく、欲求であることが、倒錯を許容する際にいかなる障害にもならないということだけである。性的欲望は、空腹と同様に、外界のあるものとの特定の関係を、固有の対象として持っている。ただ、この場合には、それが通常オムレツではなく人であり、しかもその関係は空腹の場合と比べてかなり複雑ではある。この複雑さの分だけ倒錯もまた複雑なものになりうるのである。

性欲が他の人間に対する感情であるという事実は、性欲の持つ心理学的内容に関する宗教色の強い見解――性欲とは本来、愛のような他の態度の表現なのであり、性欲が単独で生じたとすれば、それは不完全であり非人間的なことなのである――を助長しうるものである。(こうした見解のプラトン主義的な極端なものにおいては、およそ性的行為は、原理上達成不可能な何かを表現しようとする無益な試みである。この考え方は、ある意味ですべての性行為を倒錯にしてしまう。)しかし、性的欲望は、現象学的分析のための条件として、何か他のものに関連づけられるまでもなく、十分に複雑なものである。セックスはさまざまな機能――経済的、社会的、あるいは利他的機能――に奉仕しているであろうが、人間どうしの関係としても独自の内容を持っているのである。

性的魅力の対象となるのは特定の個人であり、その個人は彼自身を魅力的たらしめている諸性質を超越している。すなわち、複数の人物がある一人の人物に、それぞれ異なる理由――たとえば、目、髪、体型、笑顔、知性といった――から惹きつけられているとき、われわれは彼らの欲望の対象はやはり同一であると感じる。さらには、その恋人たちがそれぞれ異なった性的目的をもつとしても――たとえば彼らの中には男も女も含まれているとしても――やはりそう感じる傾向がある。さまざまな魅力的性質が、単一の基本的な感情の作用を可能にする諸条件を整え、さまざまな目的がすべてその単一の感情を表現しているように思われる。われわれは、魅力的であると感じられる諸特質を通して特定の個人に向かう性的態度にアプローチするのであって、これらの諸特質が性的態度の対象なのではない。

　事情は、オムレツの場合とはまったく異なる。さまざまな人々がそれぞれに異なる理由——たとえば、空腹を満たすために、また中に入っているマッシュルームが目的で、あるいは香りと見た目とのユニークな取り合わせに惹かれて、といったような——から、一つのオムレツを所望しうる。しかし、われわれは彼らの愛着の真なる共通対象として、超越的オムレツを奉ったりはしない。そうする代わりに、多様な欲望が偶然同じ対象に集まった、と言うことができる。重要な諸性質が同じでありさえすれば、どのオムレツでもかまわないだろう。しかし、性欲の対象の場合はこれと同じというわけにはいかない。たとえ体つきやタバコの吸い方が同じ人がいたとしても、それらの諸特徴によって引き起こされた特定の性欲の対象を代行することはできない。それらの諸特徴は再び同じ効力を発揮するかもしれないが、しかしそれは新たな特定の対象を伴った新たな性的魅力であって、昔の欲望を単に誰か他の人に移したということではないだろう。（このことは、新たな対象が以前の対象と無意識のうちに同一視されている場合でも変わらない。）

　どれほど複雑な心理的交錯が性的魅力の自然な展開を構成しているかがわかれば、この論点の重要性は明らかになるだろう。性欲の対象が特定の人物ではなく、特定の種類の人物であるとするならば、このことは決して理解されないだろう。魅力に惹きつけられることは端緒にすぎない。そしてその後に成就されることはこの魅力を証明するような行動や接触からのみ成り立っているのではなく、それ以上のものを含んでいるのである。

　私の知る限りでは、こうした問題をめぐる最良の議論は、サルトルの『存在と無』[1]の第三部に登場する。性欲、愛、憎悪、サディズム、マゾヒズム、あるいはそれ以外の他人に対する態度、に関するサルトルの取り扱い方は、意識と身体に関する一般理論に基礎を置いているが、ここではそれを細かく検討したり、前提したりすることはできない。サルトルには倒錯に関する議論がないのだが、その一つの理由は、彼が性欲を、他人の実存と折り合おうとする身体化された意識の永遠の試みの一形態とみなしているという点にある。その試みは、この形態においても、他の形態――いくつかの非性的態度とともにサディズムやマゾヒズムも含まれている（もっと非人間的な逸脱についてははっきりしないが）――においてと同様、失敗すべき運命にある。サルトルによれば、他者をもう一つの主体として私の世界に組み込むという試み、すなわち他者を私にとっての客体としてと同時に私が客体であるところの主体として理解しょうとする試みは、不安定なものであり、二つの局面のうちのどちらか一方に崩れ込むよう宿命づけられている。つまり、私が彼を完全に客体にまで引き下げる――この場合、彼の主体性は私がその客体にまで拡張しうる所有あるいは専有を免れるだろう――か、または、私が彼にとって単なる客体になる――この場合には、私はもはや彼の主体性を専有する立場にはない――かのどちらかの状況になるのだ。その上、この二つの局面はいずれも安定性を欠いているので、互いに他に取って代わられるかもしれないという危険に、絶えずさらされているのである。ここから導き出される結論は、性的欲望の根源的な目的が原理的に達成不可能である以上、成功した性的関係などというものは存在しえない、ということになる。それゆえ、この立場はセックスにおいて、成功／不成功あるいは完全／不完全という基本的な区別に余地を与えず、したがって倒錯という概念をも容認しないように思われる。

　私は彼の理論のこの側面も、またその理論を支える形而上学的支柱の多くも、採用しない。私の興味をひくものは、試みというサルトルのイメージである。彼によれば、性的欲望の対象であるような所有は「二重の相互的受肉」によって実行され、典型的には愛撫という形態をとって、次のような仕方で完遂される。「私は他者を、彼女自身にとっても私にとっても、彼女自身の肉体として実感させるようにするために、自分を肉体にするのであって、私の愛撫は、私の肉体が他者にとって他者を肉体として生まれさせる肉体である限りにおいて、私の肉体を私にとって生まれさせるのである」（『存在と無』〔邦訳第Ⅱ巻、四三五ページ〕傍点サルトル）。問題の受肉は、意識を妨げるものあるいは悩ませるものとしてさまざまに表現されているが、それは意識がその受肉が具体化される肉体によって満たされてしまうからである。

私が提案したい見解は、——それほど不明瞭な言葉使いでないことを期待するが——このサルトルの見解と関連性をもっている。しかし、それは、性行為が時としてその目的を遂げる可能性を認め、したがって倒錯という概念に足場を提供するという点で、彼の立場とは異なっている。

性的欲望は一種の知覚を含んでいる。知覚といっても、単にその対象の単純な知覚ではない。というのは相互的な欲求という典型的なケースでは、二重化された相互知覚——つまり、性的対象の知覚のみならず、自分自身をも知覚する——という複雑なシステムが存在するからである。そのうえ、他者を性的に認識することは、まず第一にかなりの——すなわち、通常の感覚的知覚に含まれる以上の——自己認識を含んでいる。性的対象を見ること（あるいは触れることなど）によるその経験は、自分自身への襲撃として感じられる。

諸要素が分離できるケースを考察してみよう。明快さを重視して、距離をおいた欲望といういくらか人為的なケースに、まずは限定しよう。カクテル・ラウンジの両端に座っている男女——名前はロミオとジュリエットとでもしておこう——がいるとしよう。そして、そのラウンジの壁には、鏡が張りめぐらされており、気づかれずに相手の様子を観察することができる。さらに、互いに相手に気づかれずに相手の様子を観察し合うことも可能である。彼らはそれぞれマティーニをすすりながら、鏡を使って他の人々を観察している。ある瞬間、ロミオはジュリエットに気づく。彼は、彼女の髪のしなやかさと彼女がマティーニをすする遠慮がちなしぐさに、なにかしらこころを動かされ、性的な刺激を受ける。XがYを性的欲望をもって見るならば常にXはYを感じていると言うことにしよう。（Yは人間である必要はなく、XのYに対する感知は視覚的、触覚的、嗅覚的、あるいは、純粋に想像的なものでもありうるが、このケースにおいては、視覚に限定しよう。）それゆえ、ロミオは単にジュリエットを気にとめているのではなく、彼女を感じていると言える。この段階では彼は、それ自身は興奮していない対象によって興奮させられていることになり、したがって、彼女がそうである以上に、身体によって性的に束縛されていると言える。

今度はジュリエットの方も、反対側の壁の別の鏡を通してロミオを感じているとしよう。ただし、彼らは二人とも互いに相手から見られていることに気づいていない（鏡の角度は半横向きの映像を写し出している）。そのとき、ロミオは鏡に写ったジュリエットの中に、性的興奮を示す微妙な徴候――けだるそうな視線、大きく開いた瞳孔、かすかに紅潮した頬――を認める。このことによって、もちろん彼女の肉体的存在は強烈なものとなり、彼はこうした彼女の興奮に気づいているだけではなく、それを感じてもいるのである。とはいえ、依然として彼の興奮は孤独なものである。しかし今、ロミオはジュリエットの目を直接見ずに彼女の視線をうまく計算したところ、その視線が反対側の壁の鏡を通して自分に向けられていることに気がつく。すなわち、彼はジュリエットが自分を感じていることに気づいている、いやそのことを感じている。これは、明らかに新しい展開である。というのは、彼はこのことによって、自分の反応を通してだけではなく、他者の視線と反応を通して、具体化された感覚を与えられたからである。そのうえ、これは最初にジュリエットを感じていたこととは区別されうる。なぜならば性的興奮は、自分が感じられており、単に他者の知覚によってではなく、他者の欲望の知覚によって襲撃されていると感じることから始まりうるからである。

しかし、まだ先がある。ロミオに少し遅れをとったが、ジュリエットの方も今や彼が自分を感じていることを感じるとしよう。このことによってロミオは、彼自身によって感じられていることへのジュリエットの興奮に気づき、それによって興奮させられる立場に立つ。彼は、自分が彼女を感じていることを彼女が感じているということを感じているのである。これは、さらに別のレベルの興奮である。というのは、彼は次の二つのことを認知することによって、自分自身の性的魅力を意識するからである。すなわち、彼の性的魅力が彼女に影響を及ぼしていることの認知と、この影響の原因が彼にあることを彼女が認知しているということの認知である。彼女の方も同じステップを踏んで、彼女が彼を感じていることを彼が感じていることを感じることになれば、それ以上の反復は、述べることも想像することも困難になる。たとえそれらが論理的に区別されうるとしてもである。彼らが二人きりになれば、おそらくお互いを直接に見つめ合い、そこから先は別の次元で継続されるだろう。肉体的接触および性交は、こうした複雑な視覚的交換の自然な延長であり、相互の接触は視覚的なケースにおいて存在した認知の複雑性をすべて含みうるが、しかもそこにははるかに広範囲にわたる微妙さと鋭さがあるのである。

もちろん、通常、事態はこれほど秩序だって起こるわけではなく、かなり急激に起こる場合もある。私はしかし、区別された諸々の性的知覚や相互行為のおりなすこのような重畳的体系のある種のものは、十分に発達したあらゆる性的関係の基本的枠組みであり、また、そうした複合体のごく一部しか含まない関係は決定的に不完全なものである、と信じている。一般性に到達するという目的がある場合、説明は図式的にならざるをえないが、この場合もそうである。現実のあらゆる性的行為は、使用された身体的なテクニックや解剖学的な細部にだけではなく、参与している者の自分やお互いのとらえ方の無数の特徴――これらが行為において具体化されるのであるが――に基づくような諸点において、心理的にはるかに特殊な細部をもつものである。（たとえば、人々がしばしば自分や相手の社会的役割をベッドに持ち込むことは周知の事実である。）

それにもかかわらず、一般的図式は重要であり、その図式に含まれる相互認知のレベルがしだいに増殖していくということは、人間の相互行為にありがちな一つのタイプの複雑性の一例なのである。たとえば、攻撃について考察してみよう。かりに私が誰かに対して怒っているとしよう。私は彼に私の怒りの眼を通して彼自身を見せ、彼に見えるものを嫌悪させることによって、自責の念を起こさせるためにせよ、あるいは彼に私の怒りを脅かしや攻撃として知覚させることによって、報復的な怒りや恐れを起こさせるためにせよ、私の怒りを彼に感じさせたいと思うだろう。私が何を望むかは私の怒りの内容に基づくだろうが、いずれの場合もその怒りの向けられた対象を刺激したいという欲望が含まれているだろう。この目的を果たすことが、その対象の感情を支配することを通して、私の情動の満足を形成するのである。

こうした再帰的な相互認知の別の例は、意味するという現象に見られる。すなわち、意味するということは、ある人が一つの信念あるいは他の効果を産み出そうと意図していることを相手に認知させることによって、その相手のうちにそうした効果を産み出そうとする意図を含むように思われる。(この結論はＨ・Ｐ・グライスによるものだが、[2]ここでは、彼の立場を詳細に再現するつもりはない。)セックスはこれと似た構造をもっている。すなわちセックスは、相手を興奮させたいという欲望をその相手が認知することによって、その相手を興奮させたい、という欲望を含んでいるのである。

こうした複雑な意識を構成している認知と興奮の基本的なタイプを定義するのは容易なことではなく、それがこの議論の欠陥となっている。ある意味において、認識の対象は自分自身を認知する場合と他者を性的に認知する場合とにおいて同一なのである。二つの認知は同一ではなく、怒ることと他者の怒りを経験することほどの違いがあるにしても、である。性的知覚のすべての段階は、人と彼の身体との同一性をさまざまな仕方で証明する。知覚されるのは、彼の身体へ自分自身があるいは他者が従属または没入するという現象であり、聖パウロと聖アウグスティヌスによって憎悪をもって認められてきた現象である。彼らはともに、「我が身体に宿る罪の律法」を、聖なる意志の統治に対する重大な脅威とみなしたのである。[3]性的欲望とその表現において、無意識的反応と意識的コントロールの調合は非常に重要である。アウグスティヌスにとっては、彼の意に反して身体によって引き起こされた反乱は、勃起や、興奮を示すその他の身体の不随意的反応によって象徴される。サルトルもまた、ペニスはものを摑むための器官ではないという事実を強調している。しかし、不随意性だけならば、他の身体的プロセスにもあてはまる。性的欲望においては、不随意的反応は、自発的に湧きあがってくる衝動への服従と結びついているのである。つまり、脈搏や分泌作用だけではなく、行動もまた身体によって支配されることになる。理論上は、意識的コントロールは、そうした衝動の表現を正しく導くためにのみ必要とされているのである。このことは、ある程度まで空腹のような欲求にも妥当するが、その場合に起こる身体による支配は、性的欲望の場合よりも局所的であり、それほど逸脱的なものでもなければ、また極端なものでもない。人間の全身体は、欲望に没入できるほどには、空腹に没入はしない。しかし、身体への特に性的な没入がもつ最も特徴ある性質は、今まで述べてきた相互知覚の複合にぴったり適合する能力である。空腹は食物との自発的相互作用へと至り、性的欲望は他者との自発的相互行為へと至る。その際、他者の身体も同じ仕方で主権を主張しつつ、彼らの内に不随意的反応と自発的衝動を産み出すのである。こうした反応は知覚され、それを知覚しているということも知覚される。さらにまた、その知覚も知覚される。それぞれの段階ごとに、身体による人格の支配は強化され、性のパートナーは、挿入と被挿入という肉体的接触を通して、より所有可能な対象となっていくのである。

それゆえ、欲望は単に他者にあらかじめ存在する肉体化を知覚することではなく、原理的には、それによって逆に自分自身の原的な主体の感覚が高められるような、さらなる他者の肉体化へ貢献することでもあるのだ。このことは、パートナーが興奮することが、そして単に興奮するだけではなく、自分の欲望を認知することによって興奮することが、なぜ重要であるのかを説明している。また、このことによって、欲望が統一と所有をその対象とする意味も説明がつく。すなわち、身体的所有の必然的な結果は、自分の欲望のイメージの中に性的対象を創造することであって、単に、自分の欲望を対象が認知するとか、また自分自身が私的に興奮するといったようなことではないからである。

たとえ、これが成人の性的能力を説明する適切なモデルであるとしても、これから逸脱するものをすべて倒錯的であるとみなすのは妥当とは思えない。たとえば、異性間の性交渉中に、行為者どうしが互いに現実のパートナーのことを認知せずに、異性に関する私的な幻想に耽っているとしよう。先のモデルに基づけば、この性的関係は不完全なものということになるだろう。しかしながら、一般的にこのケースは倒錯とはみなされない。こうした例が示していることは、倒錯か倒錯でないかという単純な二分法では、粗雑すぎて現象を十分に説明することができない、ということである。

それでもやはり、よく知られたさまざまな逸脱は、完全な形態の一部が切りつめられた不完全なあり方をしており、中心的な衝動の倒錯形態とみなされてよい。性的欲望が完全な相互人格的形態をとれないような状況にある場合には、それとは異なる形態を見出しがちである。倒錯という概念は、ゆがみを与える影響物によって、正常な性的展開がわきへそれてしまったことを含意している。ここで、その因果的条件に関して述べることはできないが、もし倒錯が何らかの意味において不自然なものであるならば、倒錯は潜在的に存在する能力の展開が妨げられた結果として生じるものであるはずである。

この条件を適用することは困難である。なぜならば、誰の性的衝動の正確な形態を決定する際にも、環境的諸要因が役割を果たすからである。特に初期の経験が性的対象の選択を決定するように見える。原因となる、影響を及ぼすもののうち、あるものをゆがめるものと記述し、別のものを単なる構成要素と記述することは次のことを含意している。つまり、人間の性のもつある一般的な面が確定的な可能性を実現するのに対し、人々が互いに異なる細部の多くは不確定な可能性を実現するのであるから、影響を及ぼすものをより自然であるとかより不自然であるとか呼ぶことはできない、ということである。それゆえ、確定的な可能性に含まれるものは、——たとえ、確定的な可能性と不確定的な可能性の区別が不明確であるとしても——非常に重要なのである。当然のことながら、私がこれまで述べてきた相互人格的な性的認知の諸水準を展開する能力をもたない生物では、そうすることができないために逸脱ということも生じえない。(しかし、たとえ鶏でも電話機にフェティシスティックな愛着を感じるよう条件づけられているとすれば、広義において、それを倒錯的と呼ぶことはできよう。) しかし人間が、妨げられていなければ、何らかの形で相互人格的な性的認知を展開する傾向にあるとすれば、それを妨害する諸ケースは、不自然あるいは倒錯的と呼ばれうるのである。

いくつかのよく知られた逸脱は、この方法で記述されうる。自己愛的な行為や、動物、幼児、生命のないものとの性交は、性的感情の第一段階のある原始的なあり方にとどまっているように思われる。対象が生きていない場合には、経験は自分自身の性的具現の認知以外の何ものでもなくなる。幼児や動物では、他者の具現を認知することはできるが、相互性を——すなわち、性的対象である彼らが主体の欲望を自分の（つまり対象の）性的自己認知の源泉として認識することを——妨げるものが存在する。窃視症や露出症もまた不完全な関係である。露出症者は自分の欲望を誇示したがるが、その欲望が逆に欲望の対象となる必要はない。それどころか、彼は他者から性的に注目されることを恐れてさえいるかもしれない。他方において、窃視症の者は、対象から認知されることを一切必要としない。もちろん、彼の興奮が認識される必要もない。

他方、二組の男女の異性間性交においてとられうるさまざまな形態に、われわれのモデルをあてはめた場合、どの形態も明らかに倒錯たる資格を有するとは思えない。今日では、口唇と生殖器の接触を非難する人を見つけることは容易ではなく、また、D・H・ローレンスやノーマン・メイラーのような尊敬すべき人物が、通常の形態をとらない性行為の価値を強調してもいる。一般に、性的快楽をもたらす男女間の肉体的接触はどんなものであれ、重層的な相互人格的認知システムを可能にする媒体であるように思われ、その相互人格的な認知は、私がこれまで主張してきたように、性的相互行為の基本的な心理学的内容なのである。このようにして、セックスに関するリベラルな常識的見解が維持されることになる。

真に困難なケースは、サディズム、マゾヒズム、そして同性愛である。最初の二つは一般に倒錯とみなされているが、同性愛は議論の分かれるところである。これら三つのケースすべてにおいて、論点は部分的には因果的な要因に基づいている。すなわち、正常な展開が妨げられた時に限って、こうした傾向が帰結するのだろうか、という問題である。「正常」という語の使用のために、この問いが提出された形態さえも循環的となる。われわれはゆがみを生じさせる影響物の規準を必要としているにもかかわらず、それを持っていないのである。

サディズムとマゾヒズムには二人の人間の相互作用が欠落している、という理由で、それらを倒錯として分類することは可能であろう。サディズムは、他者の中に受動的な自己意識を喚起することにその核心がある。しかし、サディストのしていることはそれ自体は能動的であり、求められている意味において情熱の身体的主体として自分自身を意識することを妨げるかもしれない意識的な抑制が、そこには維持されなければならない。マルキ・ド・サドは、性的欲望の目的はパートナーからの不随意的な反応――特に音声による反応――を呼び起こすことである、と主張した。苦痛を与えることは、無論、これを遂行するための最も効果的な方法ではあるが、それには行為者自身の露骨な自発性をある程度制御することが必要とされよう。これに対して、マゾヒストは、サディストが自分自身に課するのと同じ制御をパートナーに課するのである。マゾヒストは、他者の性的欲望の対象としては満足のゆく肉体化に達することができず、ただ彼の制御の対象となることによってのみそれに達することができるのである。彼は、パートナーの情熱との関係においてではなく、彼の非受動的に働く力との関係において、受動的なのである。そのうえ、苦痛や物理的拘束に特徴的な身体への従属は、性的興奮による身体への従属とはまったく種類の異なるものである。すなわち、苦痛は人々を溶解させるというよりはむしろ収縮させるのである。こうした記述は全般的に見て正確とは言えないかもしれない。しかし、記述が正確である限りにおいては、サディズムとマゾヒズムは認知の第二段階――欲望の対象として自分自身を認知する段階――における異常であると言えるだろう。

同性愛は、サディズムやマゾヒズムとは異なり、現象学的根拠に基づいて倒錯として分類することはできない。同性の人間間における相互人格的知覚のすべての領域において、妨害となるものは何もない。それゆえ、問題はもっぱら、異性愛へと向かう自然な傾向を妨げたり置き換えたりするような、ゆがみを与える影響物によって、同性愛が生じるのかどうかにかかっている。そして、そうした影響物は、大きい胸や金髪や黒い瞳への嗜好をもたらすような影響物よりも、はるかにゆがみを与えがちなものであるに違いない。これらの嗜好は偶然的な性的好みであり、人々はその点において倒錯しているのではなく異なっているにすぎない、と言えるからである。

問題は、異性愛が男性と女性の歪められていない性的傾向の自然な表出であるかどうか、である。これは不明瞭な問いであり、私にはこの問いへのアプローチの仕方がわからない。男女の性には、攻撃的と受動的という区別が存在する、という考え方を支持する根拠は少なくない。われわれの文化において、男性の興奮は知覚的交換を生じさせる傾向にある。彼は通常は性的意図をもって相手に近づこうとし、行動を広範囲にわたってコントロールし、そして、もちろん、女性の側が受け入れるのに対して、男性の側は挿入するのである。二人の男性、あるいは二人の女性が性交しているときには、こうした性的役割に固執することはできない。しかし、異性愛においても、そうした役割からの逸脱は大いに生じるのである。女性が性的に攻撃的になり、男性の方が受動的になりうるし、一時的な役割の逆転は、適度な長さの異性愛の交渉において、めずらしいものではない。こうした理由ゆえに、同性愛が倒錯でなければならないということは疑問の余地があるように思われる。異性愛がそうであるのと同様に、倒錯的な諸形式を持ちうるとしてもである。

最後に、善、悪、道徳に対する倒錯の関係をいくらか述べて、この論文の結びとしよう。倒錯という概念は、ほとんど常に何らかの意味において評価的である。というのは、その概念には、倒錯が何らかの仕方で達成することができなかった理想的な――あるいは少なくとも適切な――セクシュアリティーという観念が含まれているように見えるからである。それゆえ、この観念が存立可能であるならば、人、行為、あるいは欲望が倒錯的であるという判断は、よりよいセックスあるいはよりよいセックスの範例が可能であるということを含意することによって、性に関する価値評価を構成するだろう。これはそれ自体としては非常に弱い主張である。なぜならその価値評価はほとんどわれわれの興味を引かない次元にあるかもしれないからである。(もっとも、私の説明が正しければ、これは真ではないことになるのだが。)

しかしながら、それが道徳的評価かどうかということになれば、まったく別の問いになる。これに解答するためには、道徳性と倒錯の双方に関して、いま以上に深い理解が必要とされるであろう。行為や人間に対する道徳的な評価は、かなり特殊で非常に複雑なことがらであって、人間や彼らの行為に対するわれわれの評価のすべてが道徳的評価なのではまったくない。われわれは、道徳性に関係なく評価の対象となりうる、人の美しさや健康、あるいは知性といったものに対して、判断を下すことがある。彼らの性に関する評価もまた、この点においては同様であるかもしれない。

さらに、道徳の問題は別にして、非倒錯的なセックスが倒錯的なセックスよりも必ず好ましいものであるかどうかも、はっきりしてはいない。セックスとしての完全性という点で最高得点をマークするようなセックスが、ある種の倒錯よりも喜びが少ないということもありうるだろう。そして、喜びが非常に重要であるとするならば、合理的な優先順位を決定する際に、それは性的完全性の考慮を上回るかもしれない。

そのことによって、倒錯に関する諸判断の評価的な内容と、よいセックスと悪いセックスの間のかなり広く行きわたった一般的な区別の間に成り立つ関係という問題が持ち上がってくる。後者の区別は通常、性的行為に制限され、その限界内で前者との関連を持っているように思われる。たとえば同性愛が倒錯であると信じている人でさえも、よりよい同性愛とより悪い同性愛との間の区別を認めうるであろうし、よい同性愛はあまりよくない非倒錯的なセックスよりもよいセックスであるということさえ許容しうるかもしれない。もしこれが正しければ、倒錯という判断は、たとえそれが存立可能であるとしても、セックス――それもそれ自体としてのセックス――の可能的評価の単なる一つの側面を代表しているにすぎない、という立場が支持されることになる。そのうえ、それが唯一の重要な側面ではない。すなわち、明らかに倒錯を構成するとは言えない性的欠陥が、大きな関心の対象となりうるのである。

最後に、たとえ倒錯したセックスがその点において通常のセックスよりよくないものだとしても、悪いセックスも、一般的に言って、まったくないよりはましである。これに関しては議論の余地は存在しないはずだ。つまりそれは、食物、音楽、文学、社会といった、他の重要なことがらにも当てはまるように思われるからである。結局、人は自分に実行可能な選択肢――その実行可能性が彼を取りまく環境に基づくものであろうと彼自身の体質に基づくものであろうと――の中から選ばなければならないのである。そしてその選択は、無を選択することが合理的にならないうちは、まず妥協の余地のない厳しいものであらざるをえない。

（1） *L'Etre et le Néant* (Paris: Gallimard, 1943), translated by Hazel E. Barnes (New York: Philosophical Library, 1956)〔邦訳：サルトル『存在と無——現象学的存在論の試み』Ⅰ・Ⅱ、松浪信三郎訳、ちくま学芸文庫、二〇〇七年〕。

（2） 'Meaning', *Philosophical Review*, LXVI, no. 3 (July, 1957), 377–88〔邦訳：ポール・グライス「意味」、『論理と会話』清塚邦彦訳、勁草書房、一九九八年、第八章〕。

（3） 「ロマ書」第七章二三節、『告白』第八巻第五章を見よ。

5　戦争と大量虐殺

ヴェトナムにおいて合衆国とその同盟国によって犯された残虐行為に対する無関心な反応から、次のような結論を下すことができる。戦争行為に関する道徳的制限が一般大衆の間にほとんど賛同を呼び起こしていないのは、それが合衆国の軍事政策編成任務に就いている人々の間にほとんど賛同を呼び起こしていないのと同程度である、という結論である。(1) たとえ戦争行為への制限が守られているとしても、それはたいていの場合、法的根拠にのみ基づいたものである。すなわち、たいていの場合その道徳的根拠がよく理解されていないのである。私が論じたいことは、ある種の制限は恣意的なものでもなければ、単に規約的なものでもないということ、そしてその妥当性は有用性にのみ基づくものではないということである。換言すれば、戦争のルールには道徳的根拠が存在するのである。たとえ現在公的に効力をもっている規約が、それを完全に表現しているなどとはとうてい言えないにしてもである。

I

それが戦略目的のために奉仕してはおらず、また奉仕すべく意図されてもいない以上、ミライの大虐殺〔訳注：一九六八年五月一六日〕のようなケースにおいて何が悪であるかを説明するのに、いかなる精密な道徳理論も必要とされない。さらに、インドシナ戦争への合衆国の介入が、そもそも完全に間違っているとすれば、その参戦は戦争の遂行において講じられたいかなる方策も——単に、どれほど正しい目的をもった戦争においても存在する残虐行為のゆえにではなく——正当化することができない。

しかし、この戦争は、より一般的な種類の諸傾向をも露わにした。それらは、以前の諸々の戦争行為にも影響を及ぼしてきたような種類の諸傾向である。この戦争が終結してからも、われわれはやはり戦争行為はいかになされうるかという問題に直面することになるだろう。そしてこの戦争の特殊な行動に帰結した諸傾向は、消え去ることがないだろう。さらに、同様の問題は、非常に異なった理由から、非常に異なった敵に対してなされる戦争や革命においても生じうるものである。戦争において何が許されえないかという問題を、正しく把握し続けることは容易ではない。なぜならば、明らかに残虐行為と認められる軍事行為がある一方で、評価を決しがたいケースもあって、そのような諸判断の根底にある一般的原理が不明確なままであるからだ。こうした不明確さは、理論的根拠がより明確であるような規準の方を選んで、健全な直観の方を廃棄することに通じやすい。このような傾向に抗するためには、われわれはいま以上に制限の意義をよく理解する必要がある。

私は、戦争行為によって提起される最も一般的な道徳問題——手段と目的の問題——について論じることを提案する。ある説に従えば、追求する価値のある目的に奉仕する場合でも——さらには制限に固執することが大きな犠牲を伴う場合でさえも——、なされてよいことには限界がある。そうした制限の力を承認する人は、自分が深刻な道徳的ディレンマに陥っていることに気づきうるだろう。彼は、たとえば、囚人を拷問にかけることによって大災害を回避するのに必要な情報を得ることができる、あるいはまた爆弾を使ってある村を全滅させることによって一連のテロ活動を阻止することができる、と信じているかもしれない。もし彼がある手段を講じることによって得られる利益の方が、それに伴う損失よりも明らかに大きいと信じつつ、しかも同時に、やはりそれを採用すべきではないと感じているならば、二つの異なる種類の道徳的理由の葛藤によって引き起こされたディレンマに陥っていることになる。この二つをそれぞれ、功利主義と絶対主義、と呼ぶことができる。

功利主義は起こるであろうことの考慮を最優先し、絶対主義は人がしていることの考慮を最優先する。それら二者間に葛藤が生じるのは、われわれが直面する選択肢はほとんどの場合、単に全体的な結果に関するものではないからである。すなわち、それらは採られるべき進路や手段の間の選択でもあるのだ。選択肢の一つが他人にひどいことをすることである場合には、問題は根本的に変化してしまう。つまり、問題はもはや、単にどの結果がより悪いかというものではなくなるのである。

われわれのうち、この二つのタイプの道徳的直観のどちらか一方から完全に解放されている者は、ほとんどいない。もちろん、人によっては——自然な傾向によってにせよ、主義主張によってにせよ——一方のタイプが支配的であり、他方は抑圧されていたり、弱かったりする可能性はあるにしても、である。しかし、両方のタイプの理由のもつ力を、どちらも非常に強く感じるということは、十分にありうることである。このような場合、ある種の危険的状況における道徳的ディレンマは、激しいものになるだろう。そして、可能ないかなる行為も——あるいは行為しないことも——、どちらか一方の理由によって受け入れ不可能になってしまう、というように思われるかもしれない。

II

私が探究することを提案しているのはこのディレンマであるが、議論のほとんどの部分は、そのディレンマの片方である絶対主義的要素に向けられることになるだろう。功利主義的要素はこれと比較すれば単純なものであり、倫理学に関する完全な懐疑主義者を除けば、どんな人にもおのずと訴える力を持っている。功利主義によれば、人は、個人的にであろうと諸制度を通じてであろうと、善を最大にし悪を最小にする（この善と悪という概念の定義はその立場の図式的定式化に含まれている必要はない）よう努力するべきであり、またより少ない害悪を産み出すことによって、大害悪を避けうるという可能性に直面した場合には、より少ない悪の方を選択すべきなのである。確かに功利主義の定式化に関する諸問題は存在し、それについて書かれたものも数多いが、その趣旨は道徳的に単純明快である。にもかかわらず、付加されたり修正されたりしてもなお、功利主義は依然として倫理に関する広大な領域を説明できないままに残している。私は、何らかの形態の絶対主義が残されたすべての領域を説明できる、と提言しているわけではない。ただ、絶対主義を吟味することによって、われわれの抱いている道徳的観念の複雑性を、そしておそらくはその不整合性をも、理解することができるのではないか、と提言しているだけである。

功利主義は、確かに戦争行為に対するいくつかの制限を正当化する。大多数の人々にとって当然と思われる制限はどんなものであれ――その制限がすでに広く受け入れられている場合は特に――それを支持する強固な功利主義的理由が存在している。個別的な紛争においては結果によって正当化されるように見えた一つの例外的な手段が、長期的には破滅的な諸効果を伴う先例を産み出す可能性もある。(2) 戦争は、功利主義的根拠に基づいては決して正当化されない規模の暴力を含んでおり、従軍拒否のもたらす結果は、戦争それ自体（たとえ残虐行為が行なわれなかったとしても）ほど悪ではありえないとさえ論じられるかもしれない。あるいはまた、より高度な文脈においては、次のような主張がなされるかもしれない。決して軍事力に訴えないという一貫した政策は、もし徹底して守られるならば、それぞれのケースを功利主義的根拠に基づいて決定するという政策よりも、長期的には害が少ない（たとえ時にはその平和主義的政策の個別的な適用が、特定の功利主義的決定よりも悪い結果を引き起こすことがありうるとしても）、という主張である。しかし、私はこうした議論を考察するつもりはない。というのも、私の関心はもっと別の種類の根拠、つまり功利性や利害という根拠が損なわれた場合にもなお残るかもしれない根拠、に向けられているからである。(3)

結論を言えば、私はディレンマは必ずしも解決されうるとは限らないと信じている。絶対主義と功利主義の間の葛藤がすべて解決不可能なディレンマを産み出すわけではないし、制限の違反を奨励する功利主義的考慮が圧倒的な重みを持つ極めて確実なものでない限り、絶対主義的制限に固執することが確かに正しいことであるとも思うが、それにもかかわらず、特殊な条件が整っている場合には、絶対主義的立場に固執することは不可能になるかもしれない。それゆえ、私が提出するのは、絶対主義のいくらか条件つきの擁護論である。私はそれが妥当でありかつ根本的であるような道徳的判断——それは他の原理に還元されえず、また他の原理によって凌駕されえない——の基礎になっていると信じている。そして、同じように根本的な原理が他にもあるかもしれないが、絶対主義的直観に対する確信を失わないことは特に重要なのである。多くの場合、そのような直観だけが、大規模な殺戮に対する功利主義的弁明という深淵の手前にある、唯一の柵だからである。

Ⅲ

解釈上の問題をひき起こす余地のない絶対主義の一つの立場に、平和主義がある。人はいかなる状況においても、すなわちそれによってどれほどの善が得られ、どれほどの悪が避けられえようとも、決して他人を殺してはならない、という立場である。私がこれから述べようとしている絶対主義的立場は、これとは異なる。平和主義は功利主義的考察と非常に際立った対立を引き起こすが、また別の立場も存在しており、それに従えば、暴力の性質や傾向に対するある種の絶対的制限が守られている限り、明らかに正当な根拠に基づくならば、たとえ大規模なものであろうとも、暴力の行使が許されるのである。境界線は少々きわどいものになるが、やはり存在するのである。

そうした見解に関して今日的な哲学的議論を提出し、ローマ・カトリック的道徳神学におけるそうした見解をめぐる広範囲にわたる議論に馴染みのない者にも、それを説明するのに最も貢献した哲学者は、G・E・M・アンスコムである。一九五八年、アンスコムはオックスフォード大学によるハリー・トルーマンへの名誉博士号の授与に際して、「トルーマン氏の学位」(4)と称する小冊子を発行した。この小冊子の中で、彼女は自分が博士号授与の決定になぜ反対したかを明らかにし、彼女の反対意見が棄却されたいきさつを詳細に述べ、さらにトルーマンによる広島と長崎への原爆投下の決定の経緯と、戦争状態における虐殺と許されうる殺害の差異とに関して、若干の考察を提供した。彼女は、手段としてであろうとそれ自体が目的としてであろうと、大量の市民を意図的に殺害するという政策はトルーマンが始めたものではなく、ヒロシマ以前の第二次世界大戦中に、あらゆる陣営で実施されていた一般的慣行であったという事実を指摘した。連合国側の通常兵器によるドイツ諸都市への爆撃には、原子爆弾攻撃を上回る数の市民の死者を出した空襲が含まれていた。日本への空襲についても同じことが言える。

敵の降伏を誘ったり敵の士気を挫いたりする目的で、市民に攻撃を加えるという政策は、文明化された世界では広く受け入れられてきたようであり、少なくともその効果が十分期待できるという勝算がある場合には、現在でもなお是認されているように思われる。このことのうちに、女、子供、老人といった非戦闘員の意図的な殺害は、それによって十分な効果が得られるならば許される、という道徳的確信が示されている。このことはいかなる手段も、それが十分に価値ある目的を達成するならば、原理的には正当化されうるという、より一般的な立場から帰結する。そうした姿勢は、大々的な最新兵器システムにおいてのみならず、インドシナにおける局地的戦争の日々の行動においても顕著である。すなわち、非人道的な兵器、ナパーム弾、空襲などによる無差別的破壊や、捕虜への暴行、市民の大量移送、農作物の破壊といった行動である。ある特定の行為は結果のいかんを問わず決して正当化されないと考える点で、絶対主義的立場はこれに反するものである。そうした行為の中には虐殺——市民、戦争捕虜、医療隊員といった無害な者の意図的な殺害——が含まれている。

現在の戦争において、時としてそうした手段は遺憾であると言われる場合もあるが、軍事的必要性を、そしてまた、戦争における勝敗という長期的な結果の重要性を考慮することによって、一般的には容認されている。私は、このような帰結主義的弁護論のそれ自体としての欠陥をあげつらうつもりはない。(そのようなやり方が戦争に道徳的批判を加える場合の支配的な形式である。人が「それは為すに値するか?」と問うとき、意味しているものの一部はそのことであるからだ。）私はむしろ、そのような諸行為に対して、その種の弁護論を提出すること自体の不適切性を説明することに、関心がある。

多くの人々は、それ以上の説明はできないにもかかわらず、ある特定の手段が最初に考慮に入れられた時点で、何か重大な過ちが犯されたと感じている。根本的な過ちはここで犯されているのであって、途方もない手段のもつ総体的な利益がその不利益を上回ると判断され、それが採用された時点においてではないのだ。これを理解する上で、絶対主義的な説明が役立つかもしれない。もしある特定の行為——たとえば、非武装の捕虜や市民を殺すという行為——をなすことが許されないのであれば、人がその行為をなさない場合にどうなるか、に関するいかなる議論によっても、それをなすことが正しいことを示すことはできないのである。

絶対主義はもちろん、人に自分の行為の結果を無視することを要求するわけではない。それは功利主義的な考え方に取って代わるものとしてではなく、功利主義的な考え方を制限するものとして機能するのである。絶対主義者は、虐殺の禁止のような絶対的禁止に背くことを要求されない限り、善を最大にし、悪を最少にするよう努めるにちがいない。しかし、そのような葛藤が生じた場合には、結果に関する考慮がどんなものであれ、絶対的禁止が完全な優先権をもつのである。この立場から帰結する結論のいくつかは、非常にはっきりしたものである。この立場は、ある種の潜在的に有効な軍事的手段——たとえば、人質や捕虜の殺害、あるいは兵糧攻め、炭疽や横痃性疫病などの伝染病、または大量焼き打ちなどによって、敵国の市民人口を減少させようとする無差別的試み——をわれわれに廃棄するように要求する。その意味するところは、こうした手段がさらにより大きな悪を回避しうるという事実によって、それを正当化することができるかどうかを考慮すること自体が、われわれにはできない、ということなのである。なぜならば、意図的手段としてのそれらは、結果がどんなものであれ、結果によって正当化されることはできないからである。

今世紀に起こった出来事に通じていない人々は、この種の手段を阻止するには、功利主義的論拠あるいは国家利益に関する論拠で十分ではないか、と思うかもしれない。しかしながら、ひとたび途方もない対住民的兵器の使用が堂々たる道徳的可能性とみなされるようになれば、こうした兵器の採用や使用を阻止するにはそのような論拠だけでは不十分である、ということははっきりしてきている。このことは、空中からの対ゲリラ戦による農村住民の漸次的壊滅作戦にも妥当する。いったん功利性と国家利益の計算が容認されれば、自由や平和や経済的繁栄の未来に関する通常の考察は、多数の黒焦げになった赤ん坊の死に責任を負う者の良心を安心させる役割をになうことになるかもしれないのである。

もっぱらこの理由だけからしても、こうした議論を始めることを許す精神構造の欠陥がどこにあるかを判断することは、重要なことである。しかし、絶対主義が功利性と真向から衝突するようなケースにおいて、絶対主義を理解することもまた重要なことなのである。絶対主義的立場は、その主張とは裏腹に、パラドクシカルなものである。なぜならば、絶対主義的立場は、それがなしうる唯一の選択である場合でも、二つの悪からよりましな方を選択するという行為を差し控えることを要求しうるからである。絶対主義はまた、平和主義とは異なり、状況によって人が他の人々に恐ろしい行為をするのを許したり許さなかったりする、という点でもパラドクシカルである。

Ⅳ

この立場の背後にあるものが——もしあるとすれば——何であるかを続けて語る前に、この時点で論じられるのが最もふさわしい、二、三のややテクニカルな問題が残っている。

まず第一に、絶対主義的禁止が適用されうる種類のことがらを、できる限り明確に特定しておくことが重要である。絶対主義的禁止はわれわれが他人に対して意図的になす行為だけに関係する、というただし書きは、本気で受け取られねばならない。たとえば、罪のない人の死を引き起こすことに対する絶対的禁止条項は——矛盾なしには——存在しえない。というのは、人は自分がどのように行為しようとも結果的に罪のない人々が死んでしまうという状況に置かれることがありうるからである。私は、いかにしても結果に影響を及ぼしうる立場にいないために、自分が何をしても誰かが死んでしまうようなケースがある、ということだけを言っているのではない。大多数の罪のない人々の死に対する自分の関係は、概してそういう場合が多いし、またそうあって欲しいものでもある。しかし、私が念頭に置いているのはむしろ、誰かが死んでしまうのだが、誰がそれであるかは、自分の行為に依存しているようなケースである。こうした状況は、たとえばある大災難に脅かされている人々を全員救うだけの救援物資（薬品や救命ボートなど）がない場合のように、自然的原因によって引き起こされる場合もある。またたとえば、一連のテロリズム活動を抑圧する手段が、それを起こした団体に対してテロリズム的戦略を行使すること以外にはない場合のように、人為的原因によって産み出されることもある。これらのケースにおいて自分がどのような行為をしても、何人かの罪のない人々が結果として死んでいくことになる。もし絶対主義的立場が、罪のない人々の死をもたらすことになる行為を禁じているとすれば、このようなケースにおいては、可能ないかなる行為も道徳的に許されないという結論になるだろう。

しかしながら、絶対主義は特定の結果をもたらすことを禁じているのではなく、他人に対して特定の行為をなすことを禁じているのだから、この問題は回避される。ある人の行為の結果として他の人に起こることのすべてが、その人が他の人に対してなしたことであるわけではない。カトリックの道徳神学は、二重効果（ダブルエフェクト）の法則として知られている教義において、この区別を明確にしようとしている。この法則の主張するところは、目的そのものとしてであろうと手段としてであろうと、罪なき人の死を意図的に引き起こしたり許したりすることと、彼が意図的に行なった別の行為の副次的効果としてそれを引き起こしたり許したりすることとの間には、道徳的に重要な区別が存在する、ということである。後者においてはたとえ結果が予見されていたとしても、その行為は殺人ではなく、また絶対的禁止にも該当しない。もちろんその他の諸理由（たとえば、功利性の理由）によって悪であるとは言える、としてもである。

簡単に言えば、この原理に従えば、人は、目的としても手段としても意図的に引き起こしたり許したりすることは絶対的に許されないことでも、行為の副次的効果としてであれば、それを知ったうえで引き起こしたり許したりすることが、時として許される、ということである。二重効果の法則は、戦争や革命に適用されれば、かなりの規模の市民大虐殺も、軍需工場の爆破や敵兵の攻撃という行為の副次的効果として、許されることになる。犠牲が目的によって正当化されないほどに大きくはないときに限って、このようなことさえも許されうるのである。

この法則は正しそうに見えるいくつかの道徳的判断を説明する際に重要でありかつ有用でもあるが、私はこの法則が絶対主義的立場の諸帰結に関する一般的に適用可能なテストであるとは思わない。それ自身の適用が必ずしも明確でない以上、その法則は不確実性が存在する必要のない場所に不確実性を持ち込むことになる。

たとえばインドシナでは、ゲリラが潜伏していると見られる村や、小銃の発砲があった村に対して、空襲、砲撃、ナパーム弾の散布、散弾や針の散布という非人道的な兵器の使用が、大規模に行なわれている。こうした空中攻撃による死傷者の大多数は女性と子供たちであると報告されている。もちろん、死傷者の中には戦闘員も含まれているとしても、である。しかし、政府はこうした市民の死傷を、武装した敵軍への合法的な攻撃のもたらした遺憾な副次的効果であるとみなしているのである。

これを詭弁だと片づけてしまうのは簡単だと思われるかもしれない。つまり、二十人のゲリラが潜伏していると信じられている人口百人の村を爆撃し、焼き払い、撃破し、その結果ほぼ全滅させることによって、統計的にゲリラもほぼ全員殺すことができるとすれば、百人の集団に対するこの攻撃は、純粋かつ単純に、ゲリラを壊滅させる手段ではないだろうか。もしゲリラと一般市民とを区別しようとする試み——小さな村への空襲においては実際には不可能である——がなされなかったとすれば、より精選された手段がとられていれば敢えて殺されずにすんだ人々の死を、単なる副次的効果とみなすことはできない。

困難な点は、この議論が行為に関するある特定の記述に基づいているという点にある。そして解答は、ゲリラに対して用いられた手段は村のすべての人間を殺すことではなく、十人のゲリラが潜伏していることが知られている地域の爆撃による壊滅である、というものであるかもしれない。もしその地域に市民もまたいるならば、彼らはこうした行動の副次的効果として殺されることになるのである。(5)

このような決議論的問題〔訳注〕のゆえに、私はむしろ、人が他者に対してなす行為とその行為の結果として他者に起ることの間の、分析以前の原初的な区別にとどまりたいと思う。二重効果の法則は、さまざまなケースにおいてこの原初的な区別の近似値を提供しており、おそらく、その区別以上にうまく機能するところまで洗練することもできるだろう。確かに、原初的な区別それ自体も明確化を必要とする。とりわけ、われわれが他者に対してなす行為のうちには、われわれのなす他の行為の結果として他者に起ることも含まれていることがあるからである。しかしながら先に議論されたケースにおいては、人は村を爆撃することによって、村の住民を殺し重傷を負わせていることは明白である。これに対し、人は手もとにある唯一の薬を同じ病気に苦しむ二人の病人の一方に与えることによって、もう一人の病人を――たとえ結果として彼が死んだとしても――殺したり、意図的に死に追いやったりしていることにはならない。

第二のテクニカルな問題は次のようなものである。絶対主義は結果ではなく行為に焦点を合わせるが、このことは単に悪のカタログに新しい、特に顕著な項目を持ち込んでいるのではない。すなわちそれは、世の中で最も悪いことは罪のない人を意図して殺すことである、と主張しているわけではないのだ。というのも、もしそれだけのことならば、人はおそらく、一人を殺すことによって数人の命が救えるという理由で、あるいはまた一万人を殺すことによって十万人の死が避けられるという理由で、それらの殺人を正当化できもしようからである。これは周知の議論ではある。しかし、もしこれが許容可能な議論であるとすれば、結局のところ殺人に対する絶対的な禁止は存在しないことになる。絶対主義は、われわれになんとしても殺人を犯さないようにする（avoid）ことを要求しているのであって、なんとしても殺人が起こらないようにする（prevent）ことを要求しているのではない。

功利主義に陥ることなしに、絶対主義ほど厳格でない義務論的立場をとることもまた可能ではあろう。絶対主義者の立場をとることなしに、意図的な殺害と非意図的な殺害を区別することの道徳的適切性を容認しうる道が二つある。一つは、殺人を悪のカタログのうちで特に悪い項目、つまり偶然の死や非意図的な殺害よりもはるかに悪い項目とみなす方法であろう。しかし、もう一つは、罪なき人を意図して殺すことは、その殺人が非常に大きな悪（たとえば五十人の罪のない人々の死など）を防ぐ唯一の方法である場合以外には許されない、という立場をとることであろう。これを、殺人の禁止が踏み越えられる限界点と呼ぶことにしよう。この立場は明らかに絶対主義ではない。しかしまた、殺人に限界点のマイナス価値に等しい功利主義的マイナス価値を割り当てることと同じことを意味しているわけでもない。これは簡単にわかることである。かりに一人の殺人が五十人の不慮の死に相当するマイナス価値を持っているとするならば、功利主義的根拠に従えば、一人の殺人に腕の骨折のようなより軽い悪が加わったものを避けるためにならば、殺人を犯すこともなお許されることになるだろう。さらに悪いことには、功利主義的根拠に従えば、さもなければ避けられたかもしれない四十九人の不慮の死という犠牲を払っても、われわれは一人の殺人を避けるように要求されることになるだろう。これらは実際、限界点をともなった義務論的な殺人禁止からは導かれない結論である。なぜならば義務論は、ある特定の種類の行為が実現することは悪いことであり、それゆえ実現しないようにされるべきであると主張しているのではなく、すべての人に、特定の条件下を除いて、そうした行為をしないように要求しているからである。事実、殺人も結果として見られれば少しも不慮の死以上のマイナス価値をもつわけではないと考えることは、殺人に対する義務論的禁止と完全に両立可能である。限界点が認められたことによって、ここで論じられている対立の輪郭はぼやけるだろうが、私はそれによって対立そのものが消滅したり、その基本的な性質を変えたりするとは思わない。対立は、義務論的要求と、その限界点よりもいくぶん低い功利主義的価値との衝突の中に、あくまでも存在し続けるだろう。

最後に、誤解に基づいたものではあるが、絶対主義に関してしばしばなされる批判をとり上げよう。絶対主義的禁止はある種の道徳的利己心に、すなわち自分自身の道徳的純粋性を保持し、世界の他の場所で何が起ころうとも自分の手だけは汚さないようにしようとする幼稚な義務感に基づいている、と言われることがある。絶対主義の立場がこういうものであるとすれば、それは放縦という非難にさらされても仕方がないだろう。自分の魂を純粋に保つことや自分の手を汚さないことを、多数の他の人々の生命や幸福よりも優先させる権利を、人はどこから手に入れるのだろうか。そこで、次のように論じられるかもしれない。トルーマンのような公僕には、そういう仕方で自分自身を最優先させる権利はない。それゆえ彼は、もう一つの選択肢のほうがより悪いと確信したならば、爆弾を落とす命令を下し、人々の死の重荷を背負わなければならない。ちょうど、一般的善のために他の不本意なことをしなければならないときのように。

しかしながら、道徳的絶対主義の根底には道徳的利己心が隠されているという考え方の背後には、二つの混乱が存在する。第一は、自分自身の道徳的純粋性を守る必要が義務の源泉でありうる、と考える混乱である。というのは、人は殺人を犯すことによって、自分自身の道徳的純粋性や完全性を犠牲にしているのだとすれば、それは単に殺人にはすでに何らかの悪があるからにすぎない。それゆえ、殺人を犯すことを禁じる一般的理由は、単にそれを犯す人が不道徳な人間になるということではありえない。第二に、人が十分に価値ある目的に奉仕する際に、自分の道徳的完全性を正当な意味で犠牲にすることがありうるという考えは、矛盾したものである。なぜならば、もし人が、そうした犠牲を払うことが正当なことであるとすれば（あるいはそうした犠牲が道徳的に要求されるとすればなおさら）、そういう行為をとることによって自分の道徳的完全性を犠牲にすることにはならず、むしろ、完全性を保持したことになるだろうからである。

道徳的絶対主義は、各人にあらゆる状況において自分の道徳的純粋性を保持する行為をするように要求するという点においては、諸々の道徳理論のうちで他に類のないものではない。この要求は功利主義にも、正と邪の区別を立てる他のいかなる理論にも、共通に妥当する。さまざまな状況における正しい行動方針を規定し、人はそうした行動を採るべきであると主張する理論はどんなものであれ、まさにそのことによって、人は自分の道徳的純粋性を保持しうるような行為をすべきであると主張しているのである。そしてその理由はもっぱら、正しい行為はそうした状況の中で彼の道徳的純粋性を保つ行為であるということにある。もちろん、功利主義はこの理由で人はそうした行為を選択すべきだと主張しているのではない。しかし、今見てきたように、絶対主義もまたそうではないのだ。

V

絶対主義に関する正しい説明を提示するよりも、誤った説明を処理していく方が容易である。この問題をポジティヴに説明するには、戦争、衝突、攻撃は人間の関係であるという観点から出発しなければならない。一般的幸福に基づいて行為の総体的効果のみを考慮することは間違いであるかもしれないという見解は、そうした行為が他者との関係を含む場合に重要性をもつのである。人間の行為は通常、彼が直接関わっていない他の人々にも影響を及ぼすものであり、したがって彼が決断を下すに際して、そうした影響が考慮されなければならないことは当然である。しかし、もし彼が他者をどのように扱うべきかを決定する特別な原則が存在するならば、その原則は、行為の全体的効果よりはむしろ、その行為が直接向けられている特定の諸個人に、特別な注意を払うことを要求するだろう。

戦争行為における絶対主義的制限は、次の二つの形をとって現われる。攻撃や暴力が向けられる人々の種類に関する制限と、攻撃目標がその種類の人々の内に含まれているという前提のもとでは、その際の攻撃の仕方の制限である。しかし、敵意をもって人を扱うことは、その扱いを適切なものにしている、その人物に関する何ものかによって正当化されなければならない、という原則の下では、この二つの制限は一体化することがありうる。敵意は特定の人間に対する関係であり、それが向けられる対象にふさわしいものでなければならない。この条件から出てくる一つの結論は、戦争において敵意をもった扱いを受ける者の中には、彼らに関するいかなるものもそうした扱いを正当化しない以上、決してそうした扱いを受けてはならない者がいる、ということである。また、特定の状況下でのみ、あるいは特定の仕事に従事しているときに限り、敵意を向けるべき対象となりうる者もいるだろう。そして、敵意ある扱いをする際の適切な仕方や程度は、個々のケースにおいて何が正当化されるかということに基づいているだろう。

首尾一貫したこのタイプの見解は、他者に対する極度に敵意ある振舞いも、彼を人格として——おそらくは目的そのものとしてさえ——扱うことと両立可能である、と主張するだろう。これは、彼と殴り合いを始めたからといって、ただちに彼を人格として扱わなくなるというわけではない、と言える場合に限り可能な立場である。もし敵意をもって、攻撃的に、あるいは戦闘的に他者を扱うことが、常に、他者を人間として扱うべきであるという条件を破ることになるならば、敵意ある諸行為の内部にこれ以上の区別を加えることが、それゆえにむずかしくなるだろう。そうした観点は、国際関係のレベルで考えれば、もし完全な平和主義が受け入れられないならば、どんな制限も加えられる必要はない、そして、それが当を得ているように思われるならば、心ゆくまで殺りくや大虐殺を行なってもかまわない、という立場に通じる。このような立場は、戦争犯罪をめぐる議論において、しばしば表明されている。

しかし実際には、普通の人々は個人間の衝突——肉体的なものにせよそうでないにせよ——について、こうした立場が正しいと信じてはいない。国家間の衝突について、それが正しいと言える理由がないことは言うまでもない。きれいな戦い方と汚い戦い方を区別しようとする、まったく自然な考え方があるように思われる。汚い戦い方とは、自分の敵意や攻撃をその正当な対象に向けずに、もっと攻撃しやすく、それを通して正当な対象が間接的に攻撃されるような、周辺の標的に向けることである。このことは、殴り合いのけんか、選挙運動、決闘、あるいは哲学的議論にも、等しく妥当する。もしこのような考え方がそうしたすべてのことがらに適用されうる一般性をもっているとすれば、戦争にも——個々の兵士の行動にも国家の行動にも——適用されるべきであろう。

あなたが公職への立候補者であるとしよう。そして、あなたは対立候補が選出されたらとんでもないことになってしまうと確信している、とする。というのも、彼は目先きの利益に奉仕し、自分に反対する者の権利を本気で侵害しようとする臆面なき煽動政治家であるからだ。さらに、あなたには通常の手段では彼を破れないことがわかっているとしよう。そこで、つぎのような通常はとられない諸手段が実行可能であるとしよう。すなわち、あなたはもし公表されれば選挙民全体に衝撃を与えるような彼の性生活に関する情報を入手している。あるいはあなたは、彼の妻がアルコール中毒であるとか、彼は若い頃一時期ある非合法政党に加入していた、といったことを知っており、その情報を使って彼に立候補を断念させることもできると信じている。あるいはまた、あなたはあなたの支持者の一団を使って、投票日に彼の支持者たちの車のタイヤをパンクさせることができる。あるいは、あなたは投票箱を不正投票で埋めることができる立場にある。あるいは、もっと簡単な手段として、あなたは彼を暗殺させることができる。圧倒的に望ましい結果をもたらすことが約束されているとすれば、これらの手段はいったいどこが間違っているのだろうか。

もちろん間違っている点はたくさんある。いくつかのものは法に背いている。また、立候補することによって認めているはずの選挙上の手順を、自ら破っているものもある。また、不測の結果に終わる可能性のあるものもある。そして、選挙運動に個人のプライベートな問題の介入を許さないという暗黙の同意に従うことが、すべての政治的立候補者の一致した利益になる。しかし、それだけではない。こうした手段、つまりこうした攻撃方法は、あなたと対立候補との間にある問題には関連性のないものであり、そのような手段を選択するならば、あなたは、彼をあなたの敵対者たらしめている当のものには向かっていないことになる、という感情をもまたわれわれは抱くのである。あなたは自分の攻撃を、敵意を抱いている真の標的にではなく、たまたま攻撃しやすい周辺の標的に向けていることになるだろう。

あらゆる規則体系、法体系の枠組みの外部で行なわれる争いや議論に関しても、同じことが言える。料金が不当に高いと言ってタクシーの運転手と口論するとき、言葉のなまりのことで運転手を馬鹿にするとか、タイヤをパンクさせるとか、あるいはまたタクシーのフロントガラスにチューインガムを張りつけるといったことをするのは不適切である。たとえ彼の方があなたの人種や政治的信条や宗教を中傷しても、あるいはまた、あなたの鞄の中身を路上に放り出しても、やはり右に挙げたような行為は不適切なのである。(6) このような諸制限の重要性は、ケースの深刻さの程度によってさまざまに異なる。それゆえ、あるケースにおいて正当化不可能なものも、もっと極端なケースにおいては正当化されることもある。しかし、すべての制限はただ一つの原則、敵意や攻撃はその真の対象に向けられるべきだ、という原則から引き出されている。これは、敵意はそれを引き起こした人や人々に向けられるべきであるということと、しかも彼らの敵意をそそる側面に特に向けられるべきであるということの、両方を意味している。第二の条件が、敵意の取りうるふさわしい形態はどんなものであるかを、決定するだろう。

この原則の根底に、人が他者に対して取るべき関係に関する理念があることは明らかである。しかし、この理念を語るのは困難である。おおざっぱには次のように言えるかもしれない。すなわち、人が他者に対して意図的になすことはどんなことであれ、相手がその行為を主体として受けとめてくれるという意図をもって、主体としての彼に向けられなければならないのである。それは単にその状況に対する態度の表明ではなく、相手に対する態度の表明でなければならず、また彼の方もそのことを認め、自分自身がその行為の対象となっていることを理解すべきなのである。このような態度が表明されるされ方は、人に直接向けられたものである必要はない。たとえば、外科手術は人格的対面の形態ではなく、医学的処置の一部であるが、それは患者に向かって差しのべられるものであり、患者の方はそれを彼の必要に答えるものであり、彼に向けられた態度からの当然の帰結であると受けとめるのである。

敵意ある扱いは、外科手術とは異なり、あらかじめ人に向けられたものであるから、より広い脈絡から相互人格的な意味を受け取るようなものではない。敵意ある振舞いは、攻撃される人物に対する、単に制限された範囲の態度だけを、表明したり実行したりする役割をにないうるのである。そして、そうした態度は、その態度を正当化すると考えられたその人間の性格や行動——実在のものであれ想定上のものであれ——を、その対象として持つ。こうした背景が存在しない場合には、敵意ある行動や攻撃的な行動は、もはや被害者がそれを主体として受けとめるように意図されたものではありえない。それは、純粋に官僚主義的な操作という性格を帯びてくる。敵意を向けるべき真の対象ではない者を攻撃する場合——真の対象は別にいて、被害者を通して彼を間接的に攻撃することができる場合——や、誰に対しても敵意ある態度を示しておらず、希望の目的に通じる最も手近かで容易な方法をとっているにすぎない場合に、こうした状況が起こるのである。人は被害者とまったく対面せずに、ただ彼に作用を及ぼし（operate）ていることになる——外科手術（operation）を取り巻く人格的相互行為というより大きな脈絡もなしに、である。

絶対主義が、功利性の考慮に優先するというその主張を擁護すべきだとすれば、係わっている人々に対する直接的で相互人格的な応答を維持することは、いかなる利益によっても廃棄することが正当化されない要求である、と考えなければならない。この要求は、それを破ることを正当化するかもしれないものが行なういかなる計算をも排除できる場合に限って、絶対的である。絶対主義的立場が維持できなくなってしまうほど極端な環境が存在するかもしれないということは、先に述べたとおりである。その際、人はひどいことを行なう以外に道はないことがわかるであろう。しかし、そうしたケースにおいてさえ、人はその違反を正当化できないという点で、絶対主義は依然として力を持ち続けるのである。それは、決してまったく正しい行為にはならないのだ。

私はこれを説明する一つの試みとして、絶対主義的制限を、被害者になされていることを彼自身に対して正当化する可能性と関係づけてみたい。火事や沈没する船から人々を救出する際、ある人を見捨てなければならないとしよう。その時、彼に対して、「わかるでしょう。他の人々を救うためには、あなたには残ってもらうしかないのです。」と言えるだろう。同様に、嫌がる子供に苦痛を伴う外科的処置を受けさせる場合も、子供に向かって、「おまえがもっと大きかったら、私がおまえを助けるためにこうしていることが分ってもらえるだろう。」と言うことができる。また敵兵を殺す場合に、「おれが殺られるか、おまえが殺られるか、どちらかなのだ。」と言うことさえできるだろう。しかし、捕虜を拷問にかける際、「おまえの共謀者の名を知ることがわれわれには絶対必要なのだ。だから私はおまえの生づめを剝がさなければならないのだ。わかるだろう。」と言うことはできない。あるいはヒロシマの犠牲者に向かって、「われわれは日本政府に降伏を促すために、あなたがたを灰にしなければならないのです。わかってください。」と言うこともできない。

もちろん、この論証はそれほど効力のあるものではない。功利主義者ならば、――それで十分だと彼が考えている限り――いま提示されたような種類の正当化を被害者に対してよろこんで与えるかもしれないからである。それは実際には世界全体に対する正当化であり、理性ある人間としての被害者たちは、それを尊重するよう求められているのである。しかし私には、この観点には何か誤りがあるように思われる。というのは、この観点は、あなたが誰かをひどく扱うこと――そのこと自体はあなたと彼との関係のもつ他の特徴によって擁護されねばならないかもしれない――によって、あなたが彼と特別な関係に置かれる可能性を無視しているからである。この提案はなお展開を必要とするが、これだけでも、それに違反することに正当化はありえないという意味で絶対的であるような要求がどうして存在しうるのかを理解するのに、役立つかもしれない。人が他者に対して行なう行為の正当化が、世界全体に対してだけでなく、特別な仕方でその人物に対しても提示されうるようなものでなければならないとすれば、それは抑制の重要な源となるだろう。

この説明をさらに深めることができるとすれば、私は以下の方針にそって何らかの結果を引き出したいと思う。絶対主義は、自分自身を大きな世界の中で他者と相互行動している小さな存在者とみなす見方と結びついている。絶対主義が要求する正当化は、第一に相互人格的である。功利主義は、自分自身を、無数の他の存在者――自分が個人的に係わっていようがいまいが――に対して自分の統御しうる利益を分配する慈悲深い官僚とみなす見方と結びついている。功利主義が要求する正当化は、本質的に行政的である。この二つの道徳的態度をめぐる議論は、これらの二つの見方のどちらを相対的に優先させるかに基づいていると言えるだろう(7)。

今まで折りにふれて支持してきた戦争方法に対する制限のいくつかは、戦争の当事者間の相互利益によって説明されうる。武器に関する制限や捕虜の扱いに関する制限などがそれである。しかし、それだけではない。衝突や攻撃という諸関係に適用されると私が論じてきた直接性や適切性の条件はまた、戦争にも適用されうるのである。前に述べたように、戦争行為には二つのタイプの絶対主義的制限がある。敵意を向けるべき正当な対象を限定する制限と、対象が正当である場合にさえ、敵意の性質を限定する制限とである。私はこれらのそれぞれに関して述べたいと思う。後ではっきりするだろうが、私がその概略を述べてきた原理は、あらゆるケースにおいて一点の曇りもない答えをもたらすというわけにはいかない。

VI

まず最初に、ある人に対する攻撃は許されるが別の人への攻撃は許されないということが、いかにしてこの原理から帰結するかを考察しておこう。あなたの居る砲座をめがけて手りゅう弾を投げようとしている者に向かって機関銃を発砲することが、相手を人間として扱うことになる、と主張するのはパラドクシカルに思われるかもしれない。しかし、彼との関係は、直接的で偽りのないものである。(8) その攻撃は危険な敵によって与えられた脅威だけに向けられたものであり、その脅威とは何の関係もないが、たまたまそれを狙えば彼を攻撃しやすくなるという周辺の目標に向けられたものではない。たとえば、あなたは、近くに立っている彼の妻子を機関銃で撃つことによって、彼を止めることもできる。そうして彼を混乱させておいて、あなたを爆破できないようにし、彼を捕えることもできるかもしれない。しかし、彼の妻子があなたの妻を脅かしているのでもなければ、そうした行為は彼らを徹頭徹尾手段として扱うことになるだろう。

しかしこれこそ、小規模ながら、まさにヒロシマにほかならないのである。大量全滅をはかる武器——原水爆、細菌兵器、化学兵器など——に対する一つの反論は、こうした兵器は、その無差別性ゆえに、敵対関係の表明のための直接的手段としてふさわしくない、というものである。一般市民に対する攻撃において、攻撃する側は、敵の軍隊にも市民にも、人間としての彼らに当然払われるべき最低限度の敬意をもって、対処してはいない。このことは特に、何の脅威も与えない人々への直接攻撃において妥当する。しかし、このことはまた、あなたを現に脅かしているもの——すなわち敵国政府や敵軍——への攻撃の性格にも、妥当するのである。あなたの攻撃は、そのような者たちによってもたらされた——あなたが正当に対決しうる——脅威とはまったく異なった攻撃しやすい領域に向けられている。あなたは、敵の軍事力の破壊を直接狙う代わりに、住民たちの普通の生活と生存を標的とすることを通じて、間接的に敵国政府や軍隊に狙いを定めているのである。そしてもちろん、そのような犯罪を犯すのに、水爆が必要だとは限らない。

問題をこのように見ることはまた、われわれが戦闘員と非戦闘員を区別することの重要性を理解したり、その区別の理解可能性や道徳的意義に対する批判の多くが不適当であることを理解するのに役立つ。絶対主義的立場によれば、意図的に罪のない者の命を奪うことは虐殺であり、戦争において罪のない者とは非戦闘員のことである。このことは二種類の問題をもたらすと考えられてきた。第一の問題は、現代の戦争において戦闘員と非戦闘員を区別することに関して一般に想像されている困難性である。第二の問題は、「罪のない」という語の含蓄から引き出される問題である。

まず第二の問題から取り上げてみよう。(9) 絶対主義の立場において、「罪のなさ」の実効性のある概念は道徳的な罪のなさではなく、また道徳的有罪に対立するものでもない。かりにそうだったとすれば、敵国の市民で、非戦闘員ではあるが政府の邪悪な政策を支持している、悪意ある床屋を殺すことは正当化されうるだろうし、心に深い後悔の念と愛だけを抱きつつ、戦車に乗ってわれわれに向かってくる道徳的に純粋な徴兵を殺すことは、正当化されないだろう。しかし道徳的無罪は絶対主義的無罪とほとんどまったく関係がない。というのは、虐殺の定義において「罪のない」とは「さしあたり害がない」を意味しており、「罪のある」にではなく「害を与える」に対立するものであるからだ。こうした分析に従えば、戦争においてわれわれは、死ぬにふさわしくない人々を殺すことが正当であったり、かりに死ぬにふさわしい人がいるとしても、そういう人を殺すことが正当でなかったりすることが往々にしてありうる、という結論が得られることに留意すべきである。

それゆえ、われわれは戦闘員を、彼らのもつ直接的な脅威や有害さに基づいて非戦闘員から区別しなければならない。私が主張しているのは、それらを区別する境界線がはっきりしたものであるということではなく、個々の人間をそれぞれ境界線で仕切ることは考えられているほどむずかしくはない、ということである。子供たちは成長して軍隊に入るかもしれないとはいえ、やはり戦闘員ではない。女性たちも、子供を産んだり兵士たちに安らぎを与えたりするからといって、戦闘員であるとは言えない。よりむずかしい問題をかかえているのは、軍隊の内外を問わずそれを支える人々に関してである。すなわち、軍需品輸送トラックの運転手や軍隊の調理師から、軍需工場の労働者や農民までが、この分類に含まれる。私は、闘争の遂行は周辺的なものにではなく、危険の原因に直接向かわねばならないという条件に訴えることによって、彼らをかなり正しく分類しうると考えている。軍隊やその構成員によってもたらされる脅威は、単に彼らが成人男子であるという事実によるものではなく、彼らが特定の目的の遂行のために武装し、その武器を使用する、という事実によるものである。武器の調達や後方勤務への貢献は、こうした脅威への貢献であるが、軍人が成人男子として単に生存することに対する貢献はそうではない。それゆえ、戦闘員の人間としての要求にのみ奉仕する者、たとえば農民や食糧生産者のような者に対して攻撃を向けることは間違っている。たとえ人間としての生存が軍人として十分に機能するための必要条件であるとしても、である。

このことは第二の制限にも、すなわち戦闘員に対してさえ行なってよいことを限定している制限にも通じる。こうした制限を明確に説明することは、さらにむずかしいことである。このような制限の中には、恣意的なものも慣習的なものもあろう。また、他にその源泉を求めなければならないものもあろう。しかし私は、敵対関係における直接性と適切性の条件によって、それはある程度まで説明されうると信じている。

まず、保護される非戦闘員の集団と、戦闘員に対して使用されてよい手段に対する制限との、両方を含んでいるケースを考察しよう。戦争に関する諸規則の中で一般に承認されている規約として――もっともヴェトナム戦争では紙屑と化しつつある感もあるが――戦争における医療隊員や負傷兵の特別な地位がある。軍医を狙い撃ちにして、敵の負傷兵を再び戦える体にさせずに死なせる方が、より戦争効果があがるかもしれない。しかし、医療隊員の印章をつけた者は、負傷した兵隊を自由に助け起こして看護することが許されることになっている。私の信じるところによれば、これは次のような理由によるものである。医学的処置は、特に戦闘員としての兵士の要求に応じるものではなく、まったく一般的な人間としての要求に応じるものであり、兵士と戦うことは人間としての彼の生存と戦うことではない、という理由である。

この考え方の適用範囲を拡張することによって、いくつかの特に残酷な兵器の使用禁止を正当化することができる。たとえば、餓死、中毒、伝染病（たとえ戦闘員だけを対象としたものであっても）や、単に敵の攻撃を妨げるためにではなく、敵を不具者にしたり敵に非常な苦痛を与えるように設計された兵器、の使用禁止である。こうした兵器は兵士ではなく人間を攻撃する、と主張することが決疑論的なこじつけにすぎないとは思わない。たとえばダムダム弾は、それが使用される戦闘状況に対処するのに必要とされるよりも、はるかに大きい効力を持っている。それは戦闘員と人間とをその効力において区別しようとする試みの一切を廃棄する。こういう理由で、火炎放射器やナパーム弾の使用は、標的が誰であろうとも、およそ想像しうるすべての状況において、残虐行為なのである。火傷は、他の負傷の度を越えて、極端な痛みを伴うひどい損傷である。この周知の事実が合衆国の兵器政策の決定に何の（抑制的）役割も果たしていないということは、役人たちの道徳的感受性がスペイン宗教裁判以来どれほども増大していないことを示している[10]。

最後に、敵意を向けるべき真の対象の適切性というこの同じ条件は、敵国への攻撃の範囲――経済、農業、輸送システムなど――を当然制限することになるはずである。たとえ軍事的衝突を引き起こしている当事者が軍隊や政府ではなく国家全体であると考えられている（それはたいてい重大な誤りであるが）としても、それだからといって、一つの国家が他の国家のあらゆる側面や要素を攻め立てることが正当化されるわけではない。それは個人間の衝突においても正当化されないのであって、まして国家は個人よりもはるかに複雑なものなのであるから、同じ諸理由が適用されるのである。国家は人間と同様、戦争を遂行している間もその他の無数の営みに携わっており、その国が敵であるのはそういった点においてではない。

この議論の要点は、次のようなものであった。すなわち殺人に関する絶対主義は、攻撃的なものであろうと好意的なものであろうと、あらゆる対人関係を支配する諸原則にその根拠を持つということ、そして、それらの諸原則とこの絶対主義とは戦争行為にも同様に適用され、結果のいかんにかかわらず、特定の手段は許されえないと結論づけられる、ということである。(11) 私は戦争をロマンチックに扱うつもりはない。しかし、国家どうしが衝突した場合には、巨大な兵器工場に囲まれて、今まで国家どうしがそこで合意してきたように見える道徳地獄でもがき苦しむことなく、個人間の暴力的な衝突を典型的に特徴づけている限定された残虐さのレベルまでは、攻撃し合ってもかまわない、と提案することは、それだけで十分にユートピア的なのである。

Ⅶ

これまで絶対主義的立場の諸要素について述べてきたので、このあたりで絶対主義と功利主義の衝突に戻らなければならない。卑劣な戦術のうちいくつかのものは、十分によい結果が期待できるならば、容認されうるとしても、禁じられた諸行為のうち、殺人や拷問のような、最も深刻なものは、単に異常に強力な正当化を必要とするとされているのではない。結果としてもたらされる利益がいかに大きかろうとも、人に対するそうした扱いを正当化することはできない、と考えられているがゆえに、そうした行為は決してなされるべきではないとされているのである。

絶対主義者が、禁じられている行為を行なわないことがもたらす功利主義的代価がきわめて大きいことを知っている、あるいは大きいと信じている場合、彼はそれを行なわないことに固執するかもしれないが、道徳的ディレンマが完全に氷解したとは感じがたいだろう、という問題は残る。絶対主義的要求を拒絶して、代わりに最も容認可能な結果をもたらす行為を採用する者にも、同じことが妥当するかもしれない。いずれにせよ、人は対立する原理に背くことを正当化しえないような諸理由によって行動した、と感じることがありうる。極端な葛藤状況において、特に、弱い集団が強い集団による絶滅あるいは隷属の危機に瀕しているような場合、残虐行為に訴えることを支持する議論が強力であり、ディレンマは深刻なものとなる。

コード化されてはいないが、こうしたディレンマを解決するのを可能にしてくれるような、諸原理が存在するかもしれない。しかし、またそんなものは存在しないかもしれない。われわれは、次のような悲観的な選択肢に直面しなければならないのである。すなわち、そうした二つの型の道徳的直観は一つの整合的な道徳体系には統合されえないのであって、世界には、人が名誉ある道徳的な道を採りえないような状況が、すなわち罪と、悪に対する責任とから解放される道を採りえないような状況が、存在する可能性がある、という選択肢である。(12)

道徳的な袋小路という観念は、完全に理解可能である。自分自身の過失によってそうした状況に陥る可能性もあり、事実われわれは常にそれをしている。たとえば、ある人が同時に二人と婚約する場合のように、両立不可能な約束をするとすれば、彼が間違っていない行為を選択する道は、もはや残されていない。というのは、彼は少なくとも一つは約束を破らざるをえないからだ。すべてをすっかり打ち明けるだけでは、非難を免れるには不十分であろう。しかしながら、このような事例の存在は道徳的に憂慮すべきものではない。なぜならば、われわれはその状況が必ずしも避けられないものではなかったと感じるからである。つまり、そうした状況に陥るためには、まず最初に何か不正なことをしなければならなかったはずなのである。しかし、世界それ自体が、あるいは他者の行動が、それまでのところ罪のない人間に対して、道徳的に忌むべき行為間の選択を余儀なくさせ、道徳的信念に反することなくそれを乗り切る道を与えない、としたらどうだろうか。われわれの直観はこの考え方に反発する。このような事例が構成されうるということが、われわれの道徳的見解に矛盾があることを示しているに違いない、と感じるからである。しかし、「ある人はXをすることか、さもなければXをしないことができる。そしてどちらを選択しても不正な行為となる」と言うこと自体には矛盾はない。それは、「すべきである」が「できる」を含意するという前提と矛盾するだけである。つまり、仮定上、人は不正なことをしないようにすべきなのだが、こうしたケースにおいては、それが不可能なのである。[13] 人間の活動には限界があるとすれば、世界がわれわれに提示する道徳的問題のすべてに対して解答がある、と考えるのは無邪気にすぎる。われわれは世界が劣悪な場所であることは昔から知っていた。それはまた、邪悪な場所でもありうるように思われる。

（1）この論文は一九七一年に執筆されたものである。合衆国軍のヴェトナム戦争への直接的軍事介入は一九六一年から一九七三年の間になされた。それゆえ現在時制が用いられている。

（2）国益のみを単純に考慮することは、しばしば同様の結果をまねきがちである。核兵器の使用が勧められないことも、この点においてあまりにもはっきりしているように思われる。

（3）加えて、こうした根拠は、国際問題における功利主義的考察の適切性を否定する人でさえも有効に使用することができるという点で、特別な重要性をもつものである。そうした人は、一つの国家はその政策決定に際して、一般に他国の国民の利害を考慮に入れるべきである、ということを否定しつつも、自国の軍事目的の追求途上で、他国の兵隊や市民に対して為されてよいことを制限する必要を認めるかもしれないからである。

（4）（私的印刷物）彼女の論文 'War and Murder', in *Nuclear Weapons and Christian Conscience*, ed. Walter Stein（London: The Marlin Press, 1961）も見よ。私の論文は全編にわたって彼女の二編の論文に負うところが多い。これらの主題とそれに関係のある主題が、*The Just War*（New York: Scribners, 1968）において、ポール・ラムジーによって包括的に取り扱われている。この道徳的問題に関する最近の論文としては、Jonathan Bennett, 'Whatever the Consequences', *Analysis*, XXVI.

no.3 (1966), 83-102, および Philippa Foot, 'The Problem of Abortion and the Doctrine of the Double Effect' *Oxford Review*, V (1967), 5-15 がある。それに対するアンスコムの解答が 'A Note on Mr. Bennett', *Analysis*, XXVI, no. 3 (1966), 208 と 'Who is wronged?', *Oxford Review*, V (1967), 16-17 である。

(5) この反論は、ロジャーズ・アルブリットンによって提出された。

(6) これに反して、誰かがあなたを侮辱した場合には、あなたが彼の顔面を殴りつけることが、関連性のない行為であるどころか、適切な行為であるように思われるのはなぜだろうか。答えは、われわれの文化においては、誰かの顔面を殴りつけることは単なる乱暴ではなく、侮辱を意味するからである。ところで、ここには次のようなまったく異論の余地のない見解が示されている。つまり、何が絶対主義的制限に服し、何がそうでないかを決定する際に、慣習が一つの役割を果たしうるということである。私はこの点に関して、ロバート・フォージェリンに教えられた。

(7) 最後に、ロバート・ノージックによって提案された別の可能性について触れておこう。それは、他人の災難から利益を得ることを禁じる強い一般的前提が存在する——それが何らかの理由で意図的に加えられた災難であろうとなかろうと——というものである。このより広い原理がその力を絶対主義的立場に貸し与える可能性は十分にある。

(8) マーシャル・コーエンは以前、私の見解に従えば、誰かを撃つことによって「我－汝」の関係が成り立つことになる、と指摘したことがある。

(9) この主題に関して私が述べることは、アンスコムから引き出されている。

(10) これ以上のことは、私には確信がもてない。どう言ってみたところで、通常の銃弾でも人を死に至らしめることはできるのだ。そして、死ほど永続的なものはない。自分を殺そうとしている者たちを(単に結果的に死なせるかもしれない力で彼らを止めようとするのではなく)殺そうとすることが、なぜ正当であるのかについて、私はまったく確信がもてない。行動不能化剤は、(ヴェトナムでのように人々を撃ちやすくするためだけに使用されるのでなければ)比較的人道的な武器である、としばしば論じられる。おそらく、それを制限することの正当性は、エスカレーションの危険性や、いかなる規約的な制限でも——国家どうしが自発的に従う限り——それを維持していくことに多大の功利性があるという事実に基づかなければならない。

私は、私の議論をハーグ・ジュネーブ条約の道徳的不易性の擁護とはみなしていないことを、はっきりさせておきたい。むしろ私は、条約は部分的に道徳に基礎を置くものであり、その修正もまた道徳的根拠に基づいて評価されるべきであると信じている。

(11) よりラディカルな結論を引き出すことも可能だが、ここでは追求するつもりはない。おそらく、現代の戦争の技術と組織はあまりに高度であるため、人格相互間の敵意や国家相互間の敵意の容認されうる形態として遂行されることが不可能となっているであろう。そうであるためには、戦争は非人格的で大規模なものになりすぎている。もしそうだとすれば、絶対主義は現在の状況の下では、実践面において平和主義を含意することになろう。他方、私は技術が自らの使用を指定するという暗黙の前提には懐疑的である。

(12) この論文に対する返答（'Rules of War and Moral Reasoning,' *Philosophy & Public Affairs*, I, no. 2 (Winter, 1972), 167）において、R・M・ヘアは次のような指摘をしている。すなわち、私がここでそのような可能性を認めていることと、絶対主義は、人が為しうるどの行為も道徳的に許容不可能であるような場合がありうるという帰結を避けるように定式化されねばならない、とⅣ節で主張したことの間には、明らかな矛盾があるというのである。この相違は、Ⅳ節では、道徳的不整合が単一の原理の適用から帰結する場合が考えられていたのに対し、ここで述べたディレンマは、根本的に異なる二つのタイプの原理から帰結する、という点にある。

(13) これは最初、クリストファー・ブアスが私に指摘したことである。この論点は、E・J・レモンの 'Moral Dilemmas,' *Philosophical Review*, LXXI (April, 1962), 150 においても指摘されている。

〔訳注〕 決疑論（casuistry）とは、特定の行為の道徳的正邪を、何らかの一般的道徳原理を適用して判定しようとする議論のことだが、ここではその「適用」における「こじつけ」や「詭弁」が問題とされている。

6 公的行為における無慈悲さ

I

現代の最大の犯罪は、公的犯罪である。同じことはある程度までは過去に関しても言えるだろうが、政治的権力の巨大化は、個人的犯罪者や海賊や盗賊たちの奮闘を、ほんのささやかなものにしてしまうような規模の大虐殺や略奪行為を実現した。

公的犯罪は、政治、軍事、経済機構において役割を果たしている個人によって犯される。（宗教は政治的に弱いので、宗教ゆえに犯される犯罪は現在ではまれである。）とはいえ、犯罪者がヒトラー、スターリン、あるいはアミン〔訳注：Amin Dada, Idi. 一九二八年生、一九七一年、ウガンダに軍事政権を樹立、数々の粛清を行なうが、後にウガンダ民族解放戦線によって武力で打倒された。〕の独創性を持たない限り、その罪が彼個人に全面的に帰属されるとは思われない。有名な政治的怪物たちは、自分の公的役割の限界をやすやすと越えうるほどの強大な道徳的人格を持っている。彼らは自分の行為の全重量を自分個人の道徳的所有物として引き受ける。しかし、彼らは例外者である。通常の兵士、死刑執行人、秘密警察、爆撃手らだけが道徳上それぞれの役割の内部に閉じ込められているのではなく、国防および国務長官の大半、そして大統領や首相の多くもそうなのである。彼らは公務員、あるいは役人として行為し、それゆえ個人としては、自分の行為から不可解に隔離されている。彼ら自身の観点から見ても、ほとんどの観察者の観点から見ても、隔離されているのである。たとえ問題となっている行為の優位性をまったく疑っていないような場合でも、行為者は役割や公職によって生み出されたとらえどころのない道徳的外見を身にまとっているように見える。

このことは、ヴェトナム戦争中の殺人的と言ってよい政治局面に対して責任ある立場にあった、数人のアメリカの政治家に関しては、確かに妥当する。ロバート・マクナマラは世界銀行の総裁であり、マクジョージ・バンディはフォード財団の会長であった。エリオット・リチャードソンは、ヴェトナム平和協定が調印されてから後も引き続き行なわれた、まったく不当なカンボジア爆撃の期間中、ニクソン政権下で国防長官を務めた。彼は後に法務長官となり、ホワイトハウスのテープの提出を要求したアーチボルト・コックスを解雇せよとのニクソンの要求に従う代わりに、法務長官を辞任し世間の喝采を浴びた。彼のもつ高度の道義感覚が、彼のために十分にはたらいたのである。彼はそれ以後、駐英大使、商務長官、特使を歴任し、今後も彼の活躍が期待されるだろう。一九七二年のクリスマス爆撃およびそれに先立つすべての爆撃にもかかわらず、キッシンジャーは、もちろん非常に尊敬されている人物である。

私が前提している諸判断は、議論の余地のあるものである。つまりヴェトナム戦争中のアメリカの政策が犯罪的であるという考えに、誰もが同意しているわけではないからである。しかし、それに同意する人々でさえも、彼らが関係していた公的役割の効力ゆえに、罪を犯人たちに帰属させることは困難であると、感じるかもしれないのだ。古くからの反戦運動家がこれらの高名な人物たちの一人に会う場合、一般にわれわれは世界銀行の総裁のような有力な人物との個人的接触には不慣れなので多少の居心地のわるさは感じるだろうが、それ以上の居心地のわるさを感じることは多分ないだろう。

私の考えでは、そこに公的役割や公的任務の道徳的影響力に関する問題が存在する。明らかに、それらはその職務に就く個人の行動に強い影響——部分的には行動を制限するような影響だが、大部分は制限を取り去るような影響

――を与えている。時として、それらは偉大な力を授けるが、そうではない場合――歩兵や警察の尋問官の場合のような――でも、強い魅力をもつ道徳的な隔離感を産み出すのである。特別に課される諸要求と、通常の諸制限からの解放との結びつき、ただ命令に従っているだけだとか、仕事をしているだけだとか、職務をまっとうしているだけだとか言える能力、自分は巨大な非人格的な力の代行者である、あるいはいかなる個人よりも巨大な機構への奉仕者であるという感覚、――すべてこうした考え方が、人を酔わせる、そして時には腐敗させる醸造物を作り出すのである。

しかし、ある役割における行為の特別な地位にいくぶんかの真実がなければ、こうしたことにはならないだろう。もし役割が道徳的制限からの不当な解放を奨励するとしたら、それは役割のもつ道徳的影響力が歪められていたのである。公的生活に関する現代の道徳的言説のもう一つの新奇な点を考察することによって、その歪みは理解されやすいものとなるだろう。新奇な点とは、すなわち、公的抑制の欠如を補うために個人的制限を強調すること――公的責任と非責任のコインの裏側――である。公的人物は、自分自身や家族の利益のためや、性的優遇を得るために自己の権力を使用してはいけないものとされている。こうした粗野な放縦さは一般に隠蔽あるいは否定され、公的人物の人格的誠実さや公正無私な態度に強調が置かれる。公的職能の行使におけるこうした個人的側面の遊離は、彼らの高い道徳的地位を保証するものと考えられており、それによって彼らは公的舞台において著しく自由な立場に身を置くのである。もちろん、公私混同による逸脱が瀰漫してはいるが、それが露見してしまった場合には、巨大な公権力と自由とを区別する道徳的制限の脆い境界が破棄されたのであるから、厳しい処罰が待ち受けている。スピロ・アグニューは決してフォード財団の会長にはならないだろう。

この交換はかなり容易であるように見える。公権力の行使は、他人からの押し付けによるあの種の強制――主として個人的な――から解放されるべきである。公職は建前上、その職務に就く者の個人的利害から保護されているので、彼が職務上の資格において行なうこともまた、非人格化されるように見えるのだ。このことは、個人的な道徳性はいかにしても職務上の行為には適合しないとか、職務上の行為は彼の道徳的評価に厳密には帰属しないといった幻想を産み出す。彼の就いている公職が、彼と彼の非人格化された行為とを分離しているのである。

このようなイメージがとりわけ隠蔽しているのは、いかなる役割においてであれ、権力の行使が個人の自己表現の最も人格的な形態の一つであり、純粋に個人的な快楽の豊かな源泉でもある、という事実なのである。権力の快楽は容易に一般の承認を得られないだろう。しかしそれは、最も原始的な人間感情の一つ、おそらく幼児性に根差す感情なのである。長年に亘ってそうした感情を保持してきた者は、退役しなければならない頃になってからではあるが、時としてその感情がもたらす尊大さを身につけるようになる。彼らの荘重な態度、非人格的な言い回し、抑えられた身体的表現にもかかわらず、公的権力の担い手は、強度な人格的影響を被っており、たぶんそれを大いに享受している。しかし、それが意識的に享受されていようといまいと、権力の行使は個人的表現の根本的な形態であり、それが依存している機構や公職によって強められることはあっても弱められることはない。

それゆえ、公的役割および公的行動に関して、どのような点が道徳的に特殊であるのかを語ろうとする際には、それらが個人への要求をどのように変質させるかという点が焦点とならざるをえない。行動がある都市を消滅させようという意図から構成されていようが、単に命令に従った狙撃からのみ構成されていようが、その行動は彼のものである。したがって、その道徳的状況が、彼がまったく職務上の資格なしに行動する場合とは異なっているとすれば、それは彼に要求されているものが異なっているからでなければならない。

Ⅱ

役割や公職が非常に多岐にわたっている以上、この主題を一般的な用語で議論することは困難であるにもかかわらず、個人的道徳と公的道徳の不連続性の本質に関する問いは、部分的には一般的な問いであると言える。なぜならば、その解答は次に挙げる二つの形態のいずれかを取らねばならないからである。すなわち、公的道徳は個人的道徳から導き出しうるか否かのいずれかなのである。答えは、細かい点はケースによって大きく異なるだろうが、しかし、公的道徳の重要な要素が、私的個人に妥当する道徳的要求からは導出しえないとすれば、その点はおそらく、数多くの異なる例に共通な特質であろう。

この問いに内容を与えるためには、導出可能性に関してもっと多くのことを述べる必要がある。興味深い問いは、公的道徳の特殊な諸特徴が、すでに個人レベルに存在する諸原理——それらは公的生活の特殊な諸状況に適用されると、明らかな道徳的不連続性をもたらすのであるが——によって説明されうるかどうか、である。もし説明されうるならば、公的道徳は、実質的で単にトリヴィアルでない意味において、私的道徳から導出可能であると言える。(1) それは、個人の公的役割を規定する諸条件の下で、個人的道徳から自然に現われて来るのである。

このことはさらに、異なる道徳的諸要求を二つの仕方で産み出しうる。すなわち、一般的原理が公的行動への追加的な強制を含意しうるか、または、一般的原理とは、人がひとたび公的役割を引き受けると、特定の要求が——その適用の条件が消滅してしまったという理由で——適用されなくなるようなものであるか、のどちらかである。さもなければ、その変化は、この二つの何らかの結合を含むことも可能である。第二の種類の変化を考慮すれば、たとえ公的道徳が私的道徳から導き出されうるとしても、公的行動への道徳的制約は個人的行動へのそれよりも弱い、ということも可能である。

導出可能性に代わる考え方は、公的道徳は個人的道徳に基づかず、それゆえ、特定の公的役割や公的資格において行動する人々には、そうした個人的な基礎によっては説明されないような行為が要求されたり許されたりする、ということである。これもまた二つの形をとりうる。彼らは、個人的道徳によっては制限を受けない諸領域において、制限を受ける可能性がある。たとえば、公務員は普通の人々に比べて全体の福祉への関心の規準が高くなるよう義務づけられているかもしれない。あるいはまた、公的役割において行動する人々には、個人的道徳の観点からは決して許されないであろう行為が許されたり、要求されたりさえするかもしれないのである。

導出可能性も導出不可能性も、ともに形式上は、公的道徳における制限の付加と除去とのいずれをも説明することができる。それゆえ、両者とも不連続性の見かけを説明しうるのである。どちらを採るかを決定する唯一の方法は、どちらの説明方式がより説得力があるかということである。私はまず個人的道徳のよく知られた概念に基づく、導出可能性仮説の一形態から出発しようと思う。しかし、これがかなり多くのことを説明しえたとしても、やはり説明されていない何かが残る。したがって、私は引き続いて、導出不可能性の仮説の中で正しいと思われる点を取り上げたい。このことが、公的道徳の特殊な諸条件を支えるまた別の基礎に、説明を与えることになるだろう。

しかし、たとえ公的道徳が個人的道徳から導き出しえないものであるとしても、だからと言って、その両者が相互に独立であるということにはならない。両者とも共通の源泉から導き出されるのだが、個人的生活と公的生活という大きく異なる環境における行為原理の産出に適用されると、異なる帰結をもたらすようになる、という可能性もある。個人的道徳も公的道徳も究極的なものではなく、両者とも、道徳の一般的強制が特定のタイプの行動に適用された時に結果として生じるわけである。そうした強制がまず最初に、個人的に行為する人々の振舞いを統制する原理の開発のために適用されなければならず、公的生活に直接的には適用されえないような場合に限って、公的道徳は個人的道徳から導出可能であることになるだろう。こういう場合には、人は道徳の一般的強制から個人的原理へと、そしてもっぱら個人的原理から——公的環境へのその適用としての——公的原理へと、到達しなければならないだろう。しかし、倫理学がこうした構造をしていると考えるべきアプリオリな理由は存在しない。もしそうした構造をしていないとすれば、公的および個人的道徳性は、一方が他方から導き出されることなしに、共通の基礎を持つ可能性が出てくる。このことに関しては、後でもっと詳しく述べることにしよう。まずは、両者のより直後的な関係を探究したいと思う。

私のねらいの一部は、職務上の責任を隠れ蓑にする、政治的、外交的、軍事的放縦の擁護者たちによって、安易に歪められている諸事実に、正しい説明を与えることである。ある種の公的決定に対して道徳的制約の適用を否定する者は誰でも、道徳的な要求をしているのであって、しかもそれは非常に強い道徳的要求なのである。しかし、個人的道徳と公的道徳の間に道徳的不連続性がある、という考え方にはある種の真理が認められる。歪みを理解するには、それがどのような真理であるかを知らなければならない。

Ⅲ

公的役割の道徳上の特殊性のいくつかは、責務の理論によって説明されうる。公的役割に就く以上は誰でも、特殊な職能に、そしてしばしば特殊なグループの利益に、奉仕する責務を前提している。より個人的な責務の場合と同様に、これもまた他種の諸理由が彼に課しうる要求を制限する。E・M・フォスターの言葉を思い出してほしい。「私は大義というものが嫌いだ。もし私が自分の国を裏切るか、自分の友人を裏切るかの選択を迫られたならば、自分の国を裏切る勇気を持ちたいものだと思う。(2)」彼は公職については語っていないが、同様の問題はそこでも生じる可能性がある。兵士や裁判官や看守のそれのように厳密に規定された役割においては、一連の非常に制限された考慮のみが、人がどんな行為を決定するかに関係していると考えられている。したがって、ほとんどすべての一般的考慮は除外されているのである。それほど厳密に規定されていない他の公職はその職に就く人々が考慮に入れるべき点を限定し、他のもの――たとえば人類の幸福といったような――から解放する。公的人物は、自分が何かを決断する場合にはもっぱら国家の、あるいは州の利益だけを考慮するよう義務づけられている――あたかもそれ以外のことを考慮に入れることが背任にでもあたるかのように――と信じかつ語ることさえまれではない。

選択に対するこの一見明白に見える制限が簡単に受け入れられてしまう一つの理由は、別の角度から眺めてみれば、それがさもなければ厄介なものとなりうる制約を取り除くからである。しかし、どんな見解でもこれほど絶対的なものは間違っている。これほど極端な責務や、そのようなものを伴う職務は存在しない。軍隊に入隊したからといって、上官の命令ならばどんな命令にでも従う責務を負ったわけではない。マフィアの殺し屋として契約書にサインしたからといって、恩義あるギャンブラーを殺す責務を負ったとは言えない。他のいかなる人の利益も完全に無視して、自分の子供の利益だけに奉仕するという義務を負うこともやはり不可能である。国家への責務もまた限界があるのだが、それは責務の道徳的コンテクストから導き出されるのである。

およそあらゆる責務や義務は、動機づけられた行為の総体の中のある一部を、特殊な目的に割り当てるものである。人生がどのようなものであるにせよ、個人の時間や能力やエネルギーの供給量は限られている。人が引き受けうる責務の種類および限界は、その総体をどのように割りふることが合理的であるか、そして個人はそれを思い切って不均衡に割当てるためにどのくらいの裁量を持つべきであるか、にかかっている。このことは個人的責務にも妥当するが、それはまた公的責務にも妥当するのである。

人々が特別な関係や愛着を形成することが認められ、互いに信頼し合えるような相互間の特別な結びつきを作り上げることが認められるならば、個人的生活において何らかの排他性は必要である。同様の理由で、より大きな集団は相互利益のために協力し合ったり、地理的に規定された社会的単位を形成したりすることができるはずである。そして、そうした協力し合う諸単位からなる組織が制度、役割、職務を含んでいることや、そこに属する諸個人が特殊な仕方で――たとえば、その集団の繁栄を推進するとか、それを敵から防衛するといったことによって――その集団の利益に奉仕する責務を負うことも、当然のことである。ある程度まで、大規模な社会的取り決めも、より個人的な責務や業務の拡張として理解することができる。

制度的役割によって与えられた付加的な権力は、まずその制度とその制度の構成員の利益のために使用されるべきであると言えるだろう。人類全体の利益は、その権力に対してそれほどの権利要求は持たない。しかしこのことは、直接間接を問わず他人に害を与えることに対する禁止も、それに応じて緩められるという意味ではない。あなたがある国の防衛長官の地位にいるというそれだけの理由で、何千という人間を殺害する権力を持つことになるとしても、それだからといって、その国に奉仕するというあなたの責務から明確に導き出されるわけではないその権力の使用に、いかなる制限も加えられない状況に身を置くことになるとは言えない。それらを遂行するにあたって、個人的責務にあまりにも多くの自由裁量が与えられていることを攻撃するのと同じ論理が、公的義務がより大きな権力に対しては不十分な制約しか持たないことをも否認するだろう。公的責務が個人的責務と同じように作用する限りにおいて、公的役割における個人が他者の扱いに対する伝統的な道徳的要求から解放されているとか、公的生活においては目的が手段を正当化するといったように考えるべき理由は何もない。

Ⅳ

ここで、そうした説明が排除していることを取り上げることにしよう。公的行為の道徳的非人格性は誇張されたり、乱用されたりすることもあるが、そこには責務に関する一般的な理論では説明しきれない何かが存在することも確かである。そうした理論は、公的責務の内容が個人的責務の内容と体系的に異なるのはなぜか、という点が説明できない。公的行為にふさわしい非人格性には二つの側面がある。すなわちそれは、結果への高次の関心と公正さへのより厳密な要求を、ともに含んでいるのである。それは、私的個人の場合には通常排除される方法を是認し、時には冷酷さをも許容する。このことは、公的責務をともなうような役割を生み出す公的制度に道徳理論を直接的に適用することによってのみ説明されうる。(3)公的生活と私的生活の違いを説明するためには、われわれはすでに述べた点に戻らなければならない。すなわち、公的道徳が私的道徳から導出不可能なのは、それぞれが異なる源泉から生じるからではなく、それぞれが共通の源泉から独立に導き出された諸要素を含んでいるからである、という点である。(4)

道徳はどの段階でも複合的である。私の基本的主張は、道徳の非人格的な側面は個人的行為の評価においてよりも諸制度の評価において目立ってくるという点と、その結果として諸制度の仕組みは、その役割に就く者が私的個人を統治するのとは異なる原理によって行為を決定しなければならないような役割を含みうる、という点である。しかしこれが道徳的に正当化されるのは、個人的道徳の根底にも横たわる究極的考察によってであろう。私はこの立場を大雑把に、そしてそれが示す道徳的見解をほとんど擁護することなしに、呈示したいと思う。私の主たる論点は、公的生活において冷酷さが許容される程度――公的行為者が自分の手を汚す必要があるかもしれない点――は、公的行為がそれを通じて実行に移される際の諸制度の道徳的特徴に基づいている、という点である。

次の二つの型の関心が道徳の内容を決定する。起こる結果への関心と、している行為への関心である。(5) 行動原理が第一の関心によって決定されている場合、それは、われわれが最善の全体的結果を推進するように要求する、結果中心的あるいは帰結主義的原理となるだろう。行動原理が第二の関心によって決定されるならば、結果の影響力は、使用される手段が制限されることによって、そして常に最善の結果を追求せよという要求が緩和されることによって、限定されるだろう。道徳のもつ行為中心的な側面は、各人があらゆる行為において一般的善に対して恒常的な貢献をすることは要求せずに、彼自身の人生として彼にゆだねられた空間を残すと同時に、他者の権利を侵害するような仕方で他者を取り扱うことへの障害をも含んでいる。このような条件が行為中心的と言われるのは、それがすべての人間に適用されるとしても、各人に要求されることは非人格的な帰結主義的観点――最善の全体的事態を見渡し、それを達成するためにできるすべてのことを各人に要求するような観点――にではなく、各人に固有の観点に基づいているからである。

道徳性のこの二つの側面の相互作用や衝突は、私的生活でお馴染みである。それらは、深刻な困窮の場合は別にして、他者を益せよという要求を強調するよりはむしろ、他者を害したり他者に干渉したりすることに対する制限を強調する、一種の平衡状態に落ち着く。大体のところでは、われわれは他者を傷つけない限り、自由に自分の人生を追求し特定の人間に対する特別な愛着を形成することが認められるのである。

この同じ二つの考え方を公的制度や公的活動に適用するとなると、事情は異なってくる。これにはいくつかの理由がある。制度は人ではなく、私的生活を持っていない。制度的役割もまた、通常はその職にある人の生活を完全に吸収してはいない。公的制度は、個々の個人や家族のそれよりも大きな目的に奉仕するように作られている。それらはまた、大量の人々の利益を追求しがちである（最大の場合は世界政府の場合であろうが、たいていの実在する制度は世界よりも小さい対象区域を持っている）。さらに加えて、公的行為は数多くの行為者や下位の諸制度の上に拡散しており、実行においても決定においても分業が存在する。これらすべての事実が、結果の道徳性と行為の道徳性の間に、異なるバランスを生じさせるのである。これらの二つのタイプの道徳的強制は公的生活においては別様に表現され、双方ともより非人格的な形態をとるのである。

手段に対する行為者中心的な制限のいくつかは、私的行為と同様に公的行為にも妥当するだろう。しかし他のいくつかはそれほど強力ではなくなり、個人の場合には決して許されないであろうような、強制的、操作的、妨害的な諸方法の公的使用が認められることになるであろう。公的権利にも、最善の全体的結果を推進せよという絶えざる要求から解放されて、自由に自分の生活を追求する個人的権利に相当する要素はあるのだが、それが現われるのは、国家と市民の関係においてではなく、国家相互の関係においてである。国家は、外部の紛争に関しては中立の態度もとれるし、自国の住民を正当にえこひいきすることもできる――外国のあらゆる犠牲を顧ずに、というわけではないが。

公的職務や公的機関は、それらが扱っている諸個人に対しては、身勝手やえこひいきをする権利をまったく持たない。おそらく、公的道徳の最も重要な行為中心的特徴は、該当する地域の人々を平等に取り扱うべきだという特殊な要求にあるだろう。公的政策や公的行為は私的政策や私的行為よりもはるかに公正でなければならない。なぜならば、それらは通常、ある種の権力を独占しており、そのような場合には、個人の生活を形づくっている人格的な愛着や傾向に余地を残すべき理由は、何ら存在しないからである(6)。

結果という点について言えば、公的道徳はそれにより大きな重要性を認めるという点で、私的道徳と異なっている。これは、すでに述べた行為中心的な強制と許可――制限的な効果を生み出すはずの――が弱められたことの帰結である。逆に、手段に関するこのより広い許容範囲が、その目的が望ましい結果を大規模に生み出すことにあるような制度の設定を合法化し、そうした制度において、その責任が主として望ましい結果を推進することにあるような役割の規定を合法化するのである。適正な限界内で、公的決定が私的決定よりも帰結主義的なものになるのは当然のことである。それが考慮に入れるべき結果も、より大規模なものになるだろう。

帰結主義的理由が顕著であろうと述べることは、いかなる種類の帰結が問題となるのかを述べることではない。これはよく研究された領域であるから、私は、善に関する帰結主義的見解において、全体としての幸福とともに、平等、自由、自律、個人の権利といったものの占める場所について議論することは控えたいと思う。留意すべき点は、帰結主義的価値は必ずしも功利主義的である必要はない、という点である。つまり、社会制度に対する帰結主義的評価は、福利、自由、個性といったものそれ自体に高い評価を与えているうえに、非常に平等主義的なものにもなりうるのである。そのうえ、社会の構成員に対して帰結主義的要求から離れて自由に自分自身の生活を営む機会を与えることは、帰結主義的な社会的決算において当然算定されてよい善の一つなのである。しかし、私はここで公的価値の体系を残らず呈示するつもりはない。私が論じているのは、帰結主義的考察が、公正さとともに、公的諸制度の道徳的評価および正当化に特別な役割を果たしている、というより抽象的な主張だからである。

公的道徳の私的道徳からのこうした二つの逸脱が、公的行為の評価に及ぼす影響は、複雑なものになるだろう。その理由は、公的道徳の強制は、全体として、すべての公的行為あるいはすべての公的職務に対して、同じ仕方で課せられてはいないからである。公的機関はそれ自体複雑で分割されているためにそれに応じた倫理的な分業や倫理的な専門化が存在する。公的道徳のさまざまな側面が、さまざまな公務員の手に委ねられているのである。こうした事実は、公的道徳は実際よりも帰結主義的であり、実際よりも制限的ではないという錯覚を生み出しがちである。なぜならば、一般的条件が誤って特定の役割の限界と同一視される可能性があるからである。しかし、実際のところ、そうした限界は通常、それなしではその限界が非合法なものになってしまうであろうような、より大きな制度的構造を前提しているのである。(その最たる例は、司法によって強制された合法的保護を制限することによって、立法的決定に与えられる合法制である。)

こうしたかなり複雑な道順を辿って、結果志向型の道徳性と行為志向型の道徳性のバランスは、私的生活においては不適切となるであろう行為を、公務員がなすことを可能にするような、公的制度の構想を正当化するだろう。そうした逸脱のいくつかは、明らかに帰結主義的であろう。他のいくつかは、公的道徳の非人格性を、別の仕方で表現しているだろう。行為中心的制約がなくなるわけではなく、手段に対する制限は依然として存在するであろう。しかし、そうした制限も、個人に対する場合と比較すれば、結果との関係において、それほど力を持たなくなるかもしれない。

私は単に、「二つの規則概念」におけるロールズの主張を採用しただけである。[7] 彼は、功利主義は特定の状況においては功利主義的推論を排除するような実践を正当化しうる、と論じている。私は今、功利主義よりも複雑な道徳もまた同様に、それが直接的に人間の行為の評価に適用される場合と、行為がそれを通して生じるところの制度の評価を経由して、間接的に人間の行為の評価に適用される場合とでは、異なる含意をもつであろう、と論じているのである。この道徳をここで詳しく説明することはできないが、その特徴の多くは、功利主義の根底にあるのとは異種の道徳的普遍性の概念に基づくものである。功利主義的評価は、基本的に、あることが、すべての個人の観点を一つに結合する一般的観点から見て、容認可能であるかどうかを決定するものである。一つに結合する方法は、基本的に多数決主義的である。もう一つの評価方法は、あることが、本質的な点で各個人の立場を代表する形式的な観点から見て、容認可能であるかどうかを問うことである。一つに結合する方法は、ここでは全員一致の形をとる。というのは、形式的な観点から見た容認可能性は、各個人の容認可能性を代表しているからである。どちらの考え方も、すべての人間を平等に扱うことを要求しうるが、にもかかわらず、それらは非常に異なっている。私自身の考えでは、道徳は全員の容認可能性にではなく、各人の容認可能性に基づくべきである。問題は、対立するこれらの道徳的な考え方を表現する二つの観点を明確にすることである。[8]

社会制度と個人的行為に対するこうした基本的強制の別々の適用が、個人と社会の間に道徳的分業をもたらしている——その場合にも個人的理想と社会的理想は不可分に結びついているのだが——と言うこともできるだろう。公的道徳の非人格的博愛主義は、私的道徳における個人主義が容認可能となる背景を生み出すように意図されている。私的個人主義と公的博愛主義とは社会的に両立可能であるかどうかという問い、あるいは、両者間の緊張がそれらを不安定な道徳的概念と不安定な社会的理想にしているのかどうかという問いは、緊急でしかも困難な問いである。

V

公的制度は専門化されているので、すべての公的制度が等しく全体的結果に対して敏感であるとは限らない。少なくとも、裁判所が公的侵略からも私的侵害からも個人の権利を保護することを目的として設けられているような社会においては、重要な例外をなすのは司法機関である。司法制度それ自体も、それが規定する役割——裁判官、陪審員、検察官——も、いずれも全体的結果との関係に支配されていない。彼らはより狭い根拠に基づいて行為する。ある程度までは、根拠をこのように狭めることそれ自体は、そのような制度がもたらす全体的効果に関する帰結主義的論法によって正当化される。しかし、裁判所はまた、国家の行為中心的な道徳的強制——それは非人格的ではあるが帰結主義的ではない——を具現するものでもある。非常に重要なことだが、裁判所は、個々の市民たちとの重要な交渉において、国家に不偏不党性を強制するものとされている。裁判所はまた、他の公的制度が用いてよい手段に限界を設定することによって、そうした限界内では諸制度が結果を達成することにより完全に集中できる自由を容認している。

これらの限界は私的生活において有効にはたらく限界とは異なる、という積極的主張を例証するために、二つの馴染みの公的行為である徴税と徴兵を例にとって考察してみよう。これらはともに、われわれの社会では立法府によって課せられるものであり、それゆえ間接的に市民によって承認されていると考えることが可能である。彼らがある種の公的サービスを支持したり受け入れたりしていることを根拠に、徴兵されたり税金を支払ったりするすべての人に同意を帰属させるのは、窮余の一策にすぎないと私は思う。このような立法府の行為を正当化するためには、同意は必要とされないのである。なぜならば、帰結主義的根拠に基づいてこのような判断を下す立法府の権威は、他の方法で道徳的に正当化されるからである。選挙民に対して定期的に応答することができるという立法府の機能は、この制度の正当性に貢献する、この制度の特徴の一つである（もう一つは諸権利の法的保護である）が、その貢献は立法府の行為に対する各市民の同意を含意してはいない(9)。特に、そうした行為が強制的な場合には、同意による擁護は信頼できないものである。

徴税を窃盗の一形態とみなし、徴兵を奴隷制の一形態とみなす人もいるだろう。それどころか徴税も奴隷制、あるいは少なくとも強制労働とみなしたがる人もいるだろう(10)。このような規定に対する反論として、多くのことが語られうるだろうが、それは見当ちがいなことである。というのは、適正な限界内では、そうした実践は——政府が携わっている場合——何と呼ばれようとも容認可能なものだからである。もし年収二〇〇〇ドルの男が年収一〇万ドルの男に銃を突きつけて、財布を差し出させたとしたら、それは強盗である。もし連邦政府が年収一〇万ドルの男の給料の一部を（脱税を禁止する法律を、武装した看守の監視下での投獄という脅しによって強要しつつ）天引きし、その一部を年収二〇〇〇ドルの男に、福祉年金、食糧切符、無料健康診断という形で与えるとすれば、それは徴税である。第一のケースでは、価値ある目的を達成するために強制的手段を用いることは（私の意見では）許されないことである。第二のケースでは、強制的手段は正当である。なぜならば、そうした手段が、特定の結果を推進する目的で設立された制度によって、非人格的に強いられているからである。そのような分配方法は、私的立案権（プライベート・イニシアチブ）の一形態としての窃盗よりも、また個人的慈善よりも、好ましい。それは公正さと効率性という理由からだけではない。それはまた、窃盗も慈善もともに個人相互の関係（あるいは関係の欠如）を乱すものであり、公的に課せられた自動的な課税システムとは違って彼らの個人的意志を必要とする、という理由にもよるのである。平等主義的な福祉国家において徴税によって達成される結果は、個人的な財産徴収の権利によっても、慈善行為の義務によっても、生み出されはしないだろう。それゆえ、徴税は次のようなケースを、つまり、公的道徳が私的道徳からではなく非人格的な帰結主義的考察――それはまず公的制度に直接的に適用され、次に二次的にその制度内の行為に適用されることになる――から導き出されるようなケースを、提供しているのである。再分配的課税システムを、その全てが私的道徳の要求を満たしているような、多数の個人的行為の総計に分解する方法は、存在しない。

徴兵の場合、強制は極端であり、強要される行為もまた同様である。あなたは、あなたを殺そうとしている人々を殺そうとするように要求され、もしそうしなければ、監獄行きなのである。戦闘とはまったく離れたところで、兵役は並はずれた自由の制限を伴っている。いつ徴兵が受諾されるか、いかなる徴兵免除が認められるべきか、に関する合意を仮定したとしても、これは私的なレベルでは考えられもしない程の強制である。ギャングの一味がAとBの双方から金を脅し取ろうとしているとしても、Bが戦うくらいなら金を渡した方がましだと思っているならば、AはBに自分を助けて戦うよう強要することはできない。ここでもまた、公的道徳のより非人格的な観点は、異なる結果をもたらすわけである。

しかし、何でも許されているわけではない。個人の扱いに対する制限は、公的観点から機能し続けており、もっぱら裁判所によってのみ執行されうるわけではない。公的政策において、最も引くのが難しい境界線の一つに、目的はどこで手段を正当化するのをやめるか、を規定する境界線がある。もし結果が公的道徳の唯一の基礎であるならば、十分に大きい利益をもたらすためならば、拷問や大量虐殺を含むすべての行為が正当化されることになるだろう。限界が特殊な法的保護によって引かれようと引かれまいと、個人的道徳の最も強い制約は、極度に強力な帰結主義的根拠によってさえ公的に正当化されうる行為を、制限し続けるだろう。

VI

これによって、公的道徳と私的道徳の連続性と不連続性についての、私の議論は完了する。すでに述べたように、公的道徳の特殊な性質のいくつかは、個人が特定の選択を行なう際の根拠を制限するために個人が取りうるステップをも説明する、責務の理論を用いて説明されうる。公務員は、その官庁が推進しようとしている利益に奉仕する――しかも多少なりとも明確に定められた方法でそうした利益に奉仕する――という特殊な責務を受け入れている。その際それと相関的に、彼らからは他の要因を――彼らの個人的利益も制度やその制度内での彼らの役割に無関係なより一般的な利益も含めて――考慮する権利が奪われるのである。

しかし私はまた、公的責務のもつ特殊な性格――結果と公正さが特に重視されること――が、規模、個性の欠如、制度的構造といった点にあらわれる、公的行為の相対的な非人格性を反映していることも論じた。責務の理論は、個人が公的役割に就く時に生じる変化のごく一部しか説明できない。それは、帰結主義の卓越も、行為中心的理由の強さと性質の変化も、説明できない。私はそうした差異を、基本的な道徳的規制が公的制度に、そしてまた個人が引き受けるかもしれない公的職能に、直接的に適用された結果として説明しようと試みてきた。

公的道徳のこれら二つの源泉はともに、公務員がたとえ制度的利益に奉仕している時でさえも、職務上の行動において彼に許されることに対して制限を作り出すのである。三つの理由で、そうした制限を忘れてしまうことは容易である。第一に、私的利益のために公的権力を使用することを禁じる諸制限は、公的になされるそれ以外のすべてのことを道徳的非難から隔離する、道徳的クッションのように見える可能性がある。第二に、公職に就く者は特定の集団に対して責務を負うという事実は、彼がその集団の利益以外の一切を考慮にいれないよう義務づけられているという考えを育てるかもしれない。第三に、公的制度の非人格的な道徳や、公的行為が複雑である限りは不可避的に生じる道徳的専門化は、第一義的には帰結主義的な概念で理解されざるをえないような数多くの役割の設置へと、自然に至りつくのである。これらの役割を合法化するのに必要な脈絡への注意を怠るならば、より大きな目的によって正当化されると考えられている手段に対して、一切の制限を拒否することにもつながりかねない。これらがすべて誤謬であることは、すでに論じた。それらが道徳上の見解であることを忘れないことが重要である。特定の状況において特定のタイプの行動が容認可能であるという意見は、道徳的議論によって批判されたり擁護されたりしなければならないのである。

最後に、公的役割に就いている個人に戻ろう。たとえ公的道徳が私的道徳から実質的に導出可能でないとしても、公的道徳は個人に適用される。もし誰かが公的役職に就任したならば、彼は特定の責務、特定の制限、容認されうる行為に対する特定の限界を受け入れている。いかなる責務についてもこの行程は、自分が受け入れている他の責務や原理と両立不可能な行為を要求されるという危険を伴っている。時として、彼はとにかく行為しなければならないだろう。しかし時として、公的道徳自体によって課せられる限界を彼が思い出すことができるならば、その限界が踏み越えられており、自分が法による殺人や不正な攻撃による戦争を実行するように要求されていることに気づく時もあるだろう。この場合には、拒絶や——もし可能であるとすれば——抵抗に、替わるものは存在しない。公的道徳は非人格的な特徴をもち、責任が分散されている諸制度へのその適用は複雑であるにもかかわらず、公的道徳は、そうした諸制度がいかなる目的をもって設立されるべきかだけではなく、そうした諸制度に属する人々はいかに行為すべきであるかをも、われわれに教えてくれるのである。自分の公務の遂行において公的な過ちを犯した者は、私的な犯罪者とまったく同様に有罪であると言える。時には、彼の責任が、彼の行為を支えている制度の道徳的欠陥によって、部分的に吸収される場合もある。しかし、そうした弁明の妥当性は行為者の権力や独立性と反比例しているのである。残念ながら、この事実は、収賄よりもはるかに不正な行為をしばしば犯してきた過去の公僕たちに対するわれわれの処置に、反映されていない。

（1）もし個人的道徳が、「もし個人が公的役割Xにおいて行為するならば、彼はYをしてもよい（あるいは、しなければならない）」といった形のすべての真なる命題を包含しうるまでに拡張されるならば、公的道徳はトリヴィアルに個人的道徳から導出可能なものとなる。しかし、このことは、公的要求の根拠と私的要求の根拠の間には何の結びつきもないということと両立可能である。

（2）‘What I Believe’, in *Two Cheers for Democracy* (London: Edward Arnold, 1939).

（3）私の述べることは、最大のあるいは最有力の制度、すなわち国家と政府機関によって説明されるだろう。しかし、公的諸制度は、大学、政党、慈善団体、革命運動組織など、広範囲に及んでいる。国家に関してこれから述べることの大半は、これらの事例にも、ある程度までは、妥当する。それらもまた、ある種の公的道徳の影響下にあるからである。

（4）これは ‘Libertarianism without Foundations’, *Yale Law Journal*, LXXXV（1975）の一三九〜四〇ページで私が述べたことを撤回することになる。

（5）この区別に関しては、本書の第5章で論じている。

（6）強大な権力を握る巨人は、もし彼がその生活に影響を及ぼしうる何百万人という人々の中で唯一無二の存在であるならば、本質的に非人格的根拠に基づいて行動するよう義務づけられるのだろうか。私はそうではないと思う。おそらく彼はまた、個人的生活をも持っており、それが彼に対して何らかの要求をするであろう。国家は、そのような巨人に最も近い存在ではあるが、しかし同じような種類の制限を負っているわけではない。

（7）*Philosophical Review*, LXIV（1955）, 3-32.

（8）一つの試みは、*A Theory of Justice*（Cambridge, Mass.: Harvard University Press, 1971）, ch. III〔邦訳：ジョン・ロールズ『正義論 改訂版』川本隆史・福間聡・神島裕子訳、紀伊國屋書店、二〇一〇年、第三章〕において、ロールズによってなされている。本書の第8章も見よ。

（9）正当性（legitimacy）に関するこの考え方は、Thomas M. Scanlon, ‘Nozick on Rights, Liberty, and Property’, *Philosophy & Public Affairs*, VI, no. 1（1976）, 17-20 に見られる。

（10）たとえば、Robert Nozick, *Anarchy, State, and Utopia*（New York: Basic Books, 1974）, pp. 169-74〔邦訳：ロバート・ノージック『アナーキー・国家・ユートピア――国家の正当性とその限界』嶋津格訳、木鐸社、一九九二年、二八四〜九二ページ〕。

7　優先政策

特定の職業に従事したり、特定の教育機関への入学許可を得たりするには、白人男性であるよりも、黒人であるかまたは女性であるほうが、一般に容易である。あるいは容易であると広く考えられている。このことが真実であるにせよないにせよ、多くの人がそうあるべきだと考える一方で、そうあるべきではないと考える人も数多く存在する。問題は次のようなことである。黒人や女性が、他の点でよりふさわしい資格をもつ白人男性に優先して、法学部や医学部への入学許可が与えられたり、研究職や行政職に指名されたりし、かつこれが、優先政策の遂行として、すなわち割り当て人員を満たすためになされるとしたら、それは不当なことであろうか。その白人男性は、彼が正義に反する扱いを受けたとして訴えることができるだろうか。こうした政策の正当性を探究することは重要である。なぜならば、かりにそれが不正義であるとすれば、社会的功利性に基づいてそれを擁護することは、はるかに困難であるからだ。私は次のように論じようと思う。たとえ優先的な政策が正義によって要求されないとしても、それはまた深刻に不正義であるとも言えない。というのは、優先的な政策がそこから逸脱している元のシステムがそもそも、人種差別や性差別とは関係のない理由で、正義に反するものであるからだ。

合衆国において、われわれは次のような段階を踏んで現在の状況に到達した。まず最初、と言ってもそれほど昔ではないが、黒人や女性が望ましい地位に参入することに対する意図的な障害は撤廃されるべきだ、という考えが広く容認されるようになった。そうした障害の撤廃は決して完全なものではなく、たとえば、特定の教育機関では、なおしばらくのあいだ女性入学者の人数制限を実施し続けることも可能だった。しかし、意図的差別は一般的に非難された。

第二段階として、あからさまな障害が撤廃されても差別――意識的動機によるものであれ無意識的動機によるものであれ――は存在しうることが認識された。その結果、他の方法では看破しえない偏見が選択に影響を及ぼしているかもしれないというので、偏見のないように意識的に努力したり、被差別階級に属する候補者を慎重に考査したり、望ましい地位にいる黒人や女性の比率に注目したりするようになった。(もう一つの関連した考察は、あるグループに属する人々の行動をよく予測しうる規準は、別のグループに属する人々の行動を予測できない規準であるかもしれず、それゆえ、そのような規準を継続して使用することは隠された不平等を招く可能性がある、というものであった。)

第三段階は、社会システムは、望ましい地位への差別的障害が取り去られたあとも、依然として異なる人種や性に対してそうした地位への均等な機会や平等な門戸の開放を拒絶し続けうる、との認識とともに訪れた。有効な機会を利用しうる資格や獲得可能な地位を競いうる資格に関して、社会的な原因で引き起こされた不平等は、なお存続する可能性がある。なぜならば、社会は系統的に、あるグループに対して別のグループに対してよりも多くの教育的、社会的、経済的優越をもたらすからである。そうした優越は、就職や職業学校への入学を求める際の競争力を高める。最近までさまざまな領域において広く意図的差別が存在していた場所で、かつて排除されていたグループが新しく開放された地位を得ようとする際に、相対的な困難を経験したとしても驚くには値せず、過去の差別によって生み出されたハンディによって、その困難を少なくとも部分的に説明することは、不当とは思われない。このことは補正手段——特別訓練計画、経済的援助、生活保護センター、研修期間制度、個人指導といった形態をとる——の採用を招くことになる。このような諸手段のねらいは、人種差別あるいは性差別が原因で資格が引き下げられている人々——彼らが直接の被害者であろうと、あるいは同じグループに属する他の多くの人々が差別待遇を受けてきた結果として彼らも排除されているのであろうと——に資格を与えることにある。後者に該当する場合はきわめて多く、社会的貢献の重要性を認めさせるのは必ずしも容易なことではない。にもかかわらず、その結果として彼らは一般に、自尊心、自信、やる気、野心、といったような諸価値——これらはすべて競争的成功に貢献するが、逆にどれも特別訓練計画によって容易に回復されるものではない——の喪失に陥っている。社会的不正義がそうした結果を生み出したのだとしても、社会がそれを根絶することは困難なことかもしれない。

補正的プログラムのこの種の正当化はまた別の問題を引き起こす。もしその正当化が、補正される損失は社会的不正義の産物であるという主張に基づいているとすれば、社会的不正義の影響は実際にはどの程度なのか、また状況はどの程度まで不正義を含まない社会的原因に、あるいは社会的でない生物学的な原因によるものなのか、ということが重要になってくる。もし人が、補正手段を講じるべき社会の責任は社会的不正義によって引き起こされた損失までにしか及ばない、と信じるならば、平均知能指数の人種間格差——もし存在するならば——が遺伝的に影響を及ぼすレベルにまで、あるいは感性および知性面での男女間の統計的格差——もし存在するならば——にまで、政治的重要性を認めることになるだろう。また、もし人が社会的に生み出されるさまざまな不平等のうち、不正に生み出されたものと正当な社会制度の偶然の結果にすぎないものとの間に、決定的な区別が存在すると信じるならば、どこでそのラインを引くかを正確に規定することが非常に重要なことになるだろう。たとえば、ある不利益が不当に課せられたものであり、それゆえ補正に値する、と論じる場合には、特定の意図への言及がなされなければならないかどうか、といったことである。しかし、これらの問題は現時点では扱わないことにしよう。

形式的には万人に開放されている地位への就任を困難にしている、不当に引き起こされた不利益は、予備的および矯正的訓練の特別なプログラムによっては払拭されえない、ということが認識されたとき、第四段階が到来する。そして次のような二つの選択肢に直面することになる。一つは、社会的不正義の結果が、実力に関連のある資格に基づいてのみ満たされる、望ましい地位への就任における不利益をもたらすことを許容することである。もう一つは、少なくとも部分的には他の状況や他の時点における（おそらくはまた他の人々に対する）不当な差別が原因で、その資格が低められている人々が、望ましい地位につきやすくなるように、優先的な選択システムを設定することである。これは難しい選択であり、理想を言えば、社会システムのある部分における不平等を、別の点における逆の不平等を導入することによって是正するよりも、もっと直接的な矯正手段を講じる方がはるかによいことであろう。全体としての社会が複雑な結果を伴った深刻な不正義を含んでいる場合には、その社会の内部の単一の制度が入学や就職の競争規準を調整して、その制度に関する不当な諸結果をすべて無効とするように導く、といったことはできない。このことは、地位はもっぱら実力に関連する規準によってのみ満たされるべきである、という立場に魅力を与える。そしてもしこれが他の場所での不公正な扱いという結果を助長したり拡張したりするならば、矯正手段がとられるべきなのは、その制度の効率や生産性や効果を犠牲にするような、任命や入学許可に関する特殊規準の導入においてではなく、資格におけるそうした格差へのより直接的な攻撃においてでなければならないことになる。

それゆえ、この第四段階では明白な意見の分裂が見られる。ひとたび諸個人間において機会に関する矯正的な不平等が導入されたならば、さしあたり合法的にはそれ以上何もなされえない、と考える人々がいる。つまり、非矯正的な不平等は不当であるが、逆差別によってそうした不平等と釣合いをとろうとする次の段階もまた、外的な規準を採用しなければならない以上、不当なものになるだろうということである。他方、こうした状況において、卓越した能力とのみ関連した規準を採用し続けることは容認できないと考え、より下層の人々に対し別の入学あるいは雇用規準を採用することは、その規準が過去の不平等によって生み出された機会の不平等を何らかの仕方で補正する以上、正当化される、と考える人々もいる。

しかしこの段階には、次の第五段階に進むことによって、ディレンマを解決して優先的規準の擁護論を強化したい、という誘惑もまた存在する。そもそも実際の能力の予測に関連のある規準が不可侵のものでないとすれば、それを破ることが、不公正によって引き起こされた不利益を補正するためであろうと、他の理由で引き起こされた不利益を補正するためであろうと、どちらでもよい、という考察が起こってくる可能性がある。われわれは、人種間のあるいは男女間の不つりあいがどの程度社会的に生み出されてくるのかという問題に答えを出す必要はない。なぜならば、資格における格差と通常相関関係にある報酬における差額は、そもそも正義の観点から出てきたことではないからである。そうした差別は、雇用者がポストを満たしたり、効率的に仕事を運営したりする時に、競争システムの中で生じるにすぎない。ある種の能力は、効率という観点から見れば、ある仕事に就くことと関連をもちうるが、正義という観点から見れば、関連をもたない。というのは、そうした能力は、人がその仕事に見合う報酬分の価値を持っていることを示すものではないからである。特定の地位において成功をもたらす優秀性、経験、才能は、それ自体としては、競争経済におけるその地位の占有にたまたま付随している報酬を得るには値しない、ということは大いにありうることである。

したがって、われわれの社会が最も高い報酬を与えている職業において、人を成功に導くような諸項目に関して、いかなる理由であれ女性や黒人の資格がより低いならば、効率の許す範囲内で、こうしたグループに対してそれにふさわしく異なる規準を適用し、それにより望ましい地位を目ざす彼らがそれ以外の人々と同じライン上に立てるよう押し上げることによって、彼らのハンディを補うことは正当であろうと、結論づけることができる。この見地に立てば、優先政策は過去の不公正の結果に対処するためだけに仕立てられたものである必要はなくなるのである。

しかし、この立場が安定したものでないことは明らかである。というのも、もしわれわれが、補償を認めるためには不公正は社会的に引き起こされたものでなければならない、という条件を廃棄するならば、補償手段を明確に限定された人種や性にだけ限定すべき理由は一切なくなるからである。補償的な選択方法はそうしたグループ間のみならずグループ内でも個人単位で――つまり、効率の設定する範囲内で、望ましい地位につく権利という点で平等を保証された、人種や性別や資格と無関係な各個人として――適用されなければならないことになるだろう。これはたとえば、法学部や医学部の入学許可を、その仕事をこなせる最低限度の規準を満たすあらゆる受験生の中から選ぶというように、無作為化することを要求するかもしれない。もしわれわれが、異なる能力はそれぞれ異なる報酬に値するわけではないという原則に従って行動するならば、優先政策の提唱者によって要求されるよりもはるかに大きな平等が、そこから帰結するだろう。

合衆国ではこうした過激な考え方を採用する傾向にはないが、この考え方が人種的あるいは性的不平等の扱い方をめぐる一つの見解からの当然の帰結であるように思われるという事実は、何か重要なことを示している。われわれは、資格における人種間あるいは性間の相違（それがいかに生じたにせよ）から引き起こされる有利さに関する不平等を扱おうとするとき、その不平等を減じようとする試みに対して、犠牲を強いたり障害となったりする、システムの特質に直面する。われわれは、われわれが取りくまなければならない原初的不正義がこの特質そのものに存するという可能性、また現在われわれが人種的あるいは性的不正義として認識していることがらの最悪の側面のいくつかは、差別的報酬という大きな社会的不正義の目立った現われに他ならないという可能性を直視しなければならない。

II

もし、どの社会でも報酬の対象となるような能力に関する格差が、いかなる理由にせよ、人種や宗教や氏素性といった他の特性と明らかな相関関係にあるとすれば、自由主義的な機会の均等というシステムは、人種的、宗教的、階級的不正義を支持するという外観を呈することになる。そうした相関関係が存在しない場合に、均等な機会による正義の外観が存在しうるのである。しかし、どちらのケースにも不正義は存在し、それは報酬の一覧表のうちにふくまれている。

平等な処遇に関する自由主義的観念は、人々に才能や教育に関して機会を利用する平等な資格が認められるならば、彼らが平等な機会をもつことを要求する。人々が非常に不平等である諸特質に関して、平等な扱いをそれに比例したものとすることが要求される際は、社会の秩序が自然や過去によって生み出された原初的差別を反映し、おそらくは拡大するだろうということが保証されている。それゆえ自由主義は、近年、適切な格差という能力主義的な考え方を伴った平等な処遇に関するその周知の原理が、自然にあるいは社会システムの通常の機能によって分配された不平等と闘うには弱すぎるように思われる、ということを根拠に、増大する攻撃にさらされているのである。

人々は自分のもつ生まれつきの才能の結果として与えられる報酬を受けるに値する、という見解に対するこうした批判は、社会的諸制度から離れれば何かに値する人はいない(2)、という考え方に基づくものではない。というのは、何かに値する人が誰もいないのであれば、一切の不平等は正当な応報に反するものではなく、また正当な応報は平等のための論拠にはならないからである。しかし、多くの利益と不利益に関して、それを受ける人の特定の性質が彼が受けるに値するものと関連している。もし人々がそうした関連要因において平等であるならば、それは自然に人々に利益を平等に分配すべき理由を構成することになる(3)。

関連する諸特質は利益や不利益によってさまざまであり、正当な応報をめぐって生じる考察のもつウェイトも同様である。実のところ、正当な応報は、何がなされるべきかを決定するに際して、かなり取るに足りない問題である場合もありうる。しかし私が主張したことは、中核的な事例に関しては、能力上の差異は通常、人々が経済的かつ社会的利益を受けるに値するかどうかを決定する諸特質ではない（もちろんそうした利益を受けるかどうかは決定するけれども）という点である。実際、ほとんどすべての性質はこの点において人々が受けるに値するところのものに無関係であり、それゆえ、大部分の人は平等に扱われるに値するのである。[4] おそらく、努力における自発的な差異と行動における道徳的な差異は、経済的かつ社会的な当然の応報と、何らかの関係を持つであろう。しかしそれらは、大半の人々の間では、報酬における非常に広大な格差を正当化しうるほどには異なっていない。[5] 私はここでこうした主張の擁護論を展開するつもりもないし、正当な応報という概念自体の正当性の擁護論を語るつもりもない。もしこれらのことが意味をなさないならば、残りの議論も意味をなさない。

人々はある点において平等あるいは不平等に値するという結論は、話の終わりではない。まず第一に、正当な応報は、たとえば自由によって、あるいは効率によってさえ、無効とされる場合がある。いくつかのケースにおいては、平等の前提はかなり弱く、それから逸脱するのに多くを必要としない。問題となっている利害が些細なものであったり、時間的に限定されたものである場合や、当人の生活において重要な価値を持っていない場合がそうであろう。

第二に、不平等が正当な応報と矛盾するにもかかわらず、それを取り除いてもそこから誰も利益を受けない、ということがありうる。つまり、なされうる唯一のことは、不平等の存在から正当な応報を逸脱するような利益を受けている人々の立場をより悪くすることだけなのである。たとえ人が、正当な応報は正義にかなった分配を決定する際の非常に重要な要素である、と信じているとしても、誰の不利益にもならない不平等に異議を唱える必要はない。換言すれば、正当な応報に関する平等主義的見地に立って、ロールズの格差原理のようなものを受け入れることは可能なのである。[6]（私はそれが可能だとは言っているが、それが必要だとは言っていない。処遇における平等をより差し迫った要求だとみなすがゆえに、格差原理を拒絶する人もいるかもしれない。）

第三に（現在の議論にとってはこれが最も重要なのだが）、個別的利益の配分において、相対的な正当な応報を決定しても、あらゆるケースにおける正当な応報という問題を解決することはできない。なぜならば、その配分が最初の有利あるいは不利と結びついているような他の有利あるいは不利が存在する可能性があり、正当な応報の決定に関連性のある特徴は、必ずしもそれぞれの有利さにおいて同じではないからである。

このことは考察中の事例に影響を及ぼす。私はすでに、異なる才能をもつ人々がそれゆえにそれぞれに異なる経済的かつ社会的な報酬を得るには値しない、と述べた。しかし、彼らはそれらの才能を訓練し、発展させるそれぞれに異なる機会をもつには値するかもしれない。(7) 二つの異なるタイプの利益の配分が、社会的または経済的な機構や自然な人間的反応を通じて、このように関係づけられる場合は常に、少なくとも片方の利益の点から見て、正当な応報の諸条件と矛盾するような配分を避けることは不可能であるかもしれない。不公正は完全には避けられない、というディレンマが存在することになるだろう。その場合には、ある利益の配分における正義を、それに自動的に付随する別の利益の配分における正義に優先させることが、必要となるかもしれない。

議論されているケースにおいては、教育上、職業上の機会の配分における正義と、経済的、社会的報酬の配分における正義との間に、衝突が存在するように見える。そこには、平等に成功する可能性がある人々に対して平等な機会を与えることを目ざした、効率を越える何かに基づく、ある前提が存在するのである。しかし、経済的平等を擁護する前提の方が比較的強力である場合には、そこから逸脱することの正当化もまた、より強力であらねばならない。それゆえ、「教育的」正義と経済的正義が衝突するとき、前者が後者の犠牲になることが時には必要となるだろう。

Ⅲ

人種差別あるいは性差別について考える場合、ある人々は、経済的正義が優先するような見解によって、人口に占める特定のグループの比率に応じて許可割当てを優遇しようとする誘惑にかられるかもしれない。特定の職業における女性や黒人の少数性を何によって説明するにせよ、結局のところは、彼らはその職業に従事する人員に生じる経済的かつ社会的利益の中のより小さい部分しか受け取っておらず、こうした格差を説明するものがそれを正当化するものではありえない。それゆえ、正義はそうした職業がより多くの女性や黒人に解放されることを要求するように思われるかもしれない。

この解決策の問題点は、それが不正義の位置を正確には突き止めておらず、単により顕著な徴候の一つである人種的あるいは性的に歪みのある経済的配分を是正しようと努めているにすぎない、ということである。われわれは、人種的な現われ方を通して状況を見る場合に、その状況を不正義なものとして知覚しやすくなる。なぜならば、人種は目下のところ、われわれの頭の中で不正義と結びついた課題であるからだ。しかし、差額報酬の同じ体系を、同等な比率を達成できるようそれにふさわしく調整して、黒人や女性の階級に移動するだけでは、得るところはほとんどない。人々の性質が人々に可能ならしめていることの違いゆえに、彼らに差別的な報酬を与えることが不正であるとすれば、それが一人の白人と一人の黒人との間にあろうと、二人の黒人男性の間にあろうと、二人の白人女性の間にあろうと、あるいは二人の黒人女性の間にあろうと、不正義であることに変わりはない。実力主義的体系の不正な報酬の一覧表（それが実際に不正であるとして）に対して、それらの人種的あるいは性的な現われを直接攻撃することによって、打撃を加える方法はないのである。

ほとんどの社会において、報酬は需要の関数であり、しかも、最も需要の高い人間の諸特質の多くは、概して天分や才能から帰結するものである。われわれの社会における最大の不正は、私の信ずるところでは、人種的なものでも性的なものでもなく、知的なものである。ある人々が他の人々に比べて高い知能を持つことが不正である、という意味ではない。また、社会が人々に対し、もっぱらその知能に基づいて差別的な報酬を与えている、と言いたいのでもない。通常の場合、そのような事実はない。しかし、社会は概して言えば、それほど知能を必要としない仕事よりも優秀な知能を必要とする仕事に対して、はるかに多くの報酬を与えている。そういう仕方で、市場経済を伴う技術的に進歩した社会は機能しているのである。それは、頭のよい人間は頭のわるい人間よりも多くの金を稼ぐ機会をもつに値する、という社会的判断を反映しているのではない。頭のよい人間はより高い教育機会を与えられるには値するかもしれないが、それだからと言って、それに付随する物質的財産を与えられるにも値するわけではない。美、運動能力、音楽的才能などに対して社会が与える差別的報酬に関しても、同様のことが言えるであろう。しかし、知能と、教育によるその発達は、特に重要でしかも広く行きわたった事例を呈示している。

現在の報酬体系の総合的改革は、たとえその報酬体系が不正であるとしても、入学や任命に関する政策を通してはたらいている、個人教育に関する制度やビジネスに関する制度のもつ能力を越えている。競争経済は優秀な訓練や能力を身につけた人間に報いることを余儀なくされている。それを拒否してしまえば、どんな企業も競争力の弱いものになるだろう。そして、医学部や法学部に首尾よく入学した者は——その学校がどんな入学規準を採用していようとも、——そうでない者よりも多くの金を稼ぐ傾向にあるだろう。不正義であるのは、成功を予言するような規準に基づいた任命や入学の方法なのではなく、むしろ成功の結果として生じることなのである。

完全に正義にかなった解決は実現不可能である。もしさまざまな要因が、さまざまな利益や不利益の配分において何が正当な応報であるかを決定しているならば、また、もしいくつかの異種の利益の配分が時として——関連性のある諸要因はそうでないとしても——関係してくるならば、何らかの観点において不正義が生じることは不可避的であろうし、かわりにそれを避けるような配分原理を採用することも、不可能であるかもしれない。

正義は、われわれが物質的利益、文化的機会、制度的権威の三者間の自動的な関係を減らしていくように努めることを要求するかもしれない。しかし、そのような変化は、もし可能であるとすれば、社会システム、税金制度、賃金構造における大規模な改革によってのみもたらされうるものであり、大学の入学許可政策はもちろん、銀行、法律事務所、会社等の雇用政策を修正することによってさえ、達成されるものではない。

入学および任命における補正的手段は、配分体系のもつ一般的な実力主義的特徴とは本質的に異なる要因によって、それ自体不当に引き起こされた特定の不利益を補正する範囲においてのみ、正義という根拠に基づいて正当化されうる。そのような不利益を検証したり評価したりするのは難しい。それはおそらく抑圧されたグループに属する個々人によってさまざまであろうから。そして、優先的な待遇の正当化が存在する場合でさえも、それは義務を創り出すほどには強力でないかもしれない。なぜならば、多元的社会の一つの要素が、別の要素のゆえに生じた——あるいは社会全体のゆえに生じたのだとしても——不正義を打ち消すために、差別的手段の採用を義務づけられることには、やはり疑問の余地があるからである。

Ⅳ

こうした考察からわかることは、人種別あるいは性別の割当て人数を決めることを擁護する、正義を根拠とする議論は、さまざまなグループに属する人員間の資格の不平等性の源泉に関して、多少とも正確な仮定が得られなければ構築され難い、ということである。その仮定が思弁的であればあるほど、議論は根拠薄弱なものとなる。

しかし、この試論の冒頭で立てられた問いに立ち帰るならば、問題点は違ってくる。問題は、優先的な待遇が正義によって要求されているかどうかではなく、それが正義と両立しうるかどうかであった。この問いに対しては、われわれは異なる解答を与えることができる。もしわれわれがすでに到達したところの差別的報酬に関する考察が正しいならば、優先的な待遇は必ずしも深刻に不正義であるとは言えず、また、それは正義によってではなく社会的功利の考慮によって保証されているのかもしれない。私は「深刻に不正義ではない」という言葉を使ったが、それは、知的な機会の配分に直接関連性のある規準から逸脱すること自体がそもそも一種の不正義であると認めたからである。しかし、知的な機会の配分に関連性のある諸要因は、それに付随する物質的利益の配分には正当な関連性をもたないがゆえに、その深刻さは減少するのである。

ある一つの利益を適切な根拠に基づいて分配することが、根拠が適切でない、より重要な他の利益の分配も同時にもたらす場合には、適切でない方の根拠からの逸脱は、正義に対する深刻な攻撃であるとは限らない。このことは、次の二つの理由によるかもしれない。第一の理由は、はじめの利益の観点から見てちょうど平等な立場にいる人どうしを平等に扱うという前提は、議論の出発点としてそれほど強力とは言えないかもしれないということであり、第二の理由は、その前提に従うことの公正さが、それと相関関係にある他の分配の不公正さによって影の薄いものとなる可能性があるということである。その結果、社会的功利性という感動的でない理由の「適切な」根拠から逸脱することや、合法的な制度的目的に奉仕することが、容認可能なものとなりうる――それらはいずれも、より悪質で目に余る不公正の事例を正当化したりはしないだろうから――。当然のことながら、通常の方法からの逸脱は、うまくやれる能力を正しい規準とみなすことに慣れている人々の目には不公正なものと映るだろうが、その見かけは錯覚であるかもしれない。それは、どれほどの不正義が通常の方法に含まれているのか、そしてそこからの逸脱の理由が、たとえ不正義を是正することはできないとしても、十分に正当なものであるかどうか、にかかっている。

もちろん、問題は何が正当な理由であるかを述べることである。私は、たとえば、あるビジネスにおける内部の調和を保つことを意図した通常の人種差別や性差別を、正当化するような議論を提出したいのではない。異なる能力に応じて差別的に経済的報酬を与えるというシステムが不正だと考える人でさえも、もし標準的な人種的、宗教的、性的差別が、報酬の高い地位に個人を割当てる際の一つの要素であったとすれば、おそらくそれを付加的な不正義とみなすだろう。

私は、何が系統的な人種差別や性差別をこれほど例外的に不正義なものにしているかということに関して、不完全な説明しか与えることができない。それらの差別はいかなる社会的利益も持たず、人々が生まれながら持っている特徴に、マイナスの価値という意味を付与するものである(8)。生まれつきの特徴に対して社会的不利益を系統的に付与することの心理学的帰結は、次のようなものである。つまり、そうした特徴の所有者もそれ以外の人々も、その特徴が本質的かつ重要な特性であって、その所有者に与えられる評価を減少させるものである、とみなし始めるということである(9)。と同時に、その種の特徴を持たない者は、比較によってとらわれのない評価を得ることになり、このようにして社会的割当ては、ある人々の利益のために他の人々の最も基本的な個人的利益を犠牲にし、犠牲になった人々が底辺へ押しやられるのである。（なぜならば、低い知能に結びついた社会的、経済的不利益——これもまた大きな不正義であるが——に関しても、同様のことが言えるからである。）

逆差別はこうした帰結をもたらすわけではなく、むしろ社会的利益をもちうる。たとえば、黒人共同体の健康上の必要が他の方法では満たされそうもないがゆえに、黒人医師の数がかなり増加することが望ましい、と仮定しよう。また、医学部進学課程への入学希望の黒人の現在の能力平均では、差別的な入学規準を採用せずに望ましい絶対数の黒人医師を供給するには、医学部入学者定員の枠を大幅に拡大する必要が出てくる、と仮定しよう。こうした拡大は、経費の点で、あるいはまた黒人であろうと白人であろうと、社会の需要をはるかに上回る数の医師を生み出すという点で、受け入れられないであろう。これは、正義ではなく、社会的功利性を根拠とした優先入学を擁護する説得力のある論拠となる。（加えて言えば、かつては手の届かなかった地位で活躍する黒人の先輩を目のあたりにすることによって、他の黒人たちが目標や期待を抱くようになる、という健全な効果も生じる。）

資格を満たしているにもかかわらず、拒絶される白人の観点から見た、逆の側からの議論は、標準的な人種差別に反対する議論と比べて、とうてい同程度に根拠のある議論とは言えない。グループとしての白人の自尊心は、このような優先政策の実施によって脅かされることはない。というのも、この状況はもっぱら白人の側の全般的社会支配のゆえに生じるものであり、この政策の目的はもっぱら黒人を益することにあり、白人を排除することにはないからである。そのうえ、ある人々の利益のために他の人々の利益が犠牲になっているとしても、犠牲となっているのはより恵まれた立場にある人々であり、恩恵に浴しているのは最下層の人々である[10]。優先政策は、そのグループの構成員の自尊心やその社会の健全さと結合力に対する破壊的な結果を伴いつつも、例外的に抑圧された社会的立場にあるグループに利益をもたらすよう設計されているのである[11]。

したがって、もし入学や任命に関する優先政策がゆゆしき社会悪を緩和するために採用され、その結果、特に不幸な社会的立場にあるグループに恩恵を与えるのであれば、また、それ自体正義によって要請されたのではない実力主義的システムから、このような理由で逸脱するのであれば、優先政策の実施はおそらく不当なものではないだろう。[12]

しかし、それは必ず代価を伴う。それは単に、その政策ゆえに排除されたより能力のある者の間に不可避的に憤りを生み出すだけではなく、いずれにせよ自分の能力のなさゆえに望ましい地位を得られなかったであろう者にまで、自分は優先政策ゆえに自分よりも能力の劣る者に敗れたのかもしれないと感じさせるのである。同様に、こうした政策は、自分がその政策の恩恵を被ったという事実を知っている者の自尊心によい影響を及ぼしえないばかりか、優遇措置を受けているグループに属してはいるが、実際には差別的政策が存在しなくてもその地位を獲得できたであろう人々の自尊心を、そのことを確信できない場合に、傷つける可能性もある。この事実はいくつかの機関にその政策に関してうそをつかせたり、あるいは、標準的な入学規準の差別的な性質に関する大げさであいまいな言説の背後にその政策を隠してしまわせたりしてきた。そうした隠蔽は可能であり、ある程度までは正当化することさえできる。しかし、代価を完全に回避することは不可能である。優先政策は、巨大な社会悪の根絶に貢献する限りにおいてのみ、それなりの意義をもつであろう。

V

人種的および性的な不正義が減少したとしても、われわれには依然として頭のいい者と頭のわるい者とが存在しており、同程度の努力に対して与えられる報酬があまりも異なる、という大きな不正義が残されるだろう。経済的・社会的な差別的報酬システムが、系統的に性差や人種差を反映するものでないとしても、これはやはり不正義であろう。そして、もし異なる職業や異なる学歴に付随する社会的尊敬や経済的優越がはるかに均一化されたならば、教育や仕事において生じる人種的、民族的、性的なパターンに関する懸念の原因は、ほとんど存在しなくなるだろう。現在のところわれわれには、中国のように全体的な社会統御力を巨大化する以外には、職業的地位を、社会的尊敬と経済的報酬とから引き離す方法がない。たぶん誰かが、知能の高い者と低い者、才能のある者とない者、美しい者と醜悪な者との間に社会的に生み出された不平等（特に経済的不平等）を減少させる方法――機会や生産物やサービスの入手を制限することのない、そしてまた、職業や生活様式の選択における強制の強化や自由の制限に訴えることのない方法――を発見するだろう。しかし、そのようなユートピア的解決策が見出せない限りは、自由と平等のバランスを保つという目新しくない仕事がわれわれに残されるであろう。

（1）白人男性が「他の点でよりふさわしい資格をもつ」と言う場合、私は次のことを意味している。たとえば、もしこの白人と同等な資格をもつ黒人の候補者がいたならば、実際に選ばれた黒人ではなく、この黒人の方が選ばれたであろう、という意味である。あるいはまた、二人の候補者の資格はそのままの関係で、二人とも白人男性であったならば、現実には選ばれなかった方が選ばれていただろう、という意味である。候補者がともに白人女性の場合も、ともに黒人女性の場合も、同様である。（資格の同等性を決定するのは必ずしも容易ではないかもしれず、場合によっては、証明書類の示す同等性は資格の差異の証拠となるかもしれない――なぜならばたとえば、一方はそれを得るのにより過酷な障害を乗り越えなければならなかったから――、ということは私も承知している。）

（2）ロールズはこれを彼の立場の根拠とみなしているようだ。彼は、正当なシステムによる配分という脈絡においてのみ、そしてそのシステムの正義を計るために用いられうる前制度的概念としてでなしに、応分の報賞について語ることが有意味となる、と信じている。John Rawls, *A Theory of Justice* (Cambridge, Mass.: Harvard University Press, 1971), pp. 310-3〔邦訳：ジョン・ロールズ『正義論 改訂版』川本隆史・福間聡・神島裕子訳、紀伊國屋書店、二〇一〇年、四一三～七ページ〕。

（3）本質的に、この見解は *Philosophy, Politics, and Society* (second series), ed. P. Laslett and W. G. Runciman (Oxford: Blackwell, 1964), pp. 110-31 所収の 'The Idea of Equality' において、バーナード・ウィリアムズによって提出された。

（4）これは、問題の事象に正当な応報が存在しないがゆえに、何ものも関連性をもたない、というケースとは区別される。そうしたケースにおいては、人々が関連する性質のいずれにおいても異ならないからと言って、彼らが平等に扱われるべきだということにはならないだろう。それは、その他の諸考察に彼らの扱いの決定を全面的に委ねるだろう。

(5) われわれは何にせよ自分がそれをもつに値しなかったものの結果を受けるに値するとは言えない、ということが私の見解なのではない。ある人は自分の知能をもつに値しないということは真実であり、彼が卓越した知能のもたらしうる報酬を受けるに値しないということも、私は主張してきた。しかし、彼はまた彼の悪い道徳的性質をもつにも、人並み以上の労働意欲をもつにも値しないが、おそらく、そうした諸性質から発生する刑罰や報酬を受けるには値するであろう。こうしたことがらを明らかにする議論として、Robert Nozick, *Anarchy, State, and Utopia* (New York: Basic Books, 1974), ch. 7〔邦訳：ロバート・ノージック『アナーキー・国家・ユートピア――国家の正当性とその限界』嶋津格訳、木鐸社、一九九四年、第七章〕を見よ。

(6) Rawls, *A Theory of Justice*, pp. 75-80〔邦訳前掲書、一〇二～一一〇ページ〕。

(7) それは、能力の違いがこれらの点で正当な応報の程度に関連性をもっているという理由によるか、人々が自分の才能に応じた機会を得るに平等に値するという理由によるかのどちらかである。後者である可能性が高い。

(8) ここで論じられているこの問題や、その他数多くの問題を詳細にかつ鋭い洞察力をもって取り扱っているものとして、Owen M. Fiss, 'A Theory of Fair Employment Laws,' *University of Chicago Law Review*, XXXVIII (Winter, 1971), pp. 235-314 を見よ。

(9) この効果は、数少ない変人に限定された特有の差別的実践によって生み出されはしない。もし何人かの人々が、左利きの人とはつき合うまいと決心したとしても、左利きの人々も含めて、彼ら以外の人々は全員、そのような差別を非本質的特徴に対する馬鹿げた非難とみなすであろう。しかし、誰もが左利きの人々を避けるならば、左利きであるということは、彼らの自己イメージの重大な構成要素となり、差別を受ける者は、自分が自分の本質ゆえに侮辱されていると感じるだろう。人々が何を自分の本質とみなすかは、彼らの何が尊敬されたり軽蔑されたりするかと独立ではないのである。

(10) これは、もし配分的正義に関するロールズの平等主義的前提を受け入れるならば、好ましい犠牲の方向である。*A Theory of Justice*, pp. 100-3〔邦訳前掲書、一三五～四〇ページ〕。

(11) それゆえこれは、ある人々が懸念してきたように、その社会に属するすべての人種的、宗教的、民族的な下位集団に対して、最小限あるいは最大限の人数枠を割り当てることへと向かう第一段階なのではない。

(12) アダム・モートンが興味深い代替案――私はそれを詳しく説明する気はないが――を示唆している。すなわち、優先政策の実施は社会的功利性によって正当化されるのではなく、将来より公正な状況が作られるのに貢献するだろう、という理由で正当化されるのである。この政策の実施それ自体は不正義であるかもしれないが、果てしなく繰り返される同一のパターンを絶ち切ることを通じて、それが長期的に果たす正義へのより大きな貢献によって、是認されるのである。

8 平等

I

論点を先取することなく、平等のそれ自体としての社会的価値を擁護する議論を展開することは、困難である。平等は、ある程度まで、功利性や自由のような他の諸価値によって擁護されうる。しかし、それが他の諸価値と矛盾するとき、最も困難な問題のいくつかが提出されるのである。

現代の政治的論争は四つのタイプの平等を承認している。政治的平等、法的平等、社会的平等、経済的平等の四つである。最初の三つは形式的な言葉によっては定義できない。政治的平等は、成人なら誰にでも一票の投票権や官職につく権利を認めることによって、保証されるものではない。法的平等も、万人に陪審裁判を受ける権利、権利侵害の訴訟を起こす権利、弁護士を呼ぶ権利を認めることによって保証されはしない。また社会的平等は、各種の称号や階級間の流動性を妨げる公的障害を取り除くことによっては得られない。政治権力、法的保護、社会的尊敬、自尊心、における実質的な不平等は、これらの形式的な諸条件と両立可能なのである。実在するあらゆる種類の平等が経済的な諸要因に左右されやすいということは、常識に属することがらである。形式的な諸制度が万人に最低限度の社会的地位を保証している場合にも、財産や収入面での大きな格差はそれを上回る大きな差別——この差別は相続される可能性もある——を生み出すだろう。

したがって、経済的平等の問題は他の平等と分離されえないのであり、そのことが問題を複雑なものにしている。なぜならば、他の型の平等の価値は、非常に異なった種類のものかもしれないからである。いくぶん逆説的な言い方をするならば、それらの価値は厳密には平等主義的ではないということになる。それらの価値は、法によって正当な扱いを受ける権利のような特定の諸権利——公平に保護されなければならないが、実質的な平等の尺度なしに保護されえないような諸権利——に基づいているのかもしれない。諸権利は、拡張された意味において、平等主義的である。というのは誰もがそれを有するとされているからである。しかし、これは配分的正義の問題ではない。個人の諸権利の平等な保護は、通常、利益の分配における効用や平等から独立の価値であると考えられている。これらの諸価値の間の関係は後で述べることにして、ここではそれらの明確な区別を仮定しておくことにしよう。これの意味することは、政治的、法的、社会的平等を護るために必要とされるという根拠に基づく経済的平等の擁護は、それ自体としての平等——利益一般の所有における平等——の擁護ではないのかもしれないということである。しかし、それ自体としての平等は、きわめて重要なさらなる道徳的理念である。その妥当性が、経済的平等をそれ自体における善として支持する独立した根拠を与えるであろう。まったくありえないことだが、かりに大きな経済的不平等が、政治的、法的、社会的平等を脅かさないとすれば、それははるかに反対すべき点が少なくなるだろう。しかし、そこにはやはり何か反対すべき点が残りはするだろう。

他のタイプの平等との関係に基づいた議論に加えて、効用という根拠に基づいて、経済的平等それ自体を擁護する非平等主義的で手段的な議論が、少なくとも一つはある。限界効用逓減の原理によれば、多くの財に関して、その財がさらに増加することは、その財をすでに相当量所有している者にとっては、その財をそれほど所有していない者にとってほど価値をもたない(1)。したがって、そのような財の総量とそれを受け取る側の人数が一定に保たれているとすれば、その財の平等な分配は、平等でない分配よりも常に総和としてより大きい効用をもたらすことになる。

これには一定の代価とのバランスを保つことが必要である。まず第一に、不平等を減らそうとする試みはまた、労働と投資への誘因に影響を及ぼすことになり、それによって入手可能な財の総量を減少させる可能性がある。たとえば、累進課税と限界効用の逓減によって、最も需要の多いサービスを提供する者の労働を購入することは、より高価なものになるだろう。ある点を越えると、平等の追求は全体的な効用を、あるいは社会の全成員の幸福さえをも、犠牲にする可能性があるのだ。

第二に、平等の推進は異論の余地のある手段を必要とするかもしれない。ほどほどの平等を達成するのにさえ、遺産を残す自由も含めて、経済的自由を制限する必要が生じる。それ以上の平等は、最終的には私的契約の代わりに公的管理によって仕事を割当てることを含む、より全体的な強制技術によってしか達成されないかもしれないのだ。こうした代価のうちのいくつかは、功利主義的根拠によってのみならず、個人の諸権利を侵害するという理由によっても、おそらくは容認不可能であろう。平等という目標に異を唱える者は、次のように論じることができる。もし利益の不平等な配分が、互いの権利を侵害しない人々の自由な相互活動と同意から生じたものであるならば、その結果は、極度の生活苦を含まない限りにおいて、反対すべきものとは言えない、というようにである。

Ⅱ

したがって、平等の手段としての正の価値と負の価値に関して、語るべきことは多い。平等のそれ自体としての価値の問題は、孤立して生じるわけではないのだ。しかし、その問題に対する解答が、どのような手段的代価ならば受け入れ可能なのかを決定するのである。もし平等がそれ自体として善であるならば、それを生み出すことは、ある程度の非能率や自由の喪失という代価を払う価値があるかもしれないのである。

平等のそれ自体としての価値を擁護する議論には、二つのタイプがある。共同体主義的な議論と個人主義的な議論である。共同体主義的な議論によれば、平等は全体としてとらえられた社会にとって善である。それは、社会の成員間の正しい関係の条件であるとともに、彼らの内に健全な同胞愛的態度、欲求、共感を形成する条件でもある。この立場は、一つの社会的かつ個人的な理想によって、平等の価値を分析するものである。それに対して個人主義的な議論は、適正な配分の原理として、すなわち異なる人々の相矛盾する要求や利害——それらの利害がどんなものであれ、また多かろうと少なかろうと——を処理する適正な方法として、平等を擁護する立場である。それは、特定の種類の欲求や特定の種類の相互人格的関係を望ましいものとして前提するわけではない。それはむしろ、人間的諸価値——それらがどのようなものであれ、すなわちそれらが必然的に共同体や同胞愛の価値を含むかどうかに関わりなく——の分配において、平等を支持する立場である。

共同体主義的な議論は大きな影響力をもつものではあるが、私は個人主義的な議論のみを探究しようと思う。なぜならば、このタイプの議論の方が、私にはより成功が期待できそうに思われるからである。それは、私には正しいと思われるリベラルな平等主義に対して、一つの道徳的根拠を与えることになるだろう。私はここで、そのような議論そのものを展開するわけではない。この論文は、そのような議論がとらなければならないであろう形式——それはどこから出発すべきか、そしてどんな問題点を克服しなければならないか——をめぐる論考なのである。

平等を優先させることは、社会的選択の理論、すなわち多くの人々に影響を及ぼす選択の理論における、たかだか一つの構成要素にすぎない。平等を擁護することは、それが衝突する可能性のある他の諸価値を否定することを要求するわけではない。しかしそれは、他の特定の価値を優先させるような社会的選択の理論によって排除されるのである。平等主義は、かつては貴族主義的諸理論に対立するものであったかもしれないが、今日の理論的論争においては、功利性と個人の権利という二つの非貴族主義的価値の信奉者が、これに敵対する立場にある。私は、平等がある程度までそれらに対抗しうる価値を持つ——それらに取って代わるわけではなく——ことがどのように示されうるのかを理解するために、この論争を吟味しようと思う。

私はそうした原理を支える最も普遍的な根拠に興味があるのだが、より特殊な平等主義的見解であるジョン・ロールズの立場について論じることから始めようと思う(2)。それは、配分的選択にというよりもむしろ、基礎的な社会制度の構想にとりわけ妥当するものであって、おそらく他のケースに拡張することはできないであろう。しかし、それはこの領域における最も進んだリベラルな平等主義的立場であり、平等に関する多くの論争がこれに集中している。したがって私は、まず始めに彼の立場によって、平等、効用、権利の間の対立を措定しようと思う。その後に、私自身の平等主義的見解が彼の見解とどのように異なるのかを説明することにしよう。

ロールズの理論は、他の利益の配分における平等よりも、政治的自由や個人的自由の平等な保護に大きな重要性を与えている。それにもかかわらず、彼の理論は他の利益の配分に関してもまた非常に平等主義的である。基本的自由における平等が確保されている場合の一般的な善の分配に関する彼の原理は、さまざまな不平等は社会の最下層の人々を益する(たとえば、より高い生産性や雇用を実現することによって)場合に限り正当化される、というものである。

このいわゆる格差原理は、善の割当てを直接決定するためにではなく、善の割当てに影響を及ぼすことになる、経済的、社会的諸制度を評価するためにだけ用いられる。生活がより楽になることは誰にとってもよいこととみなされるが、生活がより苦しい人々の状況を改善することの価値は、それより生活が楽な人々の状況を改善することの価値に優先する。このことは、含まれる改善の相対的な量からも、人々の相対的な数からも、ほとんど独立している。したがって、千人の貧しい人々の暮らしをいくらかでも楽にすることと、二千人の中流階級の人々の生活をかなり豊かにすることの間の選択が考えられれば、前者の選択が優先されるだろう。こうした目的から見られた場合の人々の幸福は、単にその時点での繁栄によってではなく、生涯全体の見通しによって評価される、ということを付け加えておかなければならない。

これは、想像しうる限り最も徹底的なものであるとは言えないにしても、非常に強力な平等主義的原理ではある。この原理は、改善のもつ一般的価値に、最下層の人々の優先という条件を付加することによって成り立っている。より平等主義的な立場ならば、たとえ最下層の人々を益するものであっても、やはりある種の不平等は悪いものであり、それゆえ、そうした不平等が十分に取り除かれていさえすれば、誰もがより貧しい状況の方が望ましい状況であるかもしれない、と主張するであろう。議論が個人主義的であり続ける限り、このような立場は経済的平等と社会的平等の結合に由来する諸理由によってのみ魅力的でありうるように思われる(3)。

後に、この見解を擁護するロールズの論拠について議論し、補足的な論拠をつけ加えることにして、まず最初に、平等主義的立場が当然のことながらそれに対立し、それに対して擁護されなければならない、二つの立場について述べることにしよう。それは、平等にそれ自体としての価値を与えず、他の諸価値——それを追求し保護するためにはかなりの不平等を容認することが要求されるかもしれないような——を認める立場である。その諸価値とは、すでに述べたように功利性と個人の権利である。

功利主義的観点から見れば、最下層の人々に与えられる利益がより大きいであろうという理由だけで、より小さい利益のためにより大きい利益を捨てたり、より少数の人々への利益のためにより多数の人々への利益を捨てたりすることは、意味をなさない。どのように分配されようとも、善をより多くし悪をより少なくすることが、よりよいことなのである。

個人の権利の理論に従えば、単に分配における不平等の進展をはばむという目的で、人々が自分の獲得しうるものを保存したり遺産として残したりする自由に干渉することは、不当である。重大な悪を避けるためならば、個人の自由を制限することも認められうるかもしれないが、不平等はそのような悪ではない。不平等はそれがある人の他者に対する不当行為から生じたものでない限り、不当なものではない。不平等は、それを避ける唯一の道が、他の誰の権利も侵害しないような種類の自由な行為に対する個人の権利を剝奪することである場合には、受け入れられなければならない。

この二つの理論はともに配分的平等を追求することの代価を指摘し、平等がそうした代価を上回る独立の価値をもつことを否定する。より明確に言えば、平等の追求は、ある人々のそれほど重要でない利益のために、他の人々の権利や利益を不当に犠牲にすることを要求するものである、とみなされているのである。この二つの理論はまた根本的に相互に対立してもいるので、平等主義と合わせれば、異なる人々の利害の衝突をどのように解決するかという問題をめぐって、根本的に異なる三つの見解があることになる。

III

それらの間の論争の本質は何であろうか。問題が生じてくる単位は、個々の個人や個々の人間生活である。彼らはそれぞれ考慮の対象とされることを要求する権利を持っている。ある意味で、その正当な権利要求が相互に異なることが問題の核心なのである。問題は、次の(a)(b)(c)のどれが真であるかということである。(a)最下層の人々に優先的な権利がある。(b)その優先的な権利の施行は、代わりにそれほど平等主義的ではない政策が採用された場合、はるかに多くの利益を受けると思われる、最下層に属さない人々の、より大きい権利を無視することになるだろう。(c)その優先的な権利の施行は、他の人々のもつ自由への要求や諸権利の保護への要求を侵害することになるだろう。

今、これは平等の価値をめぐる論争のように見える。しかし、それはまた、人々が平等に扱われるべきかどうかをめぐる論争としてではなく、人々がいかに平等に扱われるべきかをめぐる論争として、眺めることもできるのである。この三つの見解は、諸人格間の道徳的平等の想定を共有しているが、その解釈が三者三様なのだ。三つの立場は、すべての人格の道徳的権利は十分に抽象的なレベルにおいては同等である、という点では一致しているのだが、それがどういう権利であるかに関して異なっているのである(4)。

権利の擁護者は、そのような道徳的権利を他人からの直接的な干渉を受けずに特定の行為を行なう自由の中に位置づける。功利主義者はそのような権利を、どの状態が最善であり、どの行為なり政策なりが正しいか、を決定する際に用いられる功利計算における一要素として、各人の利益が十分に考慮されるべきである、とうい要求の中に位置づける。また平等主義者は、それを現実的あるいは可能的な利益への平等な権利の中に見出す。たとえほとんどの社会理論が、これら三つのカテゴリーのどれか一つにきっちりと収まるわけではなく、道徳的平等の一つの解釈に優位を与え、他の解釈にそれに続く位置を与えているのだとしても、この問題は依然として深刻なものであり続けている。

道徳的平等の三つの解釈はすべて本質的な点において、各個人の観点に平等な重要性を認めようとするものである。これは啓蒙された倫理の指標とみなされてもよいだろう。もっとも、この立場を共有せずして倫理学説の資格を持ち続けている理論もあるにはあるが。もし配分的平等をめぐる諸見解の対立が、道徳的平等のこのような基本的要求の正しい解釈に関する不一致であるとみなされうるならば、そのような基本的要求は、相対立する立場が評価される際の共通の基準となりうる。単に相互の両立不可能性を記述する代わりに、諸見解の正当化の質を比較することができるはずである。

Ⅳ

各個人の観点に平等な重要性を認めることが何を意味するかは、その観点にとって何が道徳的に本質的であるか、われわれ各人において平等な重要性が認められなければならないものは何か、に依存している。それはまた、いかにして諸々の重要性が結合されるかにも依存している。そして、各個人の観点に平等な重要性を認めることが何を意味するか、に対する解答のもつこの二つの側面は、相互に独立している。この観点から三つの立場のそれぞれを考察してみよう。

功利主義の道徳的平等は、一種の多数決である。各個人の利害がいったんは考慮に入れられるが、そのうちのいくつかは他のものより重視されるかもしれない。結果を決定するのは、人間の過半数ではなく、強度に応じて効力を調整された利益の過半数である。諸個人は、それぞれ自分の利害の大きさに比例して効力を調整された「一票」を与えられているという意味において、平等である。このことは少数派の利害がときには多数派の利害よりも重視されうるということを意味しているとはいえ、各個人には同じ（可変的な）重要性が認められ、結果は総計の最も大きいものによって決定される以上、その基本的な考え方は多数決主義的である。

最も単純な型では、ある人物の利害あるいは好みがすべて考慮に入れられ、彼にとってのそれらの重要性に基づいて、相対的な重要性が与えられる。しかし、さまざまな修正が提案されてきた。功利主義に対して発せられた一つの疑いは、それが邪悪な欲求（たとえばサディスティックな欲求や偏屈な欲求）の満足を積極的に認めているということである。ミルはより高級な快楽とより低級な快楽との区別を導入し、前者に優先権を与えた。（苦痛に関しても、これに相当する区別が存在しうるだろうか。）最近、トマス・スキャンロンが、配分的原理はどんなものであれ――功利主義的であれ平等主義的であれ――、容認不可能な結果を避けるためには、単なる主観的好みから区別された、利害、必要、緊急性に関する何らかの客観的基準を持たねばならない、と論じた。たとえ目的がすべての個人の利益の量の総和を最大にすることにあるとしても、その量を計る単一の尺度――誰にでも公平に妥当するような――を採用することは必要であり、純粋な好みはよい尺度とは言えない。「ある人が自分が神と崇める人物の記念碑を建てるためならば喜んでまともな食生活を捨てるだろうという事実は、彼が他の人々に彼の計画への援助を要求する権利が、十分な食糧確保への援助を要求する権利（たとえ他人に強いる犠牲は同じであっても）と同じ強さをもつ、という意味ではない。(5)」

たとえ客観性の基準が導入されたとしても、道徳と関連する利害の範囲は依然としてまったく広大でありうるし、それはまた個人によってさまざまであろう。道徳的権利を持つ者（claimant）としての個人は、多かれ少なかれ全人格であり続ける。他方では、ある人の権利要求（claim）が他の人々の権利要求に数で完全に打ち負かされることも原理上ありうる。最終結果において、ある特定の個人の権利要求は、その結果に到達するために用いられた多数決主義的計算において考慮されたにもかかわらず、ほとんど適えられないかもしれない。

功利主義は個人の道徳的権利要求に関して寛大な見解をとり、それらを集成して一つに結合する。功利主義は、全体としての結果や状態の評価に結果的な価値を付与し、二次的な結果として、この評価から行為の評価を導き出すのである。人は、すべての個人的利害を一つに結合するような観点から見て、最善に見えるような結果を推進しそうなことを、行なうべきなのである。功利主義の道徳的平等は、結局のところ何が全体として最善であるかの決定に、各個人の利害を同じ仕方で貢献させるところにあるわけである。

V

諸権利は、構造的にも内容的にも、非常に異なったものである。それらは多数決主義的ではなく、また別の意味で集成的でもない。そして全体的な結果の評価を打ち出すわけでもない。代わりに、諸権利は行動の容認可能性を直接決定するのである。この考え方の下における諸個人の道徳的平等は、特定の点においては干渉されないことを要求する、他人に対する平等な権利である。各個人は他の各個人によって、特定のいくつかの点において平等に扱われなければならないのである。

ある意味で、これらの権利要求は決して一つに結合されない。それらは個別的に尊重されなければならないのである。誰かがしてよいことは、他の誰の権利も侵害しないであろうことに制限される。各個人の観点の特定の側面がそれだけでこの制限を設定するのだから、その条件は一種の全員一致の要求である。

諸権利は絶対的なものであるかもしれない。あるいはまた、それらを無視することによって避けられる害悪の程度が重大な段階に達した場合には、無視することが許されうるものであるかもしれない。しかし、どのように規定されようとも、諸権利はそれらが妥当するあらゆるケースにおいて尊重されなければならない。それらは各個人に他人が自分をどう扱ってよいかに関して、ある限定された拒否権を与えるのである。

　この種の全員一致の条件は、ある人が他の人に対してしてよいことを制限する権利に関してのみ可能である。この意味においては、何かをもつ権利——医療を受ける権利、ある程度の生活水準を維持する権利、生きる権利さえも——は存在しえない。権利に関する言葉は時としてこのように用いられて、人間に関するある種の善の特別な重要性を示す場合がある。しかし、私の信じるところでは、こうした権利要求の真の道徳的基礎は、より差し迫った個人的要求（ニーズ）がそれほど差し迫っていない個人的要求（ニーズ）に優先するということであり、これは本質的には平等主義的な原理なのである。区別を保持するために、それを持つ者に一種の拒否権を与えるような権利要求（claim）に対してだけ、「権利（right）」という語を使用することにしよう。そうすると、誰もがその意味での権利を持っているとすれば、そのことは行為に、この点に関して全員一致的な容認可能性の条件を与えることになる。その意味では文字どおりの生きる権利は存在しえない、なぜならば、いかなる可能的行為も誰かの死に通じるであろう状況が存在するからである。そしてもし、誰もが生き続ける権利を持っているとすれば、そうした状況ではいかなる行為も許容されないことになるであろう(6)。

　私が考察している諸権利は、行為者中心的であるために、この問題を免れている。たとえば、殺されない権利は、誰もがあなたが殺されないことを保証するのに必要なことをしてくれる、という権利ではない。それは単に殺されない権利であって、あなたを殺してはならないという他人の義務と相互関係にある。

　このような倫理は諸権利の侵害を最小にすることを命じない。そのようなことをするならば、諸権利の侵害を単に結果の評価における特に重大な悪としてだけ考慮していることになるだろう。権利は、そうする代わりに行為を直接に制限するのである。各個人は、たとえ彼自身が他人の権利を少しばかり侵害することによって、間接的に権利の侵害の全体数を減少させることが可能であるような場合でも、直接的に他人の権利を侵害することは禁じられている。このような行為者中心的な制限に説明を与えることはむずかしい。解釈としてそれについて言える一つのことは次のことである。すなわち、それは権利の侵害を最小にすることはどんなことでも行なうように要求する原理よりも、高度な道徳的不可侵性を表現している、ということである。というのは、もしそれがその種の原理であるならば、権利の侵害は常に悪であるとは限らないだろうからである。他のいくつかの殺人を避けるためであっても殺されない権利という道徳的権利要求は、殺人を単に大悪とみなすだけの主張より力強い。というのも、前者は後者ならば許すであろう殺人も禁じるからである。後者の方が前者よりも多くの殺人を避けることを可能にするかもしれないとしても、やはりそうなのである。しかしこのことは、行為者中心的な諸権利を説明するのにそれほどは役立たない。真の説明ならば、保護される利害だけでなく、行為者と、彼が特定の仕方では扱わないように——たとえ非常に望ましい目的を達成するためだとしても——強制されている人物との関係をも、考察しなければならないだろう。何が起こるかへの関心に対立するものとしての、人が誰に何をしているかへの関心は、不十分にしか理解されていない倫理学の重要な源泉なのである。

権利がまず第一に結果の評価よりも行為の評価を与えることに注目すると、権利がまた個人の道徳的権利要求を功利主義に比べてより狭く定義し、それらを別の仕方で一つに結合していることも理解できる。功利主義者は、すべての個人の観点が一つに結合されて功利性の判断が与えられるような、非個人的な観点を構成し、その観点からあらゆる人間の行為が指導されうるとするのである。権利の擁護者にとって、各人格において不可侵であるような諸項目は、他人が自分にするかもしれない行為に対する、直接的で独立した制限を提示する。すべての人間にとっての共通の目標を設定するような、諸観点の一つへの結合はまったく存在せず、われわれはそれぞれ、特定の諸項目に関して他の誰に対しても容認不可能ではない範囲に、自分の行為を制限しなければならない。一般的に言って、いかなる権利も侵害しないという理由で容認されうる行為の領域は、かなり広いのである。

こういう理由によって、諸権利の道徳は限定された道徳、あるいは最小道徳とさえなる傾向にある。それは、人間生活の中に道徳的制限や道徳的要求によって支配されない多くの領域があることを認めるのである。それゆえそれは、補正されない限り、おのずと限定された政府の政治理論へ、そして極端な場合には最小国家の自由主義的理論へと通じる。一般的幸福のあらゆる側面を推進する幅広い政府の活動を正当化するには、はるかに豊富な道徳的諸要求が必要とされるのである。(7)

このタイプの限定された道徳のもう一つの帰結は、問題になっていることがらのどちらの側にどれだけの人々が立っているかを問題にしないということである。完全に全員一致的な道徳性においては、意味のある唯一の数は一である。道徳的容認可能性が各個人の観点から見られたある点における容認可能性であるならば、たとえその他の諸点において、関わっている人々全員ではないがほとんどの人々にとって、明らかにより容認可能な一つの行為が存在するとしても、これ以外のさらなる道徳的要求がそこから生じることはないのである。(8)

それゆえ、諸権利における道徳的平等は、他の誰からも直接的に干渉されないような同一の利害領域を、各個人に割当てることにあると言えよう。

VI

奇妙なことだが、平等主義の基礎にある道徳的平等の考え方は、それほど平等主義的でない他の二つの立場よりも不明確なものである。権利の理論に比べて、平等主義は各個人の観点をはるかに重視する考え方を採用している。その点で、それは功利主義により近い。それはまた、行為の評価よりもまず結果の評価に専念する点でも、形式的に功利主義に類似している。しかし、平等主義は多数決主義的な方法によってすべての観点を結合するわけではない。代わりに、それは諸要求の間に優先順位を設定し、数を考慮に入れずに、最も差し迫った要求(ニーズ)に優先権を与えるのである。その点では平等主義は権利の理論により近い。

ここではどのような道徳的平等の考え方がはたらいているのであろうか。すなわちどのような平等な道徳的権利要求がすべての人々に認められており、それらの権利要求はどのように結合されているのだろうか。各個人の権利要求は複雑な形態をとっている。すなわち、そこには多少に関わらず彼の要求（ニーズ）と利害のすべてが、しかも相対的な緊急性や重要性の順位に従って含まれているのである。この相対的順位によって、その中でまず満たされるべき要求や利害はどれかということも、それが他人の利害に優先すべきかどうかということも決定される。そこでは、全員一致に近い何かが要請されている。順位のつけ方は、まずすべての者の最も基本的な権利要求の観点から、次にすべての者の第二に基本的な権利要求の観点から、等々、容認可能でなければならない。権利の理論とは対照的に、この場合の個人の諸要求は人がどのように扱われてよいかに関する個別的な制限に限定されてはおらず、人に起こりうるすべてのことに関わっている。そして、適切な優先順位の中には、最も基本的な諸々の不幸からの保護以上の数多くのものが、含まれているのである。このことは、優先順位がすべての衝突を解決するわけではない、ということを意味している。というのも、最も基本的なレベルにおいてさえ利害の衝突は存在しうるのであり、したがってまた全員の合意は達成されえないからである。その代わり、人は全員一致に可能な限り近づくことで満足しなければならないのである。

この考え方を展開していく際の一つの問題として、優先順位の規定がある。各人の権利要求を解釈する際に、緊急性に関する単一の客観的基準が用いられるべきなのか、あるいは各人の利害はそれらのもつ相対的重要性を彼自身が評価することによってランクづけされるべきなのか、という問題である。客観性の問題に加えて、等級の問題がある。道徳的平等は個人間の平等であるから、ランクづけがなされるべき個々人の利害は、一時的な好みや欲求や経験ではありえない。それらは、全体として見られた個々人の生活のさまざまな側面——たとえば、健康、栄養状態、自由、労働、教育、自尊心、愛情、快楽など——でなければならない。平等主義的な社会政策の決定には、そうした諸側面の中からのある種の選択が必要となる。そしてその結果は、物質的な利益に優先権が与えられるか、それとも個人の自由や自己実現に優先権が与えられるかによって、非常に異なったものになるだろう。

ここでは、これらの問題には触れないでおこう。平等主義的優先システムの本質的特徴は、より貧しい人々に幸福をもたらす改善を、より豊かな人々に幸福をもたらす改善よりも差し迫ったものとみなす点にある。誰がより貧しく、誰がより豊かなのか、またどの程度にそうなのか、を決定するためには、他のさまざまな問いに答えが与えられなければならない。しかし、システムを平等主義的なものにしているのは、全体としての人生の見通しによって最下層に位置づけられている人々の権利要求に対して、そのシステムが――数や全体の功利性を考慮せずに――与えている優先権なのである。このような見解の最も単純なものにおいては、より切迫した権利要求をもつ各個人が、それほど切迫していない権利要求をもつ各個人に優先するのである。平等主義の道徳的平等は、全体として何が最善であるかを決定する際に、各個人――緊急性の優先順位に関して同一のシステムの支配下にある――の利害を考慮に入れるところにその本質がある。

Ⅶ

われわれが扱っている道徳的平等に関する三つの考え方が、極度に異なっていることは明白である。それらは各個人の平等な道徳的権利要求の規定を異にしており、異なった仕方でそれらの権利要求から実践的結論を導き出す。三つの考え方は相互に根本的に対立しているように思われ、したがって、どうすればその三者の間で決定を下しうるかを理解するのはきわめて困難である。

私自身の見解は、われわれはその決定を下す必要がない、というものである。妥当と思われる社会道徳は三者すべての影響を示すだろう。これは、おそらく功利主義者や権利の支配の信奉者からは容認されないだろう。しかし、リベラルな平等主義を擁護するために、道徳的平等は諸権利や功利主義を許容するようには解釈されえないことを示す必要はない。ただ、平等主義的解釈もまた受け入れ可能であることを示しさえすればよいのである。とすれば、成果はこうした異種の諸価値をどのように結合するかにかかっていることになる。

私自身の見解はロールズの見解とはいくぶん異なっているが、なぜ私には別の説明が必要と思われるのかを説明するために、まず彼の議論を考察することから始めようと思う[9]。彼は自分の立場を擁護する二種類の議論を提出している。一つは直観的で、通常の道徳的推論の領域に属するものである。もう一つは理論的で、ロールズがそれにしたがって彼流の社会契約をうまく説明づけており、彼が原初状態と呼んでいる構成体に基礎を置くものである。まず第一の種類の議論の二つの顕著な例から出発して、次に理論的構成体の方を簡単に考察することにしよう。

ロールズが、繰り返し強調している一つの論点は、幸福に影響を及ぼす自然的および社会的偶然——たとえば、才能、幼児の環境、階級的背景など——は、それ自体は功罪に応じたものではない、という点である。したがって、そうした偶然から生じる利益の格差には道徳的な根拠は存在しない[10]。そのような格差は、それが存在しないならば最も恵まれない人々をさらに困窮させることになるような場合に限り、正当化されうるのである。そのような状況では、誰もがその不平等から利益を受けるので、特定の人々がより多くの恩恵に浴しても、それを達成するための手段として正当化されることになる。配分に関するこれほど平等主義的でない原理——権利に基づくものであれ、功利性に基づくものであれ——は、さまざまな不平等が、社会的および自然的偶然から生み出されることを容認している。しかしそれらの不平等は、誰もが利益を受けるという理由によって正当化されもしなければ、それにふさわしい人がより多くのものを得るという理由によって正当化されもしない、のである。

もう一つの論点は特に功利主義に向けられている。ロールズは、功利主義は社会的選択の問題——多数の人々の利害が含まれる問題——に、個人の場合に適切な決定方法を適用している、と主張している[11]。一人の人間ならば、より大きい利益と交換にいくらかの不利益を受け入れるかもしれない。しかし、一人は不利益を被り、もう一人は利益を得るような状況では、こうした埋め合わせはまったく不可能である。

私の理解する限りでは、これらの議論はどちらも解決を与えるほど決定的なものではない。第一の議論は、不平等は正当化を必要とすること、そして不平等を認めようとしないある前提が存在することを仮定している。それだけでは、功罪に応じたものでない不平等は、他の仕方で正当化されない限り、その不公正さが人を不快にさせるような意味において道徳的な根拠を欠いているということを含意するだけになろう。もしそのような不平等が、それに賛成したり反対したりする理由が存在しないという意味においてのみ無根拠であるならば、それは一切の正当化を必要としないことになるだろうし、そのような不平等を避けるという目的は、人の権利を侵害する理由にはまったくならないことになるだろう。いずれにせよ、功利主義者は、彼のシステムが許容する種々の不平等を正当化することができる。不平等が存在しない場合よりも利益の総和は大きい、という正当化である。しかし、たとえ不平等はすべての人を益する場合に限って容認可能であるとしても、だからと言って格差原理ほど強力なものが必要であるとは言えないだろう。平等からの複数の逸脱が、ある程度まですべての人に利益を与えるかもしれない。それゆえ、最下層の人々に最も有利な逸脱を選択するためには、特殊な平等主義的前提が要求されることになるだろう。

第二の議論は、最近、デレク・パーフィットによって攻撃された功利主義の診断に基づいている。[12] しかしかりにこの診断が正しいとしても、それは平等を擁護する論拠にはならない。というのは、その議論は合計して総和を出すというこの方法がなぜ多数の諸個人の経験には妥当しないのかを述べていないからである。この方法は、確かに単に個人のケースからの拡張によるだけでは正当化されない。しかしそれは、他によりよい方法があればそれと置き換えられる必要性があることを一応は十分に認めているのである。それは単に、善いことは少ないよりも多い方がよく、悪いことは多いよりも少ない方がよい、と言っているにすぎない。この結論を受け入れてはいるが、それは個人の選択の原理を社会的な場合にまで拡張した結果なのではない、と言う人がいるかもしれないのだ。個人の場合と社会の場合において、原理が同じになるか違ってくるかどちらかであると考えなければならない特別な理由は存在しないのである。

功利主義において、個人の内部での埋め合わせは何ら特別な重要性を持たない。そうした埋め合わせは、善と悪を何の制約もなしに合計して総和を出すことの承認を一般に拒否するという背景——個人内部の埋め合わせがその例外となるような背景——と対比された場合にのみ重要性を持ちうるのだ。この背景は独立に正当化されなければならない。個人内部の埋め合わせの可能性は、それ自体としては、平等主義的諸理論を支持するものでもなければ、その基礎を脅かすものでもない。その可能性が含意することは、もし平等主義的理論が容認されるならば、当然それは人生の内部ではなく人生相互間にのみ妥当するということだけである。それは、個々別々な諸経験をではなく個々別々な諸人生を、配分的原理が機能すべき単位とみなす一つの理由である。しかし、この個人内部の可能性は、平等主義的諸見解ばかりか非平等主義的諸見解に対しても、同様の機能を果たしうる。これはロールズの議論の裏返しである。すなわち、一切の特別な配分的原理は人生の内部に適用されるべきではない、なぜならばそれは社会にふさわしい選択の原理を個人の場合に拡張することになるであろうから、というわけである。その条件が満たされていれば、個人内部の埋め合わせは諸々の配分的原理の間で中立的である。

　次に、ロールズの契約説的議論を簡単に考察してみよう。彼は、自分の理論が社会的諸制度の道徳性に関するものであることを強調しているが、平等に関するその一般的な観念はより広範囲に妥当すると私は思う。彼流の社会契約の表現である原初状態は、人々の間の格差を捨象する図式的観点を各個人に帰属させる構築された全員一致の条件であるが、人間的利害の主要なカテゴリーを考慮に入れてはいる。個人は、自分が何者でもありうるという仮定に基づいて、しかし自分が何者にでもなりうる均等な機会をもっているとか、自分が特定の状況に身を置く機会はその状況にある人の数に比例するといったことは仮定せずに、社会的諸制度を評価するための原理を選択することが期待されているのである。

　結果として出てくる選択は、一般に共有されている優先順位を明らかにし、このような優先順位によってランクづけられた利害を、そこに含まれる人々の数を考慮に入れずに結合する。このような優先順位に基づいて全員一致的に選択された原理は、各個人に、他人のさほど差し迫っていない要求に優先して、自分の最も差し迫った要求が満たされるよう求める、同じ権利要求を認めている。優先権は、より多くの人々がもつ要求に対してではなく、人生全体として見た場合に、より切迫した要求をもつ人々に対して与えられるのである。

原初状態を支配している不確実性と無知という条件の下での合理的な選択が、ロールズの言うようなものであるのかどうか、あるいは、そもそもそうした状況の下で、何らかの選択が合理的でありうるのかどうか、をめぐっては多くの論議がなされてきた。しかし、これらの問題に先立つ、もう一つの問題がある。すなわち、こうした条件の下で何に合意すれば合理的であるかということが、何が正しいかということを決定するのはなぜなのか、という問題である。

平等主義的結果が出てくる源泉である原初状態の諸特徴に、より明確に焦点を合わせて、この問題を考察してみよう。その特徴は二つある。第一の特徴。選択は全員一致でなければならず、したがって、各個人は善についての自分の考えや社会における自分の立場に関する一切の情報を剝奪されていなければならない。第二の特徴。当事者は、あたかも自分たちが社会において何者にでもなりうる均等な機会が与えられているかのように選択することは許されていない。なぜならば、ロールズによれば、蓋然的なことがらに関するいかなる情報も与えられていない状態において、不充足理由律を用いて恣意的にいくつかを与えることは、合理的ではないからである。原初状態は、人為的な代替物を付け加えることなく、情報を抜き去ることによって構築されたものである。これは選択に関するマクシミン〔訳注：予想される最低限の利益を可能な限り大きくする〕戦略に直結するが、それは最下層の人々一般を優遇し、基本的諸自由においてより厳しい平等を課する原理に至るのである。

こうした状況の下で何を選択すれば合理的であるかに関して、ロールズが正しいと仮定しよう。とすれば、各人が社会において何者にでもなりうる均等な機会を与えられていることを仮定しない無知の条件の下での全員一致的な選択が、なぜ道徳の強制を正しく表現しているのかを、われわれは問わなければならないことになる。他の構成体はまた、すべての人格を道徳的に平等なものとみなすことを要求している。無知の状況下での全員一致のこうした条件を、正しい条件にしているのは何であるか。それは数が重要なのではなく緊急性が重要であることを保証している[13]が、問題はそこにある。この問題を解決するには、さらに根本的な議論が必要である。

Ⅷ

主たる問題は、結果に関して評価的な諸判断がなされているときに、異なる諸観点の結合の中にある種の全員一致的なものが入り込むべきであるかどうかである。これは平等主義的理論と功利主義的理論の間の問題である、というのは、それらはともに結果に関係しているからである。権利の理論は、これら二つの理論と対立している。なぜならば、権利の理論もある種の全員一致条件を用いはするが、それは結果ではなく行為の容認可能性に関する条件だからである。それゆえ私は、結果の評価に適用された全員一致の観点から道徳的平等を解釈する立場を擁護することによって、功利主義か権利の理論のどちらかが、あるいは両方が、倫理に関する真理全体を代表していることを否定しているのである。

すでに述べたように、平等主義的諸価値の受容は、他の諸価値の完全な排除を含意する必要はない。平等主義者は、功利性に独立の価値を認めうるし、リベラルな平等主義者は通常、平等やその他の諸目的を追求する際に用いられうる手段を制限する、ある種の権利の重要性を認めている[14]。私は、諸権利が存在することと、道徳のこの行為者中心的な側面が非常に重要であることを、信じている。個人の諸権利を認めることは、人がなしうることに関して他人の権利要求を考慮する際に、全員一致的受容可能性の要求を受け入れる一つの仕方である。しかし、もっぱら権利にのみ基づく理論は、たとえそこに含まれる利害が最も基本的なものであるとしても、道徳に関係のあるあまりにも多くのことを排除している。全体としての諸結果の価値をまったく重視しない道徳的見解が正しいということはありえない[15]。

そこで、結果の評価における全員一致の問題に戻ることにしよう。このような規準の本質は、影響を受ける各人にとって実質的な意味において受け入れ可能な結果を達成するために、道徳的評価において、各人の観点を個々別々に考慮しようと試みることにある。利害の衝突のあるところには、誰にとっても完全に受け入れ可能な結果は存在しえない。しかし、結果が最も受け入れがたいものとなる人にとって受け入れがたさの最も少ない結果を見出そうとして、各人の観点からそれぞれの結果を評価することは可能である。このことは、これ以外の選択肢はどれも、この選択肢が誰もにとって受け入れがたい以上に誰か特定の人物にとって受け入れがたい、という意味である。選好される選択肢は、各個人の観点から個々別々に考慮されたとき、その意味において受け入れがたさが最も少ないものである。数を考慮に入れず、最も恵まれない人々に絶対的優先権を与えるという徹底的に平等主義的な政策は、この意味において受け入れがたさの最も少ない選択肢を常に選ぶことから帰結するだろう。

個人的な容認可能性のこのような理想は、総量的な理想と根本的に対立している。後者は、個人の諸観点をそれらのどれとも区別される単一の集合的な観点に組み込むことによって、特別な道徳的観点を構築するものだからである。功利主義においては、諸観点を合計することによってそれがなされる。個別的方法も集合的方法も、ともに万人を十分にそして平等に考慮する。それらの違いは、後者は、個人の諸観点に基礎を置くにもかかわらず、それを越えてそのどの観点よりも包括的なものに移行するのに対し、前者は、考慮される個人の諸観点のより近くにとどまる、という点にある。

平等の魅力の根底にあるものは、各個人にとっての容認可能性のこのような理想である。われわれは、少人数しか含まない場合でも、それがどのように作用するかを理解することができる。今かりに私に二人の子供がいるとしよう。一人は健常児でまったく幸福であり、もう一人は苦痛を伴う障害に苦しんでいる。彼らをそれぞれ第一子、第二子と呼ぶことにしよう。私は今、転職しようとしているところである。私は、次の二つの選択肢のうちから、どちらかを選択しなければならない。一つは、第二子が特別な医学的処置と教育を受けられる、物価の高い都市に引っ越すことである。しかし、そこでは家族の生活水準は低くなるだろうし、近隣の環境は悪く、第一子にとっては危険なものとなるだろう。もう一つの選択肢は、田園風景を残す環境のよい郊外に引っ越すことである。そこでは、スポーツや自然に特別な興味を抱いている第一子が、のびのびと楽しく過ごすことができる。これは、どのような見解にとっても、むずかしい選択である。この選択を、平等の価値を試すテストであると考えるために、このケースに次のような特徴があると仮定したい。すなわち、郊外に引っ越すことから得られる第一子の利益は、都市に引っ越すことから得られる第二子の利益を十分に上回る、という特徴である。結局、第二子も家族の生活水準の低下や劣悪な環境から不利益を被ることになるだろう。そして、教育上あるいは治療上の諸利益は彼を幸福にするには至らず、せいぜい不幸を減らす程度のものとなろう。それに対して、第一子にとっての選択は、幸福な生活と不快な生活との間の選択である。このケースの特徴として、もし片方の子供を優遇する選択がなされれば、他方の子供の損失を有効に埋め合わせる方法はないということを、つけ加えておこう。方策はすでに尽くされており、いずれの子供も自分が放棄すれば、他方にとってかなりの価値あるものとなりうるような、他のいかなるものも持ってはいないのである。

もし都市へ行くことを選ぶならば、それは平等主義的な判断であろう。たとえわれわれが第二子に与えうる利益が第一子に与えうる利益よりも小さいとしても、第二子の利益の方がより差し迫ったものである。この緊急性は必ずしも決定的な意味をもってはいない。その他の考慮がそれを上回る可能性もある。平等だけが唯一の価値ではないからである。しかし、緊急性は一つの決定要因であり、それは第二子のより悲惨な立場に基づくものである。彼の状況を改善することは、それと同等かいくぶん大きい改善を第一子に施すことよりも重要なことである。

もう一人の、幸福で健康な第三子がいる状況を考えてみよう。私は、分割不可能な善の割当てにおける同様の選択を迫られている。依然として、第二子を益することはより差し迫った重要性をもっている。この要因は第三子の出現によっても本質的には変化しない、と私は信じる。子供が二人だけの場合にそうであるのとまったく同様に、この場合においても、第二子を益することがはるかに差し迫った重要性をもつのである。[16]

緊急性の測定に関する主要なポイントは、それが個々人の諸状況を二者間で比較することによってなされる、という点にある。最も単純な方法は、より恵まれない状況にある人々の改善ならば何で
あれ、より恵まれた状況にある人々のいかなる改善よりも差し迫ったものとみなすことであろう。しかし、これが特に有効であるわけではない。その尺度から判断して、より低地位の非常に微々たる改善よりも、いくぶん高地位の大規模な改善に、より大きな緊急性を与える方がより合理的である。このように修正された原理もやはり、各人の観点から見て最も受け入れがたさの少ない選択肢を選ぶことこととして記述されうるだろう。この方法は、多数の人々を含む社会的選択の問題にも拡張されうる。数が考慮されない限り、それは適切な緊急性の尺度によって定義される全員一致の規準の一つのタイプであり続けるのである。とすれば、平等を正当化するという問題は、含まれる各人にとって受け入れ可能な結果の追求を正当化するという問題となる。

この問題の論議に移る前に、たとえこの問題が解決しても、正しい平等主義的な理論を基礎づけることはできないだろう、と私が考える理由を述べておこう。私には、数をまったく問題にしない理論が説得力をもつことはありえないように思われる。どんなに多くの人数が含まれようとも、それによって優先順位が左右されないほど緊急性に歴然と差がある場合もあるかもしれない。しかし次のような選択の場合はどうだろう。非常に貧しく困窮している少数の人々の苛酷な生活を保護することと、より豊かではあるがやはり生活苦に喘ぐ多数の人々のそれほど苛酷ではないがかなりの困窮を保護することとの間の選択である。この場合にも、数が考慮されず、より豊かな人々が何人いようとも、より貧しい人々の緊急性に優先権が与えられるとは、私にはとても信じられない。これは平等が功利性によって凌駕されるケースである、と言うこともできよう。しかし、平等主義的な緊急性がそれ自体こういう仕方で数に左右されるものであるならば、全員一致規準のどのような形態も、その立場の根拠を説明することができるとは思えない。またその他の根拠づけも思い浮かばない。

構造においてロールズの見解に類似する、より非妥協的なタイプの見解を得るために、われわれは、個々人にとって最も受け入れがたさの少ない選択肢を見出すための個人に関する二者間の比較が、なぜ対立する利害間で裁定を下すための適切な方法であるのか、に関する説明を必要とする。各個人の権利要求を結合するためのこの方法を正当化するには、何が必要であろうか。この問いに解答を与える唯一の方法は次の問いに答えることにほかならない、と私は思う。それは、道徳の源泉は何か、という問いである。道徳的推論において、他者の利害はいかにしてわれわれを拘束する力を獲得するのだろうか。またこのことは他者の利害が結合において考慮されるべき仕方を必然的に導くだろうか。

IX

私は、この問いに対する解答を示唆する、他人を考慮する道徳的理性の源泉に関して、一つの見解を持っている。この見解は、私が『利他主義の可能性』[17]において擁護したものとさほど違いはないので、ここではざっと紹介するだけにしよう。私は、道徳的に考えることの一般的な形態は他人の身になってみることであると信じている。このことは、自分自身への非個人的関心に対応する、他人への非個人的関心を容認することに通じる。そして、自分自身への非個人的関心とは、個人的観点からする態度と非個人的観点からする態度が、すなわち生の内側からの態度と外側からの態度が、極端に不調和にならないために、欠くべからざるものなのである。もちろん、自分自身と自分の人生に関する個人的な関心が残る以上、ある程度の不調和は避けられない。個人的関心が、それに対応する非個人的関心に置き換えられたり、吸収されたりすることはありえないからである[18]。（人はまた概して、自分に近しい他人たちの利害には個人的な仕方で関わるものである。）それにもかかわらずわれわれは、他のすべての諸個人の利害に対応する並行的な非個人的関心をそれに加えて形成することによって、道徳的理性を導き出すのである。それは、われわれが調和の強制力によって自分自身について感じるようにさせられている非個人的関心の程度に応じて、あるいは強く、あるいは弱く、あるいは包括的であり、あるいは限定的であるだろう。ある意味では、ここで要求されていることは、自分自身を愛するように自分の隣人を愛するということである。しかしそれは、かなりの距離をおいて外側から自分自身を眺める時に自分自身を愛するのと同じ程度に、という意味なのである。

このプロセスは各個人に別々に適用され、個々人の諸生活に対応する一群の関心を生み出すことになる。ある人の客観的な利害と、主観的に知覚された彼自身の利害や願望の間には、不一致があるかもしれないが、しかしそれとは別に、彼の権利要求は、一個人のそれとして、不変のまま非個人的な理性の領域に入り込むのである。彼の権利要求は、彼から分離されるようになるのではなく、他のあらゆる権利要求とともに大きな漏斗の中に入って行く。倫理の非個人的な関心は、個人としての自分自身と他のすべての人々に対する非個人的な関心である。それは自分自身の人生と利害への非個人的な関心の必然的な一般化から得られるのだが、それでいてその一般化は、原型のもつ個人的な形態を失わないのである。

この理由によって、そこから帰結する非個人的関心は個別化されている。すなわち、それは各人に対する個別的な関心を包含するのであって、単一の包括的な観点から世界を見るというよりは、各人の観点から個々別々に世界を見ることによって実現されるのである。想像において、人はすべての人々を集めたものの中に入って行くのではなく、世界のすべての人々それぞれの中に入って行くのである。

このことによって、二者間の比較が、対立する権利要求を取り扱う自然な方法となるように私には思われる。結果として選ばれる政策が、満足を平等化するのではなく、満足を極大化しようとするようなケースがあるかもしれないが、それはすべての人々が利益を得る均等な機会をもつ場合だけ、少なくとも目立って不均等な機会をもたない場合だけであろう。(19) 最も基礎的な水準においては、同時に多くの個々別々な観点から選択する仕方は、それらの諸観点をそのままにしておいて、最も差し迫った個人的権利要求に優先権を与えることなのである。

すでに述べたように、平等は一つの価値であり、一つの選択方法であるにすぎない。われわれは、徹底的に権利に基づく体系を理解することができるのとまったく同様に、徹底的に平等主義的な体系を理解することもできる。しかし、私はどちらも正しいとは思わない。功利性は正当な価値であり、その基礎にある多数決主義的または集合体的な観点は、同時に多様な人々の対立する利害を考慮するための有効な方法である。それにもかかわらず、各々の観点からの個別的な評価によって平等主義的な諸価値を説明することは、理解へ向かう一つのステップなのであって、たとえそれらの諸価値が絶対的なものだとは言えないにしても、それは必ずしも欠陥ではないのである。

（1）小鳥のさえずりの録音テープとか恐怖マンガの本のような、興味が大きく変化する事物については、このことはもちろん真実とは言えない。

（2）John Rawls, *A Theory of Justice* (Cambridge, Mass.: Harvard University Press, 1971)〔邦訳：ジョン・ロールズ『正義論 改訂版』川本隆史・福間聡・神島裕子訳、紀伊國屋書店、二〇一〇年〕。

（3）この議論は次のようなものであろう。賃金格差によってはずみがついた物質的生産性の結果として、最下層の人々の福利における改善が見られた、というのは単に表面的な見方にすぎない。彼らの自尊心が傷つくことは物質的獲得よりも重い意味がある、と。そして、最も貧しい人々を本当に益する不平等でさえも、共同性あるいは同胞愛といった非配分的な諸価値を破壊する可能性がある。Christopher Ake, 'Justice as Equality', *Philosophy & Public Affairs*, V, no. 1 (Fall, 1975), pp. 69-89, esp. 76-7 を見よ。

（4）問題のこのような眺め方は、ロールズが私に提案した（一九七六年一月三一日の私的対話）。「人格を平等に扱うことと平等な者として扱われるべき彼らの（平等な）権利とを区別してはどうか。（ここで言う人格とは道徳的人格のことである。）後者がより基本的である。原初状態は道徳的人格——彼らが諸原理に同意する場合——に関しては、後者を想定していることにしよう。そして、彼らはある形態の平等な扱いに同意するであろう、と考えることにしよう。それ以上の何が必要であろうか。」

（5）T. M. Scanlon, 'Preference and Urgency', *Journal of Philosophy*, LXXII, no. 19 (November 6, 1975), pp. 659-60.

（6）いかなる行為も許されない状況——行為のあらゆる可能的進路が悪であるような真の道徳的ディレンマ——が存在する

かもしれない。しかし、こうした状況は異なる道徳原理の衝突からのみ生じるのであって、一つの原理の適用から生じることはない。第5章を参照せよ。

(7) 道徳の範囲に関する問題は、倫理理論において最も深い問題の一つである。多くの人々は、次のことを、すなわち、どんな場合にも誰にでも許される唯一の最適な選択、あるいは等しく最適な少数の選択肢だけを認めることによって、倫理学にすべてを飲み込ませてしまうということを、功利主義に対する反論であると感じてきた。この反論の提出者の間でも、倫理的境界線が引かれた後の、個人的性向に委ねらるべき選択の範囲の大きさや形に関しては、見解はさまざまである。

(8) ジョン・トーレクは最近、彼の論文 'Should the Numbers Count?', *Philosophy & Public Affairs*, VI, no. 4 (Summer, 1977), pp. 293-316 において、この立場を本質的に擁護した。彼は、一つの生命を救うか、五つの生命を救うかの選択において、人は五つの生命を救うことを要求されない、すなわち、一つの生命でも五つの生命でもどちらでも救いうる、と主張している。私の考えでは、彼がこのように主張する根拠は、五つの生命を救うことがより善い選択ではないと言える観点が少なくとも一つ存在するからである。トーレクの確信するところによれば、いくつかの道徳的要求は特殊な権利や義務から出てくるのだが、しかし根本的な利害衝突が存在するこのようなケースにおいては、普遍的な容認可能性の条件を規定することは不可能であり、それゆえ選択はいかなる道徳的要求によっても支配されないのである。

(9) 私の批評のいくつかのものは、'Rawls on Justice', *Philosophical Review*, LXXXIII (1973), pp. 220-33 において展開されている。

(10) Rawls, *A Theory of Justice*, pp. 74, 104〔邦訳前掲書、一〇〇、一四〇ページ〕。

(11) Rawls, *A Theory of Justice*, pp. 27, 187〔邦訳前掲書、三八～九、二五四ページ〕。

(12) 'Later Selves and Moral Principles', in *Philosophy & Personal Relations*, ed. A. Montefiore (London: Routledge & Kegan Paul, 1973). パーフィットは、功利主義は個々別々の諸個人を一つの人格に合成することというよりむしろ、時間的に広がった諸個人を経験的連続に解消することの表現でありうる、ということを示唆している。

(13) 格差原理は個々人にではなく社会的階級に適用されるのだから、最下層あるいはその他の集団の内部での利害の衝突は、平均的な諸期待の集まりに吸収される。このことが意味しているのは、どの政策が平均して最もその階級に利益を与えるかを決定する際には、一つの階級の内部では、ある意味で数が考慮される、ということである。しかし、各階級の諸要求の緊急性に関して階級間での優先順位を決定する際には、数は考慮されないのである。こういう理由で、社会正義のこのような考え方に含まれる諸問題は、より個人的に仕立てられた平等主義のもつ諸問題に類似しているのである。

(14) このような見解は、*Taking Rights Seriously* (Cambridge, Mass.: Harvard University Press, 1977)〔邦訳:ロナルド・ドゥウォーキン『権利論〔増補版〕』木下毅・小林公・野坂泰司訳、木鐸社、二〇〇三年〕において、ロナルド・ドゥウォーキンによって擁護されている。

(15) 私は、Robert Nozick, *Anarchy, State, and Utopia* (New York: Basic Books, 1974)〔邦訳:ロバート・ノージック『アナーキー・国家・ユートピア――国家の正当性とその限界』嶋津格訳、木鐸社、一九九四年〕の書評である'Libertarianism without Foundations', *Yale Law Journal*, LXXXV (1975) において、この問題に関してより詳しく述べた。

(16) このような考え方は、時点を超えた人格の同一性という観念を利用することができるとはいえ、そのような観念に基づくものではない。このような考え方が成立するために必要とされるものは、一時点における人格の区別だけである。配分的平等を求める気持ちは、二つの経験が二人の人によってなされることと、それらが一人の人によってなされることの間に、区別が成り立つ限り起こってくる。時点を超えた人格の同一性の規準は単に、配分的原理が適用される単位の大きさを決定するにすぎない。簡単に言うとこれが、配分的正義と人格の同一性の関係に関して、パーフィットの説明が誤っていると私が考えている点である。

(17) *The Possibility of Altruism*, Oxford: Clarendon Press, 1970.

(18) この点に関して、私の現在の見解は『利他主義の可能性』のそれとは異なっている。

(19) どういう場合に機会の均等が実際の結果の不平等に取って代わるほど現実的なものとみなされうるか、という問題はここでは扱わない。おそらく、それは特定の種類の結果にだけ、そして機会を決定する特定の仕方にだけ妥当するのである。

9　価値の分裂

私は、価値の分裂と決定の単一性の間の不釣合いから生じるいくつかの問題に関して論じたいと思う。これらの諸問題は実践的な葛藤という形をとって現われ、通常は道徳的要素をもつものである。

実践的葛藤という言葉は、単に困難な決定を意味するだけではない。決定はさまざまな理由――たとえば、異なる立場からの考慮がまったく公平でどちらとも決められない状態であるとか、事実が不確定であるといった理由、あるいはまた可能的行為のさまざまな帰結の蓋然性が知られていないという理由――によって困難なものとなりうる。どちらがより効果的であるかが不確かである場合における、化学療法と外科的処置との間の困難な選択は、私が実践の葛藤という語によって意味しているものではない。なぜならば、この選択は諸価値間の衝突――それは事実の不確定性とは別の理由によって比較不可能なのである――を含まないからである。次のようなケースが存在しうる。たとえ人が選択可能な諸行為の結果やそれらの蓋然性の配分に関してかなりの確信をもっているとしても、また賛成と反対をいかに区別すべきかを知っているとしても、それらを単一の評価的判断に統合することも、それらが均衡関係にあると気づくことさえもできないケースである。均衡は比較可能な量を必要とするからである。

葛藤のうち最も頑強なものは純粋なディレンマ、すなわち二つまたはそれ以上の両立不可能な諸行為（行為しないことも含む）への決定的な支持が存在する場合である。そうしたケースにおいても、やはり決断は必要であろうが、それは必然的に恣意的なものに見えるだろう。二つの選択がまったく均衡している場合、人がどちらの選択をなそうと違いはなく、恣意性には何の問題もない。しかし、各選択が決定的で十分に見える根拠によって正しいと思われる場合には、恣意性は根拠が要求されている場での根拠の欠如を意味している。なぜならば、どの選択も、それらがより劣った根拠であると主張できないまま、いくつかの根拠に抗して行為することになるからである。

根本的な葛藤を引き起こす五つのタイプの基礎的な価値がある。葛藤はそれらの価値の間のみならず、その内部にも生じるが、前者は特に困難なものである。（私は、自己利益をこれに含めていない。自己利益は他のいかなる価値とも衝突しうるからである。）

第一に、他人や団体に対する特殊な責務がある。患者への責務、家族への責務、自分の働いている病院や大学に対する責務、自分の属する共同体や国家への責務などがこれに当たる。こうした責務は、自ら意図して請負った仕事か該当する人物や機関との特殊な関係かのいずれかによって、負わされるものである。いずれにせよこれらの責務の存在は行為者の他者に対する関係に基づいているのだが、その関係が自発的なものである必要はない。（幼い子供は両親や保護者を自由に選ぶことはできなくても、親の世話を受けるうちに、相互に将来のことを考える責務が生み出されてくる。）

第二のカテゴリーは、特定のことをなしうるとか、特定の仕方では扱われないといった、誰もが持っている一般的権利に由来する、行為への強制である。特定の種類の自由への権利や、暴行および威圧を受けない権利は、干渉や暴行や威圧を加えないという、他者が負うことになった特殊な責務に基づくものではない。むしろ、それらはまったく一般的なものであり、それらの諸権利を有する者に対して他者――それが誰であれ――がなしうることを制限するのである。したがって医者は、自分の患者に対する特殊な責務と、それが誰であれ特定の仕方で扱う一般的義務との、両方を負うているのである。

第三のカテゴリーは、専門的には功利性と呼ばれるものである。これは、人の行為が全ての人の幸福――この幸福の諸要素が特殊な責務や一般的な権利に関係づけられるかどうかに関わらず――に及ぼす影響を考慮に入れる考え方である。功利性は、行為者が特殊な関係を結んでいる相手や特別な約束を請け負った相手ではなく、すべての人間（あるいはすべての意識ある存在）へのあらゆる種類の利害を含んでいる。医学の研究や教育がもたらす一般的な利益は、明らかにこのタイプに属する。

四番目は、完全主義的な目的または価値のカテゴリーである。この語によって私が意味しているのは、特定の業績や創造が、それらを経験したり使用したりする諸個人にとっての価値とは独立に、それ自体で持っている内在的価値のことである。その例としては、科学的発見、芸術的創造、宇宙探検の持つ内在的価値が挙げられるだろう。こうした追求はもちろん、追求に直接携わる人々や見ている人々の利益に奉仕する。しかし、一般にこのような目的の追求は、そうした利益だけによって正当化されるものではない。それらは内在的な価値をもつと考えられており、したがって、数学や天文学において根本的な進歩が実現されることは、たとえそれらがごく少数の人にしか理解されず、少しも実際的効果をもたらさないとしても、重要なのである。こうした理解が人類の一部に単に存在するということだけでも、それはかなりの犠牲を払うに値することがらであると、多くの人々によって考えられている。当然のことながら、何がこの種の価値を有するのかということに関して、意見はさまざまである。月や火星に到達することがそれに伴うコストを正当化するのに必要な内在的価値を持っているとか、難解な管弦楽曲の演奏が、それを楽しむ聴衆への価値とは離れた何らかの価値を持っているといったことに誰もが同意するとは限らないだろう。とはいえ、人間のすることの多くは、このような完全主義的価値を考慮することなしには、正当化したり理解したりすることができない。

最後のカテゴリーは、自分自身の立てた計画や仕事への献身のもつ価値であって、最初にそれを始めた理由が何であれ、それとは別の価値である。もし人がエベレスト登山や、アリストテレスの『形而上学』の翻訳に着手したり、平均律クラヴィーア曲集のマスターや、アミノ酸の合成に着手するならば、こうした計画をさらに推進し続けることは、――ひとたび着手した以上は――注目すべき重要性を獲得する。(1)さらなる推進は、それ以前になされた時間とエネルギーの投資を正当化し、それを無駄なものにさせないことでもあれば、また、自分が始めたことをやり遂げるような人間でありたいという欲求でもある。しかし、理由は何であれ、われわれの計画は、――ひとたび着手されれば――それ以前には必要とされなかった自律的な要求をわれわれに課するのである。平均律クラヴィーア曲集をマスターしようと決意した人は、「私は映画には行かれません。練習しなくてはならないのです。」と言うことができる。しかし、彼が「私は平均律クラヴィーア曲集をマスターしなければならないのです。」と言ったとしたら、それは奇妙であろう。

こうした献身は自己利益と混同されるべきではない。なぜならば、自己利益は自分のあらゆる利益や欲求(あるいは少なくとも自分が排除したくない欲求)が時間を越えて統合的に達成されることを目ざしているからである。特殊な献身が、それを推進する上で、このように定義された自己利益に対して不利にはたらく可能性もある。こうした献身は自己利益的根拠に基づけば、負う必要がなかったものであり、それらの推進が自己利益によって支配される必要などはさらさらないのである。

責務、権利、功利性、完全主義的目的、個人的献身――これらの諸価値は、絶えずわれわれの決断に入り込み、医学研究、政治、個人的生活において、あるいは行為の根拠が人為的に制限されていないあらゆる領域において、それらの諸価値間の、また諸価値内の葛藤が生じている。それらの価値の間に優先順位を与えるということは、何を意味するのだろうか。比較的単純な道徳的な考えならば、個人の好みと裁量に委ねられた決断とのバランスを保ちながら、明確な禁止と勧告からなる簡単なリストによる解答が与えられるかもしれないが、あまり複雑なものではそううまくはいかないだろう。人は、それらの諸価値の秩序づけを試みるかもしれない。たとえば、一般的権利を侵害してはならず、誰の権利の侵害にもつながる可能性がないような特殊な責務のみを負うべきである、とか、権利と責務の強制から免れている行為の領域内で功利性を最大にすべきである、とか、功利性がさまざまな政策によって同等に与えられる場合には、完全主義的目的に照らして決定されるべきである、とか、それでも未決定な部分が残るならば、個人的献身または単なる好みに基づいて決断すべきである、といったようなものである。このような決断方法は、選択された個々の順位のゆえにではなく、その絶対性のゆえに、馬鹿げたものである。私が今述べた秩序づけは恣意的なものではない。というのは、それはこうしたタイプの諸価値における相対的な逼迫性の程度を反映しているからである。しかし、責務は決して権利よりも重視されえないとか、功利性はいかに大きくとも決して責務よりも重視されえない、といった考えをもつのは不合理である。

しかしながら、われわれが諸価値の順位づけという考え方を真剣に考慮し、葛藤状況における決断を合理化する方法として、秩序づけに代わる他の考え方を見出そうとするならば、探されるべきものは、こうしたどう見ても異質の考慮がすべて計量され、合計され、比較されうるような、単一のスケールであるように思われる。功利主義はこうした理論の最たるものであり、功利性に対して権利や責務が一見明らかに優先する場合を、功利主義的観点から説明するために、いくつかの興味深い試みがなされてきた。完全主義的目的や個人的献身に対しても、同様の試みがなされうるだろう。こうした説明が不成功に終わっている、あるいはせいぜい部分的にしか成功していない、と私が考える根拠は、私が直観的に容認不可能であると感じる特殊な道徳的結論を、それらが含んでいるためだけではない（というのは、理論の洗練が、そうした難点の多くを解決してくれることは、常に考えられるからである）。むしろ、私の疑念の根拠は理論的なものである。私は、価値の源泉は一元的であり、その源泉を世界へ適用する限りにおいてのみ、外見上の多様性が現われる、とは考えない。私は、諸価値は基本的にさまざまな種類の源泉を持っており、そうした諸源泉は、価値をさまざまなタイプに分類する際にも、そこに反映されることになるのだ、と信じている。すべての価値が、多様な状況設定において、何らかの単一の善の推進を表現している、というわけではない。

たとえば、完全主義的価値と功利主義的価値との対比を考えてみよう。それらは形式的に異なっている。というのは、後者においては、利害が問題となる人間の数が考慮されるのに対し、前者においてはそれが考慮されないからである。完全主義的価値は達成のレベルとのみ関わっており、達成の広がりとも満足感の広がりとも関わっていない。権利や責務とどのような目的との間にも、やはり形式的な相違が存在する。こうした目的は、功利主義的であると完全主義的であるとを問わず、行為の帰結によって——すなわち、結果として事態がどうあるかによって——定義されているのに対し、個人の責務に代表される主張は個人間の関係から出発しており、また、これらの関係を満足できる形で保持することは善い事態に関する功利的な考え方の一部をなすには違いないが、それは責務の主張の背後にある基本的なモティーフというわけではないからである。人々が約束を守ったり、自分の子供の面倒を見たりするのはよいことではあろうが、人が約束を守らねばならないと思う理由は、自分と何の関わりもない人々に約束を守ってもらいたいと思う理由——ただそうすることが非個人的な観点から見てよいことだからという理由——とは非常に異なっている。人は、そうすることが非個人的な観点から見てよいことであろうという理由によって、約束を守らなければならないとか、自分の子供の面倒をみなければならないとか、感じているわけではない。確かにそういった理由でわれわれが行なうことがらも存在するが、責務の背後にある動機においては、より個人的な見地が本質的である。あなたを動かすものは、他者や制度や共同体へのあなた自身の関係であり、総体的に何が最善であるかという客観的な関心ではないのである。

この種の理由は、行為者中心的あるいは主観的と記述されてよい。(もっとも、ここで言う「主観的」という語は誤解されてはならない。それは、責務の一般原理は個人によって異なる主観的好みの問題である、という意味ではない。)各ケースにおけるこの種の理由はまず、彼が自分の責務を遂行したい理由として、当事者である個人に適用される——たとえ彼がそうすることが非個人的な観点から見てもよいことであるとしても、である。

一般的諸権利はその要求においてそれほど個人的ではない。というのは、たとえば干渉や暴行を受けない権利は、その権利を有する者の特定の誰かへの関係から生ずるものではないからである。つまり、誰もがそれを尊重する義務があるのだ。にもかかわらず、一般的諸権利は、それらが与えてくれる行為の諸理由は第一義的にそうした権利を侵害する危険性をもつ行為者個人に適用されるという意味において、行為者中心的である。権利は主として他者に対して特定の行為をしてはならない――他者を特定の仕方で扱ったり干渉したりしてはならない――理由をわれわれに与える。また、人々の権利が侵害されないことは客観的によいことであり、このことが利害関係のない人々に、Xの権利がYによって侵害されていないようにさせる理由を与える。しかし、これは二次的な動機であり、人が誰か特定の人の権利を直接的に侵害してはならないと考える理由ほど強力なものではない。(そういうわけで、市民的自由の擁護者が容疑者の権利を侵害する警察や裁判所のやり方に反対することは――たとえ警察や裁判所の目的が犯人による被害者の権利のより深刻な侵害を避けることにあるとしても――理にかなったことなのである。)その意味において、一般的諸権利から引き出される要求は行為者中心的である。もちろん、特別な責務から引き出される要求ほど行為者中心的とは言えないが、功利性や完全主義的目的の要求がそうではないという意味においては、やはり確かに行為者中心的なのである。後者二つの要求は非個人的で結果中心的である。それらは生起する事象に関係しており、人の行為に第一義的に関係してはいない。問題となるのは、生起する事象や達成される事象への人の行為の貢献なのである。

個人的理由と非個人的理由、行為者中心的理由と結果中心的理由、主観的理由と客観的理由の間の、この大きな区別が非常に根本的であるため、――実践的推論一般はもとより――倫理の還元的統一はいずれも真実味のないものになってしまう。これらの理由のタイプ間の形式的な相違は、それぞれの源泉に関する深い相違に対応している。われわれは自分の個人的状況や自分と他者との特別な関係から超越するとき、非個人的根拠の力の真価を認める。功利主義的な考え方が起こってくるのは、われわれの超越が、その中にあらゆる人間の世界観を包み込むような一般的観点を採用するという形をとる場合である。当然、その結果は常に明確であるとは限らない。しかし、このような観点は、家族や友人や同僚に対する自分の特別な責務への個人的関心において現われる観点とは、明らかに非常に異なる。この観点においては、彼は世界における自分の個別的状況を重視している。この二つの動機は、異なる二つの観点――

ともに重要ではあるが基本的に共通の基礎に還元することが不可能である――から生じているのである。

私は、自分自身の計画への献身の動機というさらに行為者中心的な動機に関して言及してはいないが、これは自分自身の生活に関係し、必ずしも他者との関係には関係しないのだから、明らかに同様の指摘が妥当する。それは、功利性にも、完全主義にも、権利にも、あるいは責務にも（自分自身への責務と記述されうる場合は除いて）同化されえない、諸理由の源泉なのである。

私の主張の大ざっぱな論点は次の二つである。理由の諸タイプの間の形式的な相違は、それぞれの源泉における基本的な本性の相違を反映している、ということと、このことがこうしたタイプ間の葛藤に対するある種の解決を阻んでいる、ということである。人間は道徳やその他の非常にさまざまな種類の動機を与える権利要求に支配されている。というのは、人間は世界をさまざま視点――個人的、関係的、非個人的、理想的といった諸視点――から眺めることができる複雑な生物であり、各視点がそれぞれ異なった権利要求を提示するからである。葛藤はそれぞれの要求の内部にも存在する可能性があり、それもまた解決しがたいものであるかもしれない。しかし、それぞれの要求の間に葛藤が生じた場合には、問題はさらに困難なものとなる。個人的要求と非個人的要求の間に生じる葛藤はいたるところに認められる。私の見解では、そうした葛藤は一方の観点を他方に、あるいは両者を第三の観点に、包摂することによっては解決されえない。といって、どの観点も簡単に放棄するわけにはいかない。またそうすべき理由もない。同時に次のようなさまざまな観点から世界を眺める能力が、人間性の特徴の一つなのである。他者との関係という観点、時間的にひろがった自己の人生という観点、同時的な万人の観点、そして最終的には、しばしば「永遠の相の下に」と表現される超然とした観点、である。この複雑な能力が、単一化の障害となっている。

では、このことは、基本的な実践的葛藤にはいかなる解決もない、ということを意味するのだろうか。葛藤を解決するための単一の還元的方法も明確な優先順位も入手不可能であるからといって、そうした葛藤状況における決断の必要性が排除されるわけではない。対立し合っており、同一レベルでの比較が不可能な諸要求に直面しても、われわれはやはり何らかの行為をしなければならない。たとえ、それが何もしないということであるとしても、である。そして、行為が統一的でなければならないという事実は、正当化もまた統一的であるのでなければ、正しい行為も間違った行為も存在しえず、葛藤状況におけるあらゆる決断は恣意的となる、ということを含意するように思われる。

私はこれを間違っていると考えるが、代案を説明することは困難である。簡単に言えば、私の主張は、全体としての正当化――顕在的・潜在的を問わず――がなくとも正しい判断は存在しうる、ということである。相矛盾する根拠どうしの間にある均衡が生じた場合に、特定の決定が正しい理由を説明することができないという事実は、妥当性の要求が無意味であることを意味するわけではない。実践的正当化の過程を、それが葛藤に到達するまで辿ったとしても、それ以上の正当化もない代わりに非合理性もなく進むことができるかもしれないのである。それを可能にするのは判断であり、本質的にはアリストテレスが実践的な知恵と称した能力である。この能力は、一般的原理の表明においてというよりはむしろ個人的決断において、時間を超えて現われるものである。それが常に解決をもたらすとは限らないだろう。というのは、解答のない真正の実践的ディレンマも、判断が自信をもって下されえないような複雑な葛藤も、存在するからである。しかし、顕在的な合理的論証の限界を超えて残存している締まりのない部分を引き締めるために、この能力に期待できるケースも少なくない。

この見解は、アリストテレスによって表明されて以来、ときとして敗北主義的で空虚なものとみなされてきた。それに対する応答として、二つのことを言っておきたい。第一に、この立場は、実践的決断の領域においてわれわれはよりよい理由やより批判的な洞察の探究を放棄すべきである、ということを含意しない。それは単に、特殊なケースにおける葛藤を解決できるわれわれの能力は、そうした解決を説明する一般的原理を表明するわれわれの能力を超えて拡張されうる、ということにすぎない。おそらく、われわれは無意識的に一般的原理を作動させており、われわれの決断や個別的直観を定式化することによって、そうした一般的原理を発見できるのである。しかし、それは判断をはたらかせるためにもそれを開発するためにも必要なことではない。第二に、倫理学やその他の実践的推論の領域において一般的原理を探究することは、体系的理論が包括的であろうとする場合よりもむしろ、それが主題の一つの側面――合理的動機の一つの構成要素――に自らを制限する場合の方が、容易に成果をあげうるのである。

正しい行為の決定方法に関する単一の一般理論を求めることは、何を信じるべきかの決定方法に関する単一の一般理論を求めることに似ている。信念の体系的正当化と批判において実現された進歩は、大部分は推論の一般的原理から生じたものではなく、異なる諸科学や歴史や数学といったように区分された、個別的諸領域の理解から生じたものである。これらはそれぞれ正確さを異にしており、また信念に関する広大な諸領域がいかなる理論の領域にも属さずにとり残されている。それらは常識や通常の前科学的な推論によって支配されざるをえない。こうした推論はまた、さまざまなより体系的な方法の帰結がその身近な問題に関係しているにもかかわらず、その中のいずれも結論を決定することはできないような場合にも、使用されなければならない。たとえば、土木工学の問題において、その解決は正確な計算が可能な物理的要因とそれが不可能な行動的あるいは心理的要因の双方に左右される。正確な原理や方法が有効であるような問題の諸側面を扱うためには、それらを使用すべきであることは言うまでもない。しかし、時にはそれ以外の側面も存在するので、われわれはそうした側面を無視するか、あるいは有効性を欠く正確な方法によってそれらを扱うか、という二つの誘惑に抗しなければならないのである。

こと信念に関しては、われわれは理解や方法の分裂に慣れているが、決断のケースではそれに抵抗を示す傾向がある。しかし、何をなすべきかに関する完全に一般的説明が見出せないからといって、体系的倫理学を絶望視することは、真なる信念に達するための一般的方法が存在しないという理由で科学的探究を放棄することがそうであろうように、非合理的である。私は倫理学が科学であると言っているのではない。ただ、倫理学説と実践的決断の関係は、科学理論と世界内の個別的な事物や出来事に関する信念の関係に類似している、と言っているだけである。

どちらの領域においても、ある問題は他の問題よりもずっと純粋である。すなわち、それらの解決は正確な理解を許す要因によってより完全に決定される。時には、実践的決断において、唯一の重要な要因が個人的責務あるいは一般的功利である場合もあり、その場合、推論は（いかに正確に理解されようとも）その要因の範囲内に制限される。また、決断の過程が複数の要因の影響から人為的に隔離される場合もある。これは必ずしもよいことであるとは限らないが、そうである場合もある。私が念頭に置いている例は、裁判の過程である。その過程は、慎重に功利性と個人的献身の考慮を排除し、あるいは排除しようとし、自らを権利の要求に制限する。このような要求の体系的認識が非常に重要である以上、（また、結果的にはその他の諸価値と受け入れがたく衝突したりはしない傾向にある以上）、特別扱いのためにこれらの要因を隔離することは価値がある。結果として、法的議論は実践的理性の特殊な側面の理解における現実的な進歩の一つであり続けてきた。われわれが分裂的なアプローチを受け入れるならば、体系的な理論と、一般的原理と方法の探究とは、どこにおいても成功することができる。たとえば、功利主義的理論は、もしそれがすべてのことがらを説明するよう要求されていないならば、寄与すべき点は非常に多い。功利性は、特に公共の政策において、非常に重要な決断要因であり、功利性の定義をめぐる哲学的な仕事や功利性を推進するための制度の構想過程で生じる調整の問題、そして功利性と優先、平等、効率性といったものとの関係は、こうした決断にインパクトを与えうる。

この領域やその他の領域は、たとえそれらのいずれも正・不正をめぐる一般的で完全な理論という地位を熱望しないとしても、進歩の舞台とはなりうる。私の見解では、そうした完全な理論が存在することはないだろう。なぜならば、葛藤を解決し異種の要求や考慮を現実の生活へ適応させる際の判断の役割は不可欠なものであるからだ。非包括的体系化というこの概念が留意されるならば、二つの危険を回避しうる。一つはロマンティックな敗北主義の危険である。これは、合理的な理論が不可避的に多くの未解決の問題を抱え込むという理由で、そのような理論を廃棄してしまう。もう一つは排他的な過度の合理化という危険である。これは、明らかに擁護可能な結論を認める一般的体系の領域内に取り込むことができないすべての考慮を、不適切あるいは空疎なものとして排除してしまう。実際には他の要因も関連がある場合でも、計量可能なまたは正確に記述可能な要因だけが考慮に入れられることによって、ゆがんだ結果がもたらされることになる。この危険を回避するために選ぶべき道は、決断の正当な根拠は非常に多岐に亘っており、さまざまな水準で理解される、ということを認めることである。このことは理論的含意と実践的含意の両方を持っている。

理論的な側面に関しては、すでに述べたように、倫理学および価値理論の特定の諸領域における進歩は、一般的な基礎（たとえそのようなものが存在するとしても）の発見を必ずしも必要としない。この立場は多くの哲学者によって承認されており、最近ではジョン・ロールズによって主張されている。彼は、たとえば正義論のような実質的な道徳理論の探究が、倫理学の基礎に関する諸見解とは独立に進歩しうるものであるばかりか、実質的理論がもっと進歩するまでは、基礎の探究も十分な成果をあげない可能性がある、と主張している(2)。

この主張は強すぎると思われるが、およそ進歩を遂げるために最も基礎的なレベルでの進歩を前提とする必要がないということは、いかなる分野においても確かに妥当する。化学は、原子物理学においてその基礎が解明される前の世紀に、目覚ましい発展を遂げた。メンデル遺伝学は、遺伝の分子レベルでの基礎が明らかになるずっと以前に樹立された。現在、心理学における進歩は、かなりの程度、大脳の機能においてその基礎を理解することから独立に、追究されなければならない。すべての心理現象は究極的には中枢神経システムの理論によって説明可能であるかもしれないが、そのシステムに関するわれわれの現在の理解では、不十分すぎてギャップを埋める方法をさがすことさえできないのである。

倫理学においてそれに対応する理論的区別は、それほど極端である必要はない。われわれは上部構造を探究しながら土台を研究し続けることが可能であり、この二つの探究は互いに補強し合うべきなのである。私自身はあらゆる価値が単一の基礎に基づいており、統一体系に統合されうるとは信じていない。なぜならば、異なるタイプの価値はそれぞれ、異なった諸観点の展開と明確化を表現するものであり、決断を下すためにそれらのすべてが結合されるからである。倫理学は、数学的に記述される宇宙の時空的諸属性を捉える物理学とは異なるが、物理学――そこにおいては、あらゆる物理現象に関する統一理論を追究することが合理的である——においてさえ、そうした統一理論なしに、物理的世界のより個別的な諸相——重力、力学、電磁場、放射能、核力など——に関して、多くを理解することも可能なのである。

しかし、倫理学は物理学よりもむしろ理解一般あるいは知識一般に類似している。われわれの世界理解がさまざまな観点——物理学の厳格な観点は、それらのうち最も強力に展開されており、最も重要なものの一つである——を含むのと同じように、諸価値も多数の観点から生じている。それらの諸価値は他と比較してより個人的であり、歴史、心理学、文献学、経済学が物理学に還元されないのと同じように、一つの共通した要素には還元されえないのである。たとえわれわれに手の届く理解の諸タイプが、すべてわれわれの精神において共存し合い、共働し合わなければならないとしても、それらは別々のものであるように、われわれを動かす価値の諸タイプも、われわれの行為を決定する際にできる限り協力し合わなければならないとしても、やはり本質的に異なるものなのである。

実践的な側面に関しては、価値の領域において理論上予想される努力および結果の分裂が、実践的判断、特に公的政策の諸問題にこれらの諸結果を適用する際に用いられる戦略に、影響を与えているように私には思われる。価値に関する一般理論を欠くことは、存在している理解の諸領域の使用に対して障害となるべきではない。われわれは一般的な形で認識されている以上のことを知っているのである。一般理論を欠くことは、いとも容易に誤った二分法へと人を導く。すなわち、誰であれ決断を下さなければならない者の非体系的直観的判断にもっぱら頼りきるか、損失と利益による分析のような統一されてはいるが不自然な体系(3)——その体系は自らに差し出されたいかなる問題にも決断をひねり出すだろう——をでっち上げるか、のどちらかである。(そのような体系も、その要求と有効範囲がさほど大ぶろしきなものでなければ、有益である可能性はある。) 代わりに必要とされているのは、体系的諸結果が有効である場合に、その諸結果とそれほど体系的でない諸判断のギャップを埋めるべく両者を結合させる、混合的戦略である。

しかし、そのためには、使用可能な倫理学的理解を——それが適切である場合に——使用するような決断へのアプローチの発展が、必要とされる。こうしたアプローチは現在、応用倫理学に携わるさまざまなグループの手で探究されており、一般に知られることは少ないながらも相応の成果をもたらしてはいる。私は、価値の分裂が、その仕事を見るある特定の見方の理論的根拠と、何がなされる必要があるかの指示を、与えることを示唆したいと思う。

われわれが最も必要とすることは、いかなる評価原理がいかに適用されるかを語るために、実践的諸問題を分解ないし分析する手段である。これは決断の方法ではない。おそらくそれは特殊なケースでは決断をもたらすだろうが、たいていの場合、それは単に、責任ある賢明な決断に基礎を与えるために、異なる種類の倫理学的考察が導入される必要がある諸論点を示すだけである。諸問題に対するこうした構成要素から成るアプローチは、他の諸科学との関係において馴染みの深いものである。重要な政策決定は、経済的要因、政治的要因、生態学的要因、医学的安全性、科学的進歩、技術的優位、軍事的防衛などに基づいてなされるはずである。もしこうした問題について考えることを仕事としている者が身近にいれば、これらの問題の責任者はアドバイスを受けることができる。そこには、高度に発達した学問が含まれているケースもある。そうした学問の実行者たちは、その問題理解において非常に多様であるかもしれず、また、多くの点で彼らは互いに意見を異にするであろう。しかし、これらの論議（インフレーションや原子力の安全性やDNAの組替えの危険性に関する論議）にさらされることだけでも、何も耳にしないよりはましである。その上、重要なことは、大半の本格的な学問の内では、何が議論の余地のあるもので、何がそうでないかに関する合意が存在する、ということである。重要な決定を下さなければならない者は誰であれ——国会議員であろうが閣僚であろうが、あるいは官僚であろうが——その問題のさまざまな面に関するアドバイスを彼以上に各側面について熟考している者から得たり、その問題に関して他人の言っていることを知ったりすることができる。学問の分化と、問題のどの面が考慮されなければならないかに関する合意は、問題と現に存在する専門的知見とを結合するのに非常に役に立つ。

われわれは、政策決定が責任をもってなされるためには、いかなる重要な倫理的・評価的問題が考慮されなければならないかに関して、ある程度の合意を必要とする。これは倫理学における合意とは異なり、単に次のことを意味するにすぎない。つまり、いかなる問題に関しても、それが考慮されるべきであるという点に関しては倫理学や価値理論に携わる大半の人々が合意しているような側面が、あるいは、誰であれ決断を下そうとする人がその問題に関してその時点で通用している考え方に触れるという仕方で専門的に考慮しうるような側面が存在する、ということである。ときには最善の考え方があまりよいものではなかったり、正反対の諸見解を含むものであったりする場合もあるだろうが、しかし、それは倫理学の場合だけではなく、いかなる場合にもありうることなのである。

最善のアプローチは、倫理的な意味をもった政策問題へ決定を提出することを任務とする一種の法廷に先立ち、弁護手続きを設定することによって、法的システムを模倣することである、と提案されるかもしれない。（科学法廷という最近の提案は法的モデルの魅力を示すものであり、その非民主主義的な性格は大いに知的アピールをもっている。）しかし現実の状況は、それに類するどのようなものに対してもあまりに流動的だと私は思う。価値はあまりに多くの点で政策に関与し、かつ、あまりに多くの他種の知識や意見と結合しているので、このような仕方で扱うには無理がある。たとえ法的決定が非常に困難な場合が存在するとしても、裁判は、比較的制限された議論と論拠が関連する、厳密に定義された明確な問題に対して、決定を下すよう設けられている。（記録から資料を削除したり、特定のデータや証言を証拠として認めることを拒否したりする、裁判官の職能を思い起こしていただきたい。こうした制限は一般に、立法府や行政府の審議には適用されない。）ほとんどの実践的諸問題はこれよりもずっと厄介であり、それらの問題の倫理学的奥行きもずっと複雑なものなのである。必要なのは、適切な理解が存在するならば、それは手に入れることができ、問題に関して誰もがあまりよく理解していない側面があれば、それも理解されはする、ということを保証する方法なのである。

私はそのような方法をまだ案出していないが、明らかにそのような方法が考慮される要因には次のようなものが含まれると規定していなければならないだろう。経済的、政治的、個人的自由、平等、公正、プライバシー、手続き上の公正さ、知的かつ美的な発展、共同性、一般的功利性、功罪に応じた賞罰、独断の回避、危険（リスク）の受容、次代の利害、他州や他国の利害に置かれるべきウェイト、といった要因である。これらそれぞれに関して、言われるべきことは多い。その方法は、実際に役立つためにはより組織化されたものにならなければならないだろうが、倫理学が政策と関連する仕方に関する一般的立場は、おそらく、相対主義者から功利主義者、カント主義者に至るまで、広範囲に及ぶ倫理理論家たちの同意が得られるだろう。倫理学の基礎に関する極度の不一致は、現実生活において重要な要素は何か、という点に関する実質的合意と両立可能である。私が、倫理理論家たちの間にすでに存在していると信じるこの合意が、市民と政策決定者との間にもより広く受け入れられるようになるならば、この領域においてわれわれが所有する、広範だが分裂状態にある理解が、現在よりもうまく利用されるようになるであろう。そうなれば、問題を単に無視することの方がより困難になろう。そして、倫理学的考察が一度提出されたならば、たとえ無視されたり拒絶されたりしても、そうした拒絶の理由あるいは理由の欠如が、下される決定の基礎の一部となるだろう。一応の申し立てを行ないうるという点においてさえ、いくらかの効力を発揮するであろう。

　道徳理論の役割に関するこの考え方はまた、道徳と政治の関係の問題に対する解答と、他の決断方法とを含んでいる。倫理学は決断方法として推奨されているのではなく、ちょうど物理学や経済学や人口統計学がそうであるように、決定を下すための本質的な源泉として推奨されているのである。最高裁判所の憲法裁判上の基本判例においては、倫理学の一部門が、政治的あるいは行政的決定の通常の方法に優先する過程の中で、中心的役割を演じている。しかし、決定を必要とする問題の大半にとって、倫理学的考慮は多様かつ複雑であり、しばしば不明瞭であり、その他の多くの考慮と混じり合っている。それらはシステマティックに考察される必要があるが、大半のケースにおいて、理にかなった決断に達しうるのは、関連するすべての学問が提出する最善の議論によって可能な限りの知識を得た、健全な判断によってのみなのである。

（1） Gilbert Harman, 'Practical Reasoning', *Review of Metaphysics*, XXIX（1976）, pp. 432-43を参照。

（2） John Rawls, *A Theory of Justice*（Cambridge: Harvard University Press, 1971）, pp. 51-60〔邦訳：ジョン・ロールズ『正義論 改訂版』川本隆史・福間聡・神島裕子訳、紀伊國屋書店、二〇一〇年、七〇～八三ページ〕。また、'The Independence of Moral Theory', *Proceedings and Addresses of the American Philosophical Association*（1974-5）pp. 5-22も参照せよ。

（3） Lawrence Tribe, 'Policy Science: Analysis or Ideology?', *Philosophy & Public Affairs*, II, no. 1（Fall, 1972）, pp. 66-110を参照。

10　生物学の埒外にある倫理学

倫理学にとって生物学的アプローチが有用であるかどうかは、倫理学が何であるかに依存している。もし倫理が単に、いくつかの情緒的反応を伴うある種の行動パターンあるいは行動習慣にすぎないならば、生物学的理論は倫理に関して非常に多くのことを教えてくれるはずである。しかし、もし倫理学が合理的方法によってアプローチできる、正当化と批判の内的規準をもった、理論的研究であるならば、生物学を用いて外部からそれを理解しようとする試みは、ほとんど無価値な試みであろう〔訳注〕。数学理論や物理学理論に関する生物学的説明を探究することや、数学的あるいは物理学的なことがらを説明する生物学的理論を探究することが、かなり無駄なことであるのと同様の理由で、このことは真である。第一に、われわれは人間の思考に関する総合的な生物学的理解をもっていない。第二に、現在までの諸結果全体を再吟味し続けることによってわかってくるのは、固定された一連の行動習慣や知的習慣ではなく、発展のプロセスである。両端が閉じていないこのような発見のプロセスに関与している者は、同時に完全に外部からそれを理解することはできない。それができるとしても、彼が獲得するのは批判的方法ではなく決定手続きであろう。ほとんどの興味深い主題において、われわれは決定手続きを望んではいない。というのも、われわれが求めているものは、当面の諸問題やそれに解答を与える当座の方法によって代表される理解よりも、さらに深いレベルの理解であるからだ。

私の知る限り、数学に関する生物学的理論を提出した者はいないが、倫理学への生物学的アプローチは、多大な興味を呼び起こしてきた。これには理由がある。倫理（学）は行動的レベルと理論的レベルの双方に基づいて存在しているのである。行動の仕方のパターンおよび行動の仕方に関する判断としての文化と下位文化の中に、何らかの形で倫理があらわれているが、そのあらわれ方は、哲学者、政治理論家、法理論家、ユートピア的無政府主義者、福音主義的改革者らによる倫理学の理論的扱いよりも、人目につきやすい。倫理学説や倫理学的発見の試みが通常の行動における道徳性よりも社会的に目につきにくいだけでなく、両方のレベルにおける倫理（学）に関する不一致の量が、倫理学は果たして合理的発見の領域であるか、という疑問を生み出している。おそらく、倫理に関してそうした方法によって発見されるべきものは何もないだろうし、倫理は人間生活の社会的および心理的独自性としてのみ理解されうるだろう。そういう場合には、心理学や社会学ももちろん重要であろうが、生物学が十分な基礎を与えるだろう。

この試論において、私は理論的主題としての倫理学の実在性を説明しようと思う。倫理学の進歩は、遅く不確実であるが、それ自体としても、倫理学がとる非理論的な形態との関係においても、重要性をもっている。なぜならば、二つのレベルは相互に影響し合っているからである。どんな時代でも、陳腐になってしまった倫理学的事象には、それ以前の時代には画期的な発見であったかもしれない諸理念が含まれている。これは、自由、平等、民主主義といった近代的諸概念に関して妥当することであり、またわれわれは、現在のわれわれにはまったく知られていないだろうが、二百年もすればおそらく一般的な道徳的感性となるであろうものを生み出しうる倫理学的論争のまっただ中にいるのである。進歩の歩みははるかに遅いけれども、こうした発展の形態はいくぶん革命的な科学的発見が次第に一般的世界観に同化していく様子になぞらえることができる。

科学においてもまたそうであるように、ある一つの進歩が広く受け入れられる頃にはもう、それは次の進歩に取って代わられつつあり、さらなる発展は、現時点で容認されている理解を、拡張や修正の基礎として用いることになる。

倫理学においては、二つのレベルが両方向に作用し合っており、両者の区別は明確ではない。社会政策に関する重大な諸問題が、倫理学の基本的原理を理論化しようとする一般的な試みを引き起こすのである。

進歩という共通の概念が、これらすべての領域において見られる。もっとも、そのいずれの領域においても、よく理解されているわけではないが。われわれが、一つの種として、生物学的源泉をもつかもしれない特定の原始的な直観や反応から出発している、ということは前提されている。しかし、われわれはまた、太古の昔から、こうした前反省的な諸反応を評価したり、体系化したり、拡張したり、場合によっては拒絶したりすることを可能にする、批判的能力を持っていた。われわれは、触覚や視覚によって大きさや重さを見積もる代わりに、測定機器を開発した。また、数量を当て推量する代わりに、数学的推理を発展させた。われわれは感覚に直接由来する物理的世界という考え方に固執する代わりに、絶えず前進的に問いを発し続け、その問いへの解答として、現象から次第にかけ離れていく、物理的実在という像を生み出す方法を発展させてきたのである。われわれが、一つの種として、数や世界に関するいくつかの前反省的な直観的信念を持たなかったならば、これらのうちのいずれも成しえなかったであろう。これを越える進歩は、創造的個人の努力と、批判、正当化、受容、拒絶といった社会の活動との、両方を必要としてきた。進歩を動機づけてきたのは、さらに発見すべきことが常に存在するという考えと、われわれの現時点での直観あるいは理解は、その時代としては賞賛すべきものであっても、永遠に続く発展プロセスにおける一つの段階にすぎないという考えであった。

この考え方を倫理学に適用する際に、われわれは、倫理学は信念のみならず、行為も統制するように意図されている、という違いを考慮に入れなければならない。倫理的問題を解決しようとする際には、いかに生きるべきか、あるいはわれわれの社会制度をいかに整えるべきか、ということを見出そうとしているのであって、単に世界とその内部に存在する人間についてのより明確な像をつくり出そうとしているのではない。それゆえ、倫理学は動機づけと結びついているのである。倫理学は、世界がいかにあるかに関する前反省的な考え方から出発するのではなく、何をすべきか、いかに生きるべきか、他者をいかに扱うべきか、に関する前反省的な考え方から出発する。そしてその進歩は、こうした衝動が、吟味や成文化や異論や批判などにさらされることによって、成し遂げられるのである。他の領域でもそうであるように、これはある部分では個人的プロセスであり、別の部分では社会的プロセスである。そして、より以前の時代の進歩は、それ以降の時代の人々による社会化の一部となり、今度は彼らの中の誰かが前進させる番に回りうるのだ。

このケースにおける発展は単に知的であるばかりか動機を与えるものでもある。また、いくつかの科学的あるいは技術的主題がそうでありうるのとは異なり、もっぱら少数の専門家集団によって追究されるというわけにはいかない。問題が、人はいかに生きるべきかと社会はいかに組み立てられるべきかとに関するものであるから、その解答はそれを実施すべき多くの人々によって容認され、内面化されなければならないのだ。たとえそれが継続するプロセスにおける諸段階にすぎないとしても、である。すべての人々によって平等に内面化される必要はないにせよ、この必要条件によって倫理学は他のいかなる科学よりも民主主義的なものになり、その進歩の度合いは厳しく制限されているのである。論争の共同体は、司法システムのような専門的な制度の場合を別にすれば、専門家の集団ではない。

それにもかかわらず、倫理学を合理的発展を求める学問として捉えるこの見解は、動機——信念のような——は批判され、正当化され、改善されうる、換言すれば、実践的理性のようなものが存在する、ということを前提している。これはつまり、われわれは自分が欲しているものを達成するための最も効果的な方法について、ヒュームが考えたように、推論するだけでなく、われわれは何を欲すべきか——われわれ自身のためにも他者のためにも——に関しても推論することが可能だ、という意味である。

こうした探究、こうした推論が、倫理（学）という主題（subject）に内在的なものであるという点が最も重要である。こうした探究や推論は、他の主題との関連で開発された方法や、問題解決と質疑応答に関する一般的方法を、この主題に適用することによって進められるのではない。合理性に関するいくつかの極度に一般的な諸条件は存在するが、それらはいかなる専門的研究の領域においても、大いに役立つというわけにはいかない。分子生物学の領域であろうが、代数学の領域であろうが、配分的正義の領域であろうが、人は、その領域について考え、理性と直観をその領域の特質に対応させることによって、問題、概念、議論、そして原理を発展させていかなければならない。ある主題の方法が知的な立派さや客観的合理性のモデルとされ、まったく異なる主題——その方法の開発に際してまったく考慮されていなかった、まったく不適切な主題——に適用されることが、往々にして起こる。それは、浅薄な問い、説明になっていない理論、重要な問いを無意味とする態度、という結果に行きつく。社会科学、心理学、そして倫理学のような、十分に発展した独自の方法をもたない分野は、特にこうした知的転移の誘惑に弱いのである。

ポイントは倫理（学）は一つの主題（サブジェクト）（学科）であるということだ。それは、その内部から生じてくる諸問題に対応して断えず発展しつつある諸方法によって探究される。この活動に従事している生物は、明らかに、われわれが生物学からそれについて多くのことを学ぶことができる有機体である。そのうえ、この活動に含まれる反省的で批判的な仕事を遂行できる有機体の能力も、おそらくは有機的構造の一機能ではあろう。しかし、倫理学に関して生物学的な進化論的説明を求めることは、物理学の発展に関してそのような説明を求めるのと同じくらい馬鹿げたことであろう。物理学の発展は、知的プロセスである。おそらく、この急速なプロセスを可能にしてきた人間の知的能力は、何らかの意味で、非常な長期にわたった生物学的進化過程の効果——たぶん単なる副次的効果——であったろう。しかし、生物学的進化過程の効果であるということは、物理学の諸理論に対してトリヴィアルでない説明を与えることはできない。人類が自分自身のうちに発見したものは、自分たちの前反省的あるいは生得的反応を批判や修正にさらし、新しい理解形式を創造する能力である。諸理論を説明するのは、こうした合理的能力の行使なのである。

倫理学も、より素朴な段階にあるとはいえ、やはり同様である。それは、生得的なあるいは条件づけられた、前反省的に動機づけられる行動パターンを批判や修正にさらし、新しい行動形式を創造するという、人間の能力の成果なのである。こうしたことを可能にする能力は、たとえ別の発展の副次的効果にすぎないとしても、おそらく何らかの生物学的基礎をもちはするであろう。しかし、この能力の行使と、それがもたらす産物を批判し修正することにおけるその能力の継続的再適用との歴史は、生物学には属さない。生物学はわれわれに知覚と動機づけにおける出発点を教えてくれるかもしれないが、現在の状態では、そうした出発点を超越していく思考過程には、ほとんど関連をもたないのである。

ある種の道徳的進歩の達成には、生物学的障害が存在するかもしれない。疑う余地なく、心理学的および社会的障害は存在しており、それらのうちのいくつかは、生物学的原因を持っているかもしれないのである。だからと言って、そうした障害は乗り越え不可能だということにはならない。それらは、ユートピア的でない何らかの道徳理論によって認識され、論じられる必要がある。しかしこの認識は、倫理学に生物学的基礎を容認することなのではない。それは、道徳もまた、文化的発展の他のプロセスと同様、その出発点と、それが変形させようとしている原材料の本性とを、考慮に入れなければならない、ということの確認にすぎないのである。

〔訳注〕 'ethics' という語を「倫理」と「倫理学」に訳しわけざるをえなかった。すると困ったことに、倫理が「情緒的反応を伴うある種の行動パターンあるいは行動習慣にすぎない」ということと、倫理学が「合理的方法によってアプローチできる、正当化と批判の内的規準をもった理論的研究である」ということの間には、何の矛盾もなくなってしまう。（それはこの論文の論旨そのものを危くしかねない。）

11　大脳分離と意識の統一

I

最近、哲学者や神経科学者の間に、心の神経生理学的な基礎について大発見がなされる見通しに関して、かなりの楽観論が見られる。この楽観論を支えているのは、極度に抽象的で一般的なものである。私は、悲観論の側に立ついくつかの論拠を呈示したいと思う。その種の楽観的な自己理解は、今まで一般には予見されたことのない限界にぶつかる可能性があるのだ。つまり、人格的、心理主義的な人間概念が、物理的システムとしての人間理解——心の物理的基礎の理解として何か記述可能なものを出すにはそれが必要とされる——とそのような整合的な関係に置かれることに、抵抗を示すかもしれないのである。私は、われわれがそうした限界に突き当たった場合、目の前にどんな選択肢が与えられているか、ということを考察するつもりはない。私が試みようとしているのは、限界が存在する可能性があると信じる根拠、すなわち、大脳皮質の二つの半球間の相互作用に関して、また両者の連絡が遮断されたらどうなるかということに関して、現在入手しうる広範囲にわたるデータから導かれる根拠、を呈示することである。これらのデータと調和することに頑強に抵抗するかもしれない心理主義的人格概念の特徴は、簡単に捨て去ってもいいような浅薄なものでも皮相なものでもない。困難な問題は、*単一*の人格、経験と行為の単一の主体という概念にあるのだ。こうした困難は、私が考えてもみなかった仕方で克服されるかもしれない。しかしまたそれは、われわれが心の生理学的理解を求めていくときに立ち現われる、数多くの行き止まりの最初のものにすぎないのかもしれないのである。

現象的世界の諸特徴に関して、その物理的基礎と物理的実現（realization）を追究することは、さまざまな領域において、最初の有益な探究方針であり、精神現象に関しても、同一説や機能主義理論やその他の装置を通じて、心を脳へ経験的に還元することを待ち望んでいる人々によって、奨励されている方針である。物理的還元主義は外界の現象的特徴に関して試みられた場合、時として大きな成果をあげ、さらにより深いレベルへと押し進められる可能性も出てくる。逆に、完全に満足のゆく成果が上がらず、現象的な像のある特徴が物理的還元によって説明のつかないままに残された場合には、われわれはそうした特徴を*純粋に*現象的なものとしてひとまず除外しておき、心と知覚の物理的な基礎についてのわれわれの知識が、それを理解するほどに進歩する日を待つことになる。（このような例としては、月の見かけの錯覚をはじめ、知覚された対象の内に発見可能な基礎をもたない感覚上の錯覚が挙げられよう。）

しかし、心自体の諸現象の物理的な基礎を探究する際に同じ困難に直面したとしても、われわれは退却という同じ方針を選択することはできない。すなわち、心の現象的特徴が物理的理論によってすっかり説明し尽くされなくとも、心自体を研究する時までそれを理解することを持ち越すというわけにはいかないのである。というのも、そのこと——心自体を研究すること——こそが、まさに今われわれが行なっている当のことであるはずだからである。ある側面に関して、物理的な実態の研究が及びえないような心の基礎の理解を認めることは、心的なものの物理的なものへの還元不可能性を認めることである。この承認がはっきりした形をとったものは、ある種の二元論ということになるだろう。しかし、もし人がこのような路線、つまり二元論という路線に抵抗を感じるとすれば、物理的システムとしての人間理解への適合を拒絶する心理主義的な人格概念の中心的諸特徴に関して、どのような態度をとったらよいかはよくわからなくなる。これらの諸特徴のいくつかのものに関しては、客観的基礎を見出すこともできないが、かといってその特徴を手離すこともできない、ということが言えるかもしれない。科学的研究からどんなにわずかの支持しか得られなくても、われわれが自分自身を把握し表象するある仕方を放棄することは不可能なのかもしれないのだ。このことは、人格の統一という観念——この観念は大脳皮質の機能上の二重性に関する最近の発見によってその妥当性が疑問視される可能性がある——にも妥当するのではないだろうか。そうした発見の成果の大要をここで説明しておくことは有用であろう。

II

人間、猿、猫では、二つの大脳半球の間の高度の結びつきが絶たれており、その結果、一つの身体に二つの区別された意識中枢の存在を想定する研究者も出てきた。事態は以下のようなものである。[1] 概して、左の大脳半球は身体の右側と、そして右の大脳半球は身体の左側と関係づけられる。一方の側からの触覚刺激は逆の側の大脳半球に伝達される。ただし、左右両方に連結している頭と首は例外である。さらに、二つの網膜の左半分、すなわち視野の右半分を見る部分は、刺激を左半球に送り、視野の左半分からの刺激は、各網膜の右半分によって、右半球に伝達される。二つの耳からの聴覚刺激は、ある程度までは両方の半球に伝えられる。これに対して、匂いは同じ側の半球に伝達される。つまり、左の鼻孔から左半球へ、右の鼻孔から右半球へ伝えられるのである。最後に、通常、言葉を使うことを統御しているのは左半球である。

左右の大脳半球はともに、共通の脳幹を通じて脊柱と末梢神経に連結されているが、それらはまた、脳梁と呼ばれる横断する神経繊維の大きな束と、より小さいいくつかの通路によって、相互に直接伝達し合っている。こうした直接的な大脳交連は、通常の人間の大脳半球間の機能を正常に調和させるのに、重要な役割を果たしている。この事実

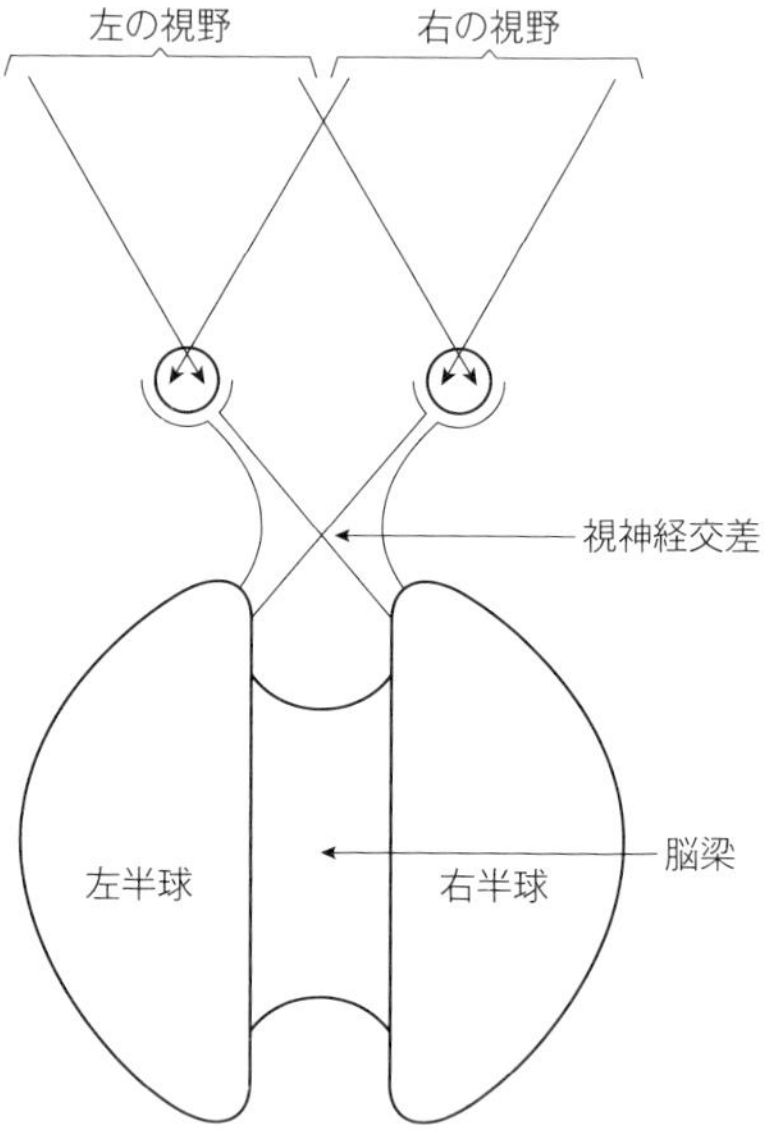

図１　両眼と大脳皮質の概要図

が――数多くの患者がその十年も前からてんかん治療を目的とした手術で外科的に大脳交連を切断されていたにもかかわらず――少なくとも英語文化圏では一九五〇年代後半まで知られていなかったことは、この主題に関する際立った特徴の一つである。これらの患者に、行動上のあるいは心理上の重大な影響は観察されておらず、それゆえ脳梁はいかなる機能も果たしていない、果たしているとしても両半球の位置を正常に保つぐらいのものであろう、と推測されたのである。

その後、R・E・マイヤーズとR・W・スペリーによって、二つの大脳半球を分離して取り扱う技術が導入された[2]。彼らは猫の視神経交差を切断して、両眼が、それぞれ直接的な情報（視野の逆半分に関する情報）を脳の片側だけに送るようにした。その結果、一方の目を使う簡単な作業ができるように猫を訓練しておき、もう一方の目でその作業をさせたらどうなるかを観察することが可能となった。脳梁の損なわれていない猫では、学習効果の十分な転移が見られた。それに対して、視神経交差だけでなく脳梁も切断された猫の場合には、左右の間にいかなる伝達も見られなかった。それどころか分断された両側は、単一の強化過程の期間中、両眼に対立する刺激が与えられることによって、同時に相反する識別反応が教え込まれることさえできた。それにもかかわらず、独立の機能を果たしうるこの能力は行動の重大な欠陥となっては現われなかった。二つの大脳半球へのインプットが人為的に分離されない限り、動物は正常であるように見えた（たとえ、大脳を分割された猿が両手で一個のピーナッツを握っている場合、結果が時として奪い合いに終わるとしてもである）。

私は、すべてのデータを要約することはせず、人間のケースにしぼって考察したいと思う。その再考は、猫や猿に関する研究成果によって促されたものである。(3) てんかん治療を目的とした大脳分断手術では、視神経交差には手が加えられないので、両眼を通してだけでは二つの半球を独立のものとしてとらえることはできない。視覚的インプットの制御という問題を解決する手段としては、次のような方法が取られる。患者の凝視の中間点の左右いずれかの側に、スクリーン上に瞬間的な光の合図を出す。ただし点灯する時間は、知覚されうる長さは必要だが目の動きを許すほど長くてはいけない。というのは、目を動かすことによって、合図が視野の逆半分に、結果的には反対側の脳に移行するからである。これは、瞬間露出器による刺激として知られているものである。手による触覚的インプットの大部分は非常に効率的に分離されており、両鼻孔から入る匂いも同様である。耳もまた、それぞれ同じ側よりも反対側の大脳半球へ強力に信号を送るように見えるがゆえに、聴覚的インプットの分離に関しても、最近ある程度の成果が上がってきた。アウトプットに関しては、最も明白な区別が認められるのは、言語能力である。それはもっぱら左半球の産物なのである。(4) 書く場合にはそれほど明白ではない。それは、左手を使用する場合には、初歩的な形態では時として右半球によって産み出されうるからである。運動制御は概して、右ならば左、左ならば右というふうに反対側の半球でなされるが、特に左半球の場合、ある程度は同じ側の半球による制御も起こりうる。

結果は以下のようなものである。視野の右半分に一瞬浮かぶもの、あるいは目隠しをして右手に感じられるものは、言葉で報告されうる。それに対して、左半分に一瞬浮かぶもの、あるいは左手に感じられるものは、言葉で報告されえない。ただし、視野の左半分に「帽子」という語が浮かんだとき、自分が今見たものを覆われた品物の中から手さぐりで取り出すように言われたならば、左手は帽子を拾い上げるだろう。それと同時に、彼は言葉では自分は何も見なかったと主張するだろう。あるいはまた、二つの異なった単語（たとえば、「鉛筆」と「歯ブラシ」）が視野の左半分と右半分に浮かんだとき、その語に対応する品物を遮蔽幕の下から両手で取り出すように言われたならば、両手は独立に品物を探るだろう。左手は鉛筆を捜しているのに右手はそれを握っても手放すだろうし、左手の方も右手が出くわせば満足するはずの歯ブラシに触れてもそれを捨てるだろう。

見えないように覆われた物体を左手に持たされて、それが何であるかを当てるよう求められたとき、彼は間違った回答を出しながら、自ら困った顔をするだろう。というのは、触覚的情報を受け取る右半球はまた、答えを聞き取りもするからである。もし発話する左の半球が正しく言い当てたならば、彼の顔に笑みが浮かぶだろう。右の鼻孔に運ばれた匂い（それは右半球を刺激する）は、何の匂いもかいでいないという言葉による否定を引き起こすだろうが、しかし左手を使ってその匂いと一致するものを指し示すよう求められたならば、彼はたとえばにんにく一かけらを正しく選び出せるだろう。ただし自分は何の匂いもかいでいないと申し立てながらである。このような仕方で、彼は自分が何の匂いをかいだかを指摘することができるのである。その匂いが腐った卵のような不快なものである場合には、鼻と口にしわを寄せ、喉から嫌悪の叫び声を上げながら、この否定の言葉は発せられるだろう。(5)

二つの半球間の葛藤を示す特に興味深い例として次のようなものがある。パイプを視野の外で左手に持たせ、次に何を持っていたのかを左手で書くよう求められたとき、左手は、非常に苦労しながらのろのろと、PとIという文字を書く。そのとき突然書くスピードが上がり筆が軽くなって、IはEに書き変えられ、単語はPENCILとして完成した。左の大脳半球が最初の二文字の出現に基づいて推理し、左脳-左手の制御によって干渉を行なったのは明らかである。しかし、そのとき右の半球は再び手の制御を取り戻し、ゆっくりとENCILという五文字を線で消して、雑なパイプの絵を描くのである。(6)

さらに数多くのデータがある。分離脳患者は、視野の右半分と左半分に一瞬浮かんだ二つの形、あるいは見えないようにして左右それぞれの手に持たされた二つの形が、同じであるか異なっているかを言うことができない――たとえ首を縦に振るか横に振るかで（つまり、どちらの脳にも可能な答え方で）答えるよう求められても、できないのである。被験者はまた、一本の不連続線が視野の両半分を横切るように浮かんだ場合、もしその断絶が視野の中央部にあるならば、連続線との区別がつけられない。彼らはまた、二本の線が角を作っているかどうかも、その結合点が視野の中央部に来た場合には、わからない。さらに、対立する二つの半‐視野に現われる二つの染みの色が同じかどうかも、区別することができない。もちろん、比較されるべき像がともに視野の同一半分に属しているならば、彼はこれらすべてをなすことが可能である。概して、右の半球の方が空間関係のテストの成績はよいが、計算能力はほとんどない。しかし、情動には敏感なようである。たとえば、男性患者の左視野に裸の女性の写真が現われると、彼は露骨ににやにやして、ことによると顔を赤らめるだろうが、何が自分を喜ばせているのかを言うことはできない。もっとも、「ウヘー、あんたの持ってる機械は大したもんだぜ」となら言うかもしれないが。

これらはすべて、二つの半球へのインプットの分離が人為的になされていない場合には、通常の諸活動においてまったく正常と思われる反応に結びついている。両半球は同時に眠りに入り、同時に目覚める。患者たちは、ピアノを弾くことも、シャツのボタンを掛けることも、泳ぐこともできるし、両半球間の共同作用を必要とするその他の活動も、うまく遂行することができる。そのうえ、彼らは視野の分割あるいは縮小という感覚をいっさい報告しない。通常の行動における最も顕著な逸脱は、左手が妻に対していくらか敵意を持っているように見える患者に観察された。しかし、概して両半球は見事に協力し合っているので、それらを別々に機能させるには巧妙な実験的テクニックが要求されるのである。注意していないと、各半球は互いに末梢的な指示を与え合って、直接的交連結合の欠如を補う、聴覚的・視覚的・あるいはその他の感覚的に知覚可能な合図によって、情報を伝達してしまうからである。（伝達の形態の中には、あまりにも直接的であるために、特別に妨害しにくい形態がある。両半球は首や顔の筋肉を動かすことができ、しかもそれらが動くのを感じることもできる。したがって、右の半球によって生み出された顔つきや首の動きによる返答は、左の半球によって察知されたことが可能であり、両半球がこの媒体を経由して互いにシグナルを送り合っていることを示す証拠もある。[7]）

Ⅲ

こうした患者に関して当然知りたくなることは、彼らがいくつの心を持っているかということである。このことはただちに次のような問いを提起する。正常な人が一つの心を持っていると言いうるのはいかなる意味においてか、また、さまざまな経験や活動が同一の心に帰属されうるのは、いかなる条件においてか、という問いである。われわれは、こうした異常のある患者に関する記述を試みるに際して、一つなのか二つなのかを自分が知りたがっている当のものは何なのかを理解するために、正常な人は何が一つなのかを理解していなければならない。

しかし私は、心の統一の分析から始めるのではなく、これらのデータの解釈において通常の未分析なとらえ方をそのまま適用し、患者が一つまたは二つの心を持っているのか、あるいは何かもっと風変わりなあり方をしているのかを問うことから始めたいと思う。私の結論は次のようなものになるだろう。単一の数えられる心という通常のとらえ方をそれらの患者に適用することはまったく不可能であり、それゆえ、たとえ確かに心的活動に携わってはいても、彼らはいかなる数のそのような心も所有してはいない、という結論である。個別的な心（an individual mind）という概念のより明確な理論は、この議論の過程において浮かび上がってくるはずであるが、分離脳患者の症例にその概念を適用することを妨げる諸困難は、より一般的な疑いへの根拠を与えることになろう。つまり、この概念は正常な人間にも適用できないかもしれないのだ。というのも、それは人間の機能の仕方をあまりに単純化してとらえているからである。

それにもかかわらず、私はまず症例について論じる際に個別的な心という概念を用いようと思う。というのは、一つ二つと数えられる心の観点からこれらの症例を理解するにはどうしたらよいかを体系的に考察し、さらにそのような理解が不可能であることを論証したいと思うからである。この手順を踏んだあと、あなたや私のような普通の人々に話題を転じるつもりである。

個別的な心という概念を用いた実験データの解釈には、五通りのものがあるように見える。

(1) 患者は、左の半球と結びついた一つのかなり正常な心を持っている。そして、非言語的な右の半球から発せられる反応はオートマトンのそれであり、意識をもった心的過程によって産み出されたものではない。

(2) 患者は一つしか心を持っておらず、それは左の半球と結びついている。しかしまた、(右の半球と結びつくのだが) それとは独立に意識をもった心的現象が起こる。これは生物としての人間には帰属されるかもしれないが、心には決して統合されない。

(3) 患者は二つの心を持っている。一つは話すことができる心で、もう一つは話すことができない心である。

(4) 患者は一つの心を持っている。その内容は両方の半球に由来しており、かなり各半球に固有で分裂したものである。

(5) 患者は、二つの半球が並行的に働いている間、大部分の時間一つの正常な心を持っている。しかし、実験的状況によって二つの心が作り出され、興味深い結果をもたらす。(おそらく、単一の心が二つに分かれ、実験の終了とともに再び結合するのであろう。)

私は、これらの解釈がそれぞれ何らかの理由で受け入れがたいものであることを論証したい。

Ⅳ

まず最初に、右半球の活動を心に帰属させることを拒絶するという立場を共有している、仮説(1)と仮説(2)について論じ、引き続き、仮説(3)、仮説(4)、仮説(5)を取り扱おう。後者の三つはすべて、右半球の活動も心――それがどのような心であるかについては異なっているが――と結びつける立場である。

右半球の活動に意識を帰属させることをまったく拒絶する仮説(1)の唯一の支えは、被験者は一貫して右半球の行なう活動を自覚していることを否定するという事実である。しかし、このことを右半球の活動が無意識的なものであることの証拠として受け取ることは、論証すべき論点を前提として議論を進めることになる。なぜならば、証言するという能力は左の半球にのみ与えられた能力であり、当然のことながら、左の半球は右の半球で起こっていることを知らないからである。これに対して、われわれが右半球それ自体の行なう表明を考察するならば、言語化能力を意識の必要条件とみなすべき理由は原理的には存在しないように思われる。言語化なしでも十分に成り立つような意識ある心的状態をそこに認めることを支持する根拠が、他にあるかもしれない。実際、右半球がそれ自身でなしうることは、単なる無意識の自動的(オートマチック)反応の集まりとみなされるには、あまりにも精巧であり、志向的に方向づけられており、心理学的に理解可能なものでありすぎるのだ。

右の半球はあまり聡明とは言えず、話すこともできない。しかし、言語を含む複雑な視覚的・聴覚的刺激に反応する能力を持っており、また細心の注意を要する、差異を見分ける手先の作業――たとえば、プラスティック製の文字を使って簡単な単語を正しく綴るといった作業――の遂行を制御することもできる。右の半球は、実験者の指示に従うために聴覚、視覚、触覚による刺激を統合することができ、また、特定の適性検査を受けることもできる。かりにある人が左の半球をすっかり摘出され、その結果、彼に残された能力は右の半球のそれだけになったとしても、それだからと言って、彼はオートマトンになってしまったと言うべきでないことは、疑う余地がない。たとえ発話能力はなくとも、視野の縮小と、結果的にある程度までは回復するであろう右半身の部分的な麻痺とを伴いつつも、彼は依然として意識もあるだろうし活動もできるだろう。このように見てくると、右半球の活動を、単に左半球――それが意識をもつことは疑いの余地がない――の活動と並行して起こるという理由だけで、意識をもたないものとみなすのは独断的と思われてこよう。

私は、意識的な心的活動と無意識的な心的活動の境界線が明確なものであると主張したいとは思わない。その区別が、次のような意味においてある程度相対的なものである可能性さえある。すなわち、ある心的活動が意識的であるか無意識的であるかは、同一人物の他のどのような心的活動がそれと同時に進行しているか、それが他の心的活動とふさわしい仕方で結びついているかどうか、に依存しているという意味においてである。しかし、たとえこれが正しいとしても、分離脳患者の右半球の諸活動は、意識的であるかどうかが患者の心の中で進行している他のことがらによって決定されるような出来事とみなされるようにはならない。右半球の活動の決定要因は、あらゆる領域に亘る心理的要因を含んでおり、その活動はまた注意深さをも要求する。覆われた左手の実験や瞬間露出器の刺激を受けた左視野の実験に、注意力や集中力が要求されることは明らかである。被験者はこうした実験的テストを夢見ごこちで受けているのではない。彼らが現実と接触していることは明らかである。左半球は時として、右半球ができる仕事をするよう求められることに対して不満をもらすことがある。なぜならば、右半球が反応を制御している時には、左半球は何が起こっているのか知らないからである。しかし、右の半球は自分が何をしているかよく知っている様子がうかがえ、それは言語的証言が不在の状態においても、意識的制御の帰属を正当化するのに十分である。もし患者が右半球による活動について、それを自覚していることを否定しないとすれば、それが意識的なものであることを疑う余地はまったくないだろう。

仮説(1)を支持不可能とする考察はまた、仮説(2)——右半球の活動は意識をもってはいても心には決して属さないとする立場——を論駁するにも役に立つ。仮説(2)のこの提案が何を意味しているかに関しても問題があるかもしれないが、それをここで考察する必要はない。というのは、右半球の心的活動の高度な組織化と統合的な一貫性とによって、この提案は疑わしいものとされているからである。右半球の諸活動はそれだけがぽっかり浮かんでいるような孤立したものではなく、単に断片的に組織化されたものでもない。右半球は指示に従ったり、触覚的、聴覚的、視覚的刺激を統合したり、健全な心が当然なしうることのほとんどをなすのである。データは、目的行動の諸断片だけを呈示しているのではなく、学習することや、感情的に反応することや、指示に従うことや、さまざまな心理的決定要因の統合を必要とする作業を遂行することができるようなシステムも、呈示しているのである。右の半球の活動が無意識的ではなく、特に心的な構造をもつあるものに、すなわち経験と行為の主体に属することは、明白であるように思われる。

V

このあたりで、右半球の意識的な心的活動を心に帰属させる、残りの三つの仮説に話題を転じよう。これらは同時に考察されなければならない。なぜならば、各仮説に関する根本的な困難は、それらの間で一つを選択することが不可能であるということにあるからである。その際の問題は、患者は二つの心を持っているのか、一つの心を持っているのか、ときどき二つに分かれる心を持っているのかということである。

患者は二つの心を持っているという見解、すなわち右半球の活動はそれ自身の心に属しているという見解を推奨すべき根拠は大いにある。(8) 大脳の両側はそれぞれ独自の知覚、信念、行為を産み出すように思われる。それらは通常の仕方で相互に結合しているが、反対側の知覚、信念、行為とは結合していない。二分された大脳皮質は一つの身体を共有しており、それぞれが共通の中脳と脊髄を通してその身体を制御している。それぞれの高度な機能は、物理的のみならず心理的にも独立している。右の半球の諸機能は、発話に到達できないだけでなく、左の半球による同種の機能——すなわち、形や色の識別といった右半球もまた得意としているようなタイプの機能——との直接的な結合にも到達できない。

患者の左半球による証言の一部は、二つの心を否定する論拠となるように思われるかもしれない。それは、視野には少しの縮小もなく、左半身に感覚のない部分もほとんどないと報告する。スペリーはこの証言を、それが網膜の部分的破壊による視力欠損の証言に比較できるという理由によって、棄却している。この視力欠損者たちは、彼らの知覚的欠陥を観察する他者には間隙が発見できるにもかかわらず、自分の視野の間隙に気がつかないからである。しかし、こうした証言を説明づけるために、左半球において精巧な作話的メカニズムが働いていると、仮定する必要はない。二つの心が存在するとしても、次のようなことは十分に可能なのである。すなわち、それぞれの半球と結びついている心は、共有している脳幹を通して、身体の同じ側からのなまの刺激も一定量は受け取るので、言葉を語る側の心も、視野の左側に対応する未発達で未分化の付属器を持つのであって、右半球は右半球でまた同じことが言える、ということである。(9)

二つの心という仮説の真の困難は、われわれが一つの心――すなわち通常の状況において世界に対する患者の関係がもっている高度に統合された性格――にかかわっていると考える理由と一致する。患者たちは、実験的状況に置かれない場合には、行動における驚くべき分裂が消えうせ、正常に機能を果たすようになる。脳の両側からの情報が、統合された行動の制御を生み出すために共同利用されうることは、ほとんど疑う余地がない。そして、このことは通常の方法では達成されないにしても、それだからと言って、統合的機能を単一の心に帰属させることに反対するような形で問題が解決されるようになるとは言えない。結局、もし患者が両手でものに触れ、両方の鼻孔でその匂いをかぐことが許されているならば、自分の周りで何が進行中であり、自分が何をしているのかについて統一的な理解に達しているのであって、行動や態度において左右の不調和を露呈することはない。そうした統合が達成される仕方に関するいくらかの特異性だけを根拠に、われわれはすべてのそうした経験を同一人格に帰属させることはできない、と主張するのは奇妙に思われる。これらの患者を知るものは、単一の個人としての彼らと関係していることを当然のことと思っている。

にもかかわらず、われわれがその統合を単一の心に帰属させるとすれば、実験的に引き起こされた分裂もまたその単一の心に帰属させなければならないのだが、それは容易なことではない。実験的状況は、その解剖学的基礎の単純さという理由からだけでなく、これほど広範囲にわたる諸機能が相互に連絡していない二つの部分に分裂するという理由からも異常なものである、さまざまな分裂ないし葛藤を露わにする。それは、二つの対立する意志中枢が共通の知覚的かつ理性的装置を共有している、などといったものではない。分裂ははるかに深いのである。それゆえ、一つの心の仮説は、個人の単一の意識の内容が、二つの大脳半球における二つの独立した制御システムによって産み出され、それぞれがかなり完全な心的構造をもっている、と主張しなければならない。かりにこの二重制御が実験的状況にある間の一時的な異変によって実現されるものであるとすれば、奇怪ではあるが理解可能であるだろう。しかし、この仮説はそのようなものではないため、そのままではわれわれを納得させることはできない。というのは、これらの患者においては、一つの心に納まりきれない複数のことが同時に起こっているように見えるからである。たとえば、左手の意向と右手の意向の間にいかなる相互作用もなく、両立不可能な二つの仕事に対する注意が同時に払われる、といったことである。

このことが、こうした患者であることはどのようにあることなのかを理解することを困難にしている。前意識的制御システムのレベルで相互作用が欠如しているとすれば、それは理解可能であろう。しかし、視覚的な経験や意識的な意図の領域における相互作用の欠如は、われわれが他者を人格として理解する際の基礎となっている、意識の統一についての諸前提を脅かすものである。これらの諸前提は、われわれが自分自身をどのようにとらえているかということと結びついており、そのとらえ方がかなりの程度までわれわれに他者の理解の仕方を強制するのである。そして、数えられる数の心という概念を用いていま問題になっている症例を解釈することを不可能にしているのは、他ならぬこうした諸前提であると私には思われるのだ。

大ざっぱに言えば、単一の心はそれの意識状態を直接的にとらえることができるので、同時あるいはきわめて接近した瞬間に起こる経験やその他の心的出来事の諸要素に関して、それらの主体であるその心は、もし注意を向ければ、ある。それらの諸要素間のより単純な諸関係を経験することもできる、とわれわれは仮定している。したがってわれわれは、単一の人格が二つの視覚的印象を持っているとき、彼は通常の場合、両者の色、形、大きさが同じか違うかといったことや、視野内での両者の位置と動きの関係といったことを経験することもできる、と仮定しているのである。二感覚統合(cross-modal)の関係にも同じことが言える。単一の人格の諸経験は、経験的に結合された領域において生じると考えられているので、そうした諸経験の間の関係は、それらの関係の経験において実質的に捉えられうるのである。(10)

分離脳患者は実験的状況において、これらの仮定と劇的なまでに離反しており、最も単純なことがらに関してもそうである。そのうえ、その分裂はそれぞれが有意義な内的一貫性によって特徴づけられる二つの意識状態の間に成立しているのだ。すなわち、両半球間のギャップを越えて必要な比較がなされることはありえないが、両半球の内部では、意識の統一に関する通常の仮定が成り立つのである。

このように考察してくると、それらの患者にはそれぞれ二つの心があるという仮説に戻ってくる。少なくともこの仮説は、同時に二つの心であることがどのようにあることなのかを想像しようとしない限り、こうした個人であることはどのようにあることなのかを理解することを可能にする、という利点を持っている。しかし、この結論をスムーズに受け入れる道は、患者が日常生活において見せるやむを得ない行動上の統合――それに比べれば、実験的状況によって引き起こされる分裂徴候は表面的で例外的なものに思われる――によって阻まれている。われわれは、恣意的な決定を許さないようなケースにおいて、真向から衝突する証拠群に直面する。彼らの頭の中にはいくつかの心が存在するに違いない、と感じる強い傾向がわれわれにはあるが、データはわれわれにいくつの心があるかを決定させないのである。

このディレンマによって、まずは仮説(5)が魅力的なものに思われてくる。対立を生み出すデータはある程度まで別々の時点で集められるからである。しかし、実験的状況にある間だけ第二の心を存在させるという提案は、よく考えてみればその妥当性を失う。まず第一に、その提案はまったくその場しのぎである。すなわち、それは一つの変化をもう一つの変化によって——この第二の変化には何の説明も施さずに——説明しようとするものである。患者の中に根本的な内的変化を生じさせていると考えられる実験的状況に関しては、何の説明も与えていない。実際のところ、この実験的状況はどのような解剖学的変化も生み出さずに、注目に値する一連の徴候だけを引き起こすのである。心が突如として現われたり消滅したりするといった異常な出来事は、説明上の便宜以上の何かによって説明されなければならないだろう。

しかし第二に、行動上の証拠は、患者の統合された反応と分裂した反応とが時間によってはっきりとは分離されないという点だけからしても、この仮説によって説明されるものではないだろう。実験の間中、患者は主として単一の個人であるかのように活動している。たとえば、彼の姿勢において、視線を合わせるべき場所の指示に従うことにおいて、実験者や実験装置への関係の中に自分自身を位置づける際の細かい行動制御全般において、そうなのである。彼の二つの大脳半球は、分離されて異なった形で各半球に達するきわめて特殊なインプットの場合を除けば、完全に協力し合っている。これらの理由で、仮説(5)は現実的な選択肢とは思われない。つまり、実験的状況において二つの心が機能しているとすれば、その二つの心は部分的には不和であっても概して調和を保ちながら機能していることになる。そして、その場合に二つの心が存在するのならば、本質的に並行して機能する二つの心がなぜそれ以外の場合に存在してはならないのだろうか。

それでもやはり、日常生活において患者が見せる心理的統合はあまりに完璧であるため、私にはその結論が、そして彼らへ複数の心を帰属させることを含むどのような結論も、受け入れ可能であるとは思えない。こうしたケースは、正常な脳（主として脳梁を介してではあるが、大脳半球間に協同作業が見られる脳）をもつ通常の人格と、正確な行動上の協同作業が要求される仕事——たとえば、二人用ののこぎりを使う場合やデュエットをする場合のような——に従事する二人一組の個人との、ちょうど中間に位置する。後者のようなケースにおいて、われわれはちょっとした微妙な合図によって疎通し合う二つの心を持つのに対し、前者においては単一の心を持っている。これらのケースのどちらを検討してみても、われわれは分離脳患者を、どちらかのケースに属する人間と同化させるように強要されてはいない。かりにわれわれが患者たちは確かに二つの心をもつのだと判断するならば、次のような結論がなぜ解剖学的根拠に基づいて導き出されないのかという疑問が出てくる。すなわち、誰もがみな二つの心をもっているのだが、単一の身体に宿る一対の心の大部分は——それらの解剖学的基礎である両半球の間に直接的伝達があるため——完全に並行して働いているので、特殊な状況を除けば、われわれはそのことに気がつかない、という結論である。われわれ各人が持っている、協力して働く二つの心は、一方が話すことができ、他方は話すことができないという点を除けば、ほとんど同じものであろう。しかし、この種の議論がいかなる意味ももちえないことは明らかである。というのは、およそ単一の心という概念が誰かに妥当するとするならば、それは健全な脳をもつ正常な人々に妥当するのであって、それが正常な人々に妥当しないならば、その概念は廃棄されるべきなのである。この場合には、分離脳患者の心が一つであるか二つであるかを問うことなどには、何の意味もないはずである。(11)

Ⅵ

もし私の考えが正しく、これらの患者がもつとされる、一つ二つと数えられる個別的な心などは存在しないのだとすれば、意識をもつ有意義な心的活動がなされているとみなされるために、単一の心的主体が存在する必要はないことになる。このことはそれ自体として極端に理解しがたいことである。というのも、それは、他者に帰属させる心的状態を自分自身の場合を原型にして解釈する、というわれわれの必要に反するからである。人格に関する通常のとらえ方、あるいは経験に関する通常のとらえ方の中にある何かが、その同じとらえ方が説明不可能にしているこれらのケースの説明を要求することになるのだ。これはそれほど悩む価値のある問題とは思われないかもしれない。それ以前に知られていた他のいかなるものとも根本的に異なる現象から出発したのだから、それは通常の言葉では十全に記述できない、という結論にわれわれが達したとしても、そう驚くべきことではない、というわけである。しかし私は、こうした非常に異常なケースについて考察することにより、われわれは自分自身に適用される意識の単一の主体という概念に関して懐疑的になるはずである、と信じるのである。

心理主義的な観点からこれらのケースを理解しようとする際の根本的な問題は、われわれは自分自身を心理的統一のパラダイムとみなすため、患者たちの心的生活に自分自身を投入することがまったくできない、ということである。しかし、このように自分自身を他の有機体が経験の個別的主体によって住み込まれていると言えるかどうかの試金石として使用するとき、われわれは、自分自身の統一が決して絶対的なものではなく、複合的な有機体の制御システムにおける――多少なりとも有効な――統合の一事例にすぎないかもしれない、という可能性を巧妙に無視しているのである。このシステムが、われわれの口を通じて第一人称単数で語るのであり、このことによってこそ、われわれが統一を相対的で諸内容を統合する機能にすぎないとは考えずに、ある意味で数的に絶対的なものであると考えているという事実が理解可能になるのである。

しかし、これはまったく純粋に一つの幻想にすぎない。この幻想は、心の中心の奥深くに、われわれがその統一性を説明しようとしているまさにその主体を、すなわちあらゆる複雑さをもった個別的人格を、投入することによって成立している。われわれが単一の心と呼ぶものの統一性の窮極的な説明は、それに特徴的な機能的統合の諸類型を列挙することから成り立つ。われわれはこうした諸種の機能的統合が、さまざまな仕方で、さまざまな程度に、侵蝕されうることを知っている。たとえ完全な形の統合であっても、そのような統合は数的に単一の主体の現存によって説明されうる、という信念は幻想なのである。この主体は、心的生活を含むか広がりをもたない点にすぎないかのどちらかである。前者においては、主体は複合的であり、統一は主体の諸要素や諸機能の統一されたはたらき方によって、説明されなければならないのに対し、後者においては、主体は何も説明しないのである。

正常な脳は二つの大脳半球を含んでおり、それぞれが他のものの助けを借りなくとも身体を十分働かせるだけの知覚、記憶、制御システムを所有している。二つの大脳半球は、恒常的に相互作用する内的伝達システムの助けをかりてそれを指示するという点で、協力し合っている。それゆえ、記憶、知覚、欲望等々は、最初のインプットの類似性のゆえばかりでなく、引き続き起こる交流のゆえにもまた、脳の両側に二重の物理的基礎をもつのである。身体を制御する際、分離されていない二つの半球の協力は、分離された二つの半球の協力よりも、有効で直接的ではある。しかし、それでもやはり協力であることに変わりはないのだ。それゆえ、われわれが機能的統合という観点から統一の概念を分析したとしても、われわれ自身の意識の統一は想定されたほど明らかにならないかもしれない。単一の視野、その他の諸感覚のための個別的諸能力、記憶、欲求、信念などの統一的なシステム、といったものを所有する心によって制御された単一の人格という自然な考え方は、われわれ自身に適用されたとき、生理学的事実と衝突するかもしれないのである。

人格という概念は、ひょっとすると一つの身体に二つまたはそれ以上の人格が宿ると言わざるをえないようなケースへの適用にも耐えて生き延びうるかもしれない。しかし、それは一つ二つと数えられる可算性のある種の形態に強く束縛されているように思われる。これにさえ疑いの余地が残されているように思われる以上、単一の人格という通常の単純な概念は、いつか――人間の制御システムのもつ複合性がより明らかになり、自分自身がその一、つ、であるという非常に重要な何かが存在するという確信が薄らいだとき――奇妙なものに思えてくる可能性もあるのだ。しかし、われわれが何を発見しようとも、この概念を捨て去ることはできない、ということもまたありうるのである。

（1） 大脳分離に関する文献は相当数にのぼる。最近の概観ですぐれたものは、Michael S. Gazzaniga, *The Bisected Brain* (New York: Appleton-Century-Crofts, 1970). だが、その九ページに亘る参考文献リストは、この主題に関する完全な目録となるよう意図されてはいない。彼はまた、短い一般向けの解説 'The Split Brain in Man', *Scientific American*, CCXVII

(1967), 24-9を書いている。哲学的な目的に最もふさわしい総合的な取り扱いは、この分野の指導的な研究者であるR・W・スペリーの数篇の論文 'The Great Cerebral Commissure', *Scientific American*, CCX (1964), 42; 'Brain Bisection and Mechanisms of Consciousness', in *Brain and Conscious Experience*, ed. J. C. Eccles, (Berlin: Springer-Verlag, 1966); 'Mental Unity Following Surgical Disconnections of the Cerebral Hemispheres', *The Harvey Lectures*, series LXII (New York: Academic Press, 1968), pp. 293-323; 'Hemisphere Deconnection and Unity in Conscious Awareness', *American Psychologist*, XXIII (1968), 723-33 に、見出すことができる。*Functions of the Corpus Callosum: Ciba Foundation Study Group No. 20*, ed. G. Ettlinger (London: J. and A. Churchill, 1965) に、いくつかの興味深い論文が掲載されている。

(2) R. E. Myers and R. W. Sperry, 'Introcular Transfer of a Visual Form Discrimination Habit in Cats after Section of the Optic Chiasm and Corpus Callosum', *Anatomical Record*, CXV (1953), 351-2; R. E. Myers, 'Interocular Tranfer of Pattern Discrimination in Cats Following Section of Crossed Optic Fibers', *Journal of Comparative and Physiological Psychology*, XLVIII (1955), 470-3.

(3) これらの結束を収めた最初の出版物は、M. S. Gazzaniga, J. E. Bogen, and R. W. Sperry, 'Some Functional Effects of Sectioning the Cerebral Commissures in Man', *Proceedings of the National Academy of Sciences*, XLVIII (1962), pt 2, 1765-9である。その同年にそれ以前の動物研究の結果にヒントを得て同様の方針に沿って人間の脳損傷を説明することを提案した論文が出版されたことは、興味深い。Cf. N. Geschwind and E. Kaplan, 'A Human Cerebral Deconnection Syndrome', *Neurology*, XII (1962), 675. この分野でのゲシュウィンドの長大な二部構成の研究論文、'Disconnexion Syndromes in Animals and Man', *Brain*, LXXXVIII (1965) 247-94, 585-644が、いくつかの哲学的問いをはっきりと取り上げているのも、また興味深い。その一部は、他の資料とともに *Boston Studies in the Philosophy of Science*, vol. IV (1969) に再録されている。彼の論文、'The Organization of Language and the Brain', *Science*, CLXX (1970), 940も参照せよ。

(4) 脳の機能に関するほとんどの一般化がそうであるように、これにも個人差による例外がある。左利きの人は、両半球で言語をコントロールする傾向があり、幼年期にはよくあることである。しかしこれらの実験の被験者はすべて右利きであり、左半球の優位を示していた。

(5) H. W. Gordon and R. W. Sperry, 'Lateralization of Olfactory Perception in the Surgically Separated Hemispheres in Man', *Neuropsychologia*, VII (1969), 111-20. しかし、ある患者はこうした状況下で、それ以上詳しく説明することはでき

なかったが、何か不快な匂いがすると述べることはできた。

(6) Jerre Levy, 'Information Processing and Higher Psychological Functions in the Disconnected Hemispheres of Human Commissurotomy Patients,'(未公刊の博士論文、カリフォルニア工科大学、一九六九年)に報告されている。

(7) その上、完全な分離の条件は安定していない可能性がある。時の経過にしたがい、脳幹を通じて両半球間に新しい通路が形成される傾向があるかもしれない。これは、部分的には交連切開患者の観察によっても支持されているが、より本質的には脳梁の形成不全の症例によって支持されている。脳梁が未発達な状態で成長した人々は、それなしでやっていけるようになっている。すなわち、実験における彼らの行動は、最近分離手術を受けたばかりの患者のそれよりも、はるかに正常に近い。(Cf. L. J. Saul and R. W. Sperry, 'Absence of Commissurotomy Symptoms and Agenesis of the Corpus Callosum,' *Neurology*, XVIII (1968).) この事実は非常に重要であるが、さしあたって、分離の直接的な諸結果に集中するため、これ以上追求しないことにする。

(8) これがスペリーの立場である。彼は次のように述べている。
「これらの患者たちは、正常に統一された単一の意識の流れの代わりに、各大脳半球に一つずつ存在し、それぞれが互いに他方の心的経験から切り離され、いかなる接触もない二つの独立した意識の流れを持っているかのように、さまざまな点で振るまう。換言すれば、各半球は、それぞれ関連する意志的、認識的、学習的な諸経験とともに、独自の分離された私的な感覚、独自の知覚、独自の概念、独自の行為衝動を持っているように思われる。手術の結果、各半球はまた、他方の想起過程にとっては近づきがたいものとなっている、独自の記憶連鎖を持つようになる。」(*American Psychologist*, XXIII, 724.)

(9) 視覚にも触覚にも、そのような原始的な・身体の同じ側のインプットの証拠となるものが、いくつか存在する。Cf. Gazzaniga, *The Bisected Brain*, ch. 3.

(10) もちろんこの二つは分かれることが可能であって、この事実こそが逆転スペクトルという古典的な哲学的問題の根底にあるのだが、それはこの論文の主題とはあまり関係がない。〔訳注:逆転スペクトルの問題とは、たとえば写真のポジとネガのように、自分と他人は逆の色を見ているのだが、色を識別する仕方(差異体系)そのものは完全に一致しているため、その違いが発見されることはなく、したがって見ている色が「違っている」ということに意味を与えることもできない、という問題。〕別々の人格の経験の諸要素の間には成り立ちえないようなタイプの経験が、単一の人格の経験における諸要素の間には成り立ちうる。たとえば、色が似て見える、といったことがそれである。単一の人格の場合における経験の類似性の概念が、当人のもつ類似性の経験に依存している限り、その概念は人格相互間には適用不可能なのである。

(11) かりにもし誰かがわれわれはすべて二つの心を持つという結論を選び取る傾向にある場合、問題はそこでは終わらないだろうと言っておきたい。というのは、単一の半球の心的機能——見る、聞く、話す、書く、言葉の理解など——は、適正な大脳皮質の分割によって、大部分相互に分離されうるからである。なぜそのとき、われわれはそれぞれの半球を、特殊な能力をもつ数個の共同作用する心によって住み込まれたものとみなさなければならないのだろうか。止まるべき場所はどこなのか。もし脳に結びつけられた心の数の決定が概して恣意的であるとすれば、問題の出発点が消滅してしまっていることになる。

12　コウモリであるとはどのようなことか

意識の存在が、心身問題を真に困難な問題にしている。おそらくはそのためであろうが、この問題に関して現在なされている諸々の議論は、意識の存在にほとんど注意を払わないか、またはそれを明らかに誤って捉えている。最近では、浮かれ気分の還元主義の潮流が心的諸現象と心的諸概念に関するいくつかの分析を提出し、さまざまな種類の唯物論の可能性を、すなわち心理現象を物理現象へ同定したり還元したりする可能性を、説明しようと企てている(1)。しかし、そこで論じられている諸問題は、この種の還元と他の諸種の還元に共通する諸問題ばかりであって、心身問題を比類のない問題たらしめ、それを水－H_2O問題、チューリング・マシン－IBMマシン問題、稲妻－放電問題、遺伝子－DNA問題、オーク材－炭化水素問題といったものから区別している当のものは、無視されているのである。

還元主義者たちは、みなそれぞれお気に入りのアナロジーを近代科学から取ってくる。だが、これらの成功した還元の諸事例は、心身問題とは何の関係もなく、そのどれをとっても、心と脳の関係を解明するのに役立つとは思えない。しかし、哲学者たちもまた、人間のもつ一般的な弱点を共有しており、理解しがたい事象を、馴染み深く理解しやすい事象――たとえまったく異なった事象であっても――に適した言葉によって、説明したくなるものなのである。このことのために、馴染み深い諸種の還元が人々に容認されるであろうということを主たる根拠にして、心的なものに関する信じがたいような説明が受け入れられるようになったわけである。私はこれから、これら通常の諸事例が心と身体の関係を解明するのに役立たないのはなぜなのか、さらには、現在のわれわれには心的現象の物理的本性の説明がどのようなものになるのか見当もつかないのはなぜなのか、を説明していきたいと思う。意識を考慮に入れないならば、心身問題ははるかに興味のない問題になってしまうだろう。意識を考慮に入れるならば、しかし、それはまったく希望のない問題となるように見える。意識のある心的諸現象に固有の、最も重要な特徴については、まことに貧寒な理解しか得られていない。ほとんどの還元主義的な理論においては、それを説明しようとする試みすらなされてはいないのである。そして、注意深く検討してみれば、現在利用できる還元の概念はどれをとっても、意識をともなう心的諸現象には適用できないことがわかるであろう。おそらく、新しい理論形式がこの目的のために考案されることは可能である。しかし、そのような解決は、もし存在するとしても、遠い知的未来に属することがらなのである。

　意識体験はどこにでも見出せるありふれた現象である。比較的単純な生物にそれが存在するかどうかははっきりしないし、また何がその存在の証拠となるのかについても、一般的に語ることはきわめてむずかしいとはいえ、それは動物的生命の多くの水準に生じているのである。（極端な立場をとる人々の中には、人間以外の哺乳動物にさえ意識があることを認めようとしない人々が存在し続けてきたが。）おそらく意識体験は、宇宙全体にわたって他の太陽系の他の諸々の惑星上に、われわれにはまったく想像もつかないような無数の形態をとって生じているのである。しかし、その形態がどれほど多様であろうとも、ある生物がおよそ意識体験をもつという事実の意味は一定であり、それは根本的には、その生物であることはそのようにあることであるようなその何かが存在する、という意味なのである。意識体験という形態には、これ以上の意味が含まれているかもしれない。生物の行動に関する意味さえ（私には疑わしく思われるのだが）含まれているかもしれない。しかし根本的には、ある生物が意識をともなう心的諸状態をもつのは、その生物であることはそのようにあることであるようなその何かが——しかもその生物にとってそのようにあることであるようなその何かが——存在している場合であり、またその場合だけなのである。

われわれはこれを、経験の主観的性格と呼んでよいだろう。それは、心的なものに関して最近考案された周知の還元的分析のどれによっても捉えられない。というのも、それらの分析はどれも、そのような主観的性格が存在しないことと論理的に両立可能だからである。この性格は、心の機能的な状態や志向的な状態の観点からなされる説明体系によっては分析不可能である。そうした状態ならば、人間のように振舞いはするが何ごとも体験することのないロボットやオートマトンもまた、持っていると言えるからである。[2] この主観的性格はまた、同じ理由によって、人間の典型的な振舞い方との関連における諸体験の因果的な役割によっても、分析不可能である。[3] 私は、意識をともなう心的諸状態や諸事象が動作の原因となることも、それらが機能的な諸性格を与えられていることも、否定しない。私はただ、そうした諸状態や諸事象がその因果的な役割や機能的な性格によって分析し尽くされるという考え方を否定したいだけなのである。それがどのようなものであれ、還元主義のプログラムは、還元されるべきものの分析のうえに基礎づけられていなければならない。その分析そのものが何かをとりこぼしている場合には、問題は誤った形で設定されていることになる。心的諸現象を扱いながらその主観的な性格を主題化することもできないような分析に基づいて、唯物論を擁護しようとしても無駄である。というのも、ある還元が意識を説明しようとする試みすら行なっていないとすれば、それがどれほどもっともらしく見えたところで、意識を含むところまで拡張されてもその妥当性を失わない、などとはとうてい考えられないからである。それゆえ、体験の主観的性格の本質について何らかの理解をもつことなしには、物理主義の理論にそもそも何が要求されているのかを、われわれは知ることができないのである。

心の物理的な根拠を説明するには、多くのことが解明されなければならないが、次の点が最も困難であるように思われる。すなわち、通常の物体を物理的または化学的に還元するに際して、その物体の現象学的諸特性を除外した——つまり、それらは人間である観察者の心に与えた影響にすぎないという形で——のと同じようには、この場合の還元から体験の現象学的特性を除外するわけにはいかない、という点である。[4] もし物理主義が擁護されるべきであるならば、体験の現象学的特性そのものが物理的に説明されなければならないのである。しかし、その現象学的特性の主観的性格を考慮に入れるならば、そのようなことは不可能であるように思われる。というのは、あらゆる主観的現象は本質的に単一の視点と結びついているのだが、客観的な物理理論がそのような視点を放棄することは避けがたいように思われるからである。

この論点を、主観的なものと客観的なものとの関係、あるいは対自的なものと即自的なものとの関係という観点から見るのでは、まだとうてい十分とは言えない。私はまず、いくぶんかはましな仕方で、この論点を語ることを試みようと思う。これは容易ならざるわざである。Xであることはどのようにあることなのか、に関する事実は非常に独特であって、あまりにも独特であるためにそれが存在することや、それについて何かを主張することに意味があることを、疑う人々もいるほどなのである。主観性と視点との関係を明確にし、主観的特性の重要性をはっきりさせるためには、主観的な見方と客観的な見方の相違点を明瞭に示すような実例を提示して、事態を探究することが役に立つであろう。

コウモリが体験をもつことを疑う者はいない、と私は思う。何といっても、彼らは哺乳類であり、ネズミやハトやクジラと同じように、彼らもまた体験をもつことは疑いえないからである。スズメバチやカレイではなくコウモリを選んだのは、系統樹をあまり下りすぎるとそもそも、そこに体験が生じているという信念そのものが弱まってくるからである。コウモリは、そのような他の種よりもわれわれと近い関係にあるとはいえ、にもかかわらず活動領域と感覚器官においては、われわれとは大いに異なっているので、コウモリをとりあげることによって、私の提起したい問題は例外的なほど鮮かに示されることになるのである（もちろん、他の種をとりあげても同じ問題を提示することは可能だが）。哲学的反省によって助けられるまでもなく、閉ざされた空間の中でしばらくのあいだ興奮したコウモリとともに過ごした経験がありさえすれば、誰でも根本的に**異質**な生のかたちに出会うことが何を意味するのかわかるはずである。

コウモリが体験をもつという信念の本質を形成しているのは、コウモリであることがそのようにあることであるようなその何かが存在しているということである、と私は述べた。さて、周知のように、大部分のコウモリは（正確に言えば哺乳類翼手目に属する動物は）主としてソナーによって、つまり反響位置決定法によって外界を知覚する。すなわち、高感度で微妙に調節された高周波の叫び声を自分から発して、有効範囲内にある諸対象からの反響音を感知するのである。彼らの脳は、発せられる衝撃波とそれによってひき起こされる反響音とを相互に関連づけるように設計されている。そして、このようにして獲得された情報によってコウモリは、われわれが視覚によって行なうのと同じように、対象の距離、大きさ、形、動き、感触を正確に識別することができるのである。しかしコウモリのソナーは、明らかに知覚の一形態であるにもかかわらず、その機能においては、われわれのもつどの感覚器官にも似てはいない。それゆえに、ソナーによる感覚が、われわれに体験または想像可能な何かに、主観的な観点からみて似ているとみなすべき理由はないのである。この事実は、コウモリであることはどのようにあることなのかを理解するために、障害となるように見える。われわれは、何らかの方法によってわれわれ自身の内面生活からコウモリのそれを推定することができるかどうか[5]、もしできないならば、コウモリであることはどのようにあることなのかを理解するために、他のどんな方法がありうるのか、を考えなければならないのである。

　われわれが行なう想像の基本的な素材は自分自身の体験である。それゆえ、その及ぶ範囲は限られている。自分自身について、次のようなところを想像しようと試みても、それは無理であろう。腕に水かきがついていて、それを使って夕暮れや明け方にその辺を飛び回り、口で虫をつかまえているところ、あるいは、視力が非常に弱く、周囲を高周波の反響音信号システムによって知覚している様子、そしてまた、日中は屋根裏部屋でさかさまにぶら下ってすごしているありさま、といったことである。私に可能な範囲では（その範囲もさして広くはないが）、そのような想像によってわかることは、私がコウモリのようなあり方をしたとすれば、それは私にとってどのようなことであるのか、ということにすぎない。しかし、そのようなことが問題なのではない。私は、コウモリにとってコウモリであることがどのようなことなのか、を知りたいのである。だが、それを想像しようとすると、私の想像の素材として使えるものは私自身の心の中にしかなく、そのような素材ではこの仕事には役に立たないのだ。この仕事は、私の現在の体験に付加されたものを想像しても、逆にそれから少しずつ除去されていった部分を想像しても、あるいはまた、付加、除去、変様の組み合わせを想像しても、そのようなことではなされえないのである。

　私が、自分の根本的な身体機構を変えることなしに、スズメバチやコウモリのような見かけと動作ができたとしても、それだけでは、私の体験は彼らの体験に似てきはしないのである。他方ではまた、私の身体がコウモリと同じ神経生理学的機構で出来ていると想定してみても、そのような想定に何らかの意味が与えられうるとは思えない。たとえ私が徐々に形を変えていって、ついにはコウモリになることができるとしても、現在の私を構成している要素の中には、そのように変身した未来の私の状態の体験がどのようなものになるのかを、想像可能にしてくれるものは存在しないのである。変身した私の体験がどのようなものになるかを最もよく教えてくれたのは現にコウモリが体験しているものであろう。それが現にどのようなものであるのかを、われわれが知ることさえできたならば。

　それゆえ、もしわれわれ自身の場合からの推定が、コウモリであることはどのようにあることなのかの想像のうちに含まれているとすれば、そうした推定は実行不可能なのである。それが現にどのようにあるのかについては、われわれは図式的な概念的理解しかもちえない。たとえば、コウモリの機構と振舞いに基づいて、この動物のもつ体験の一般的な類型を想定することはできよう。すなわち、われわれはコウモリのソナーを三次元前方知覚の一形態として記述し、コウモリが何らかの形で痛み、恐れ、空腹、欲望を感じており、ソナーのほかにもよりわれわれに馴染み深い別の知覚形式を持っている、と信じている。しかしわれわれは、これらの諸体験はまた、それぞれ独自の主観的な性格もそなえており、それはわれわれの想像力を超えている、とも信じている。そして、宇宙のどこかに意識をともなう生命現象が存在するとしても、そのうちのいくつかは、われわれのもつ最も一般的な体験記述語を使っても記述不可能である、という事態も考えられる。[6]（しかしこの事態は、異種の生命の場合にだけ起こるのではない。ひとりの人間と他の人間のあいだにも存在するのである。たとえば、生まれつき眼が見えず耳も聞こえない人のもつ体験の主観的性格は私には理解しがたく、おそらくはまた、そのような人の方も私の体験の主観的性格を理解しがたいであろう。しかしそれだからといって、われわれふたりは互いに相手の体験にそのような主観的性格があることが信じられなくなってしまう、ということになるわけではない。）

もし、そのような主観的体験がどのようなものであるのかはわれわれにはまったくわからないのだから、われわれはそのようなものが存在すると信じることもできないはずだ、と主張したくなった人がいたならば、その人は、コウモリのことを考えるに際してわれわれが置かれている立場について反省してみるべきである。それは、知性のあるコウモリや火星人が、[7]人間であることはどのようにあることなのかを理解しようと試みたとすれば、そのとき置かれる立場とまったく同じなのである。彼ら自身の心の構造のゆえに、彼らがその試みに成功することは不可能であるかもしれない。しかしわれわれは、もし彼らが、人間であることがそのようにあることであるようなまさにその当のものなどは存在しない、という結論を下したならば、彼らは誤っている、ということを知っている。またもし彼らが、人間は心的状態の一般的な類型をもちうるだけである（ことによると知覚や食欲といったものはわれわれ双方に共通であるかもしれないが、ことによるとちがうかもしれない）という結論に達したとすれば、それも誤りであることをわれわれは知っている。われわれは、彼らがそのような懐疑論的な結論を出したならば、彼らが誤っていることを知っている。なぜならば、われわれはわれわれであることがどのようにあることなのかを知っているからである。そのうえわれわれは、われわれであることがそのようにあることであるような何かは、無限に多様な変形と複合をゆるし、それを完全に記述するだけの語彙はわれわれにもないとはいえ、その主観的な性格は人間という種にまったく固有であって、いくつかの点では、われわれに似た生き物によってのみ理解可能な用語によってしか記述できないほどである、ということもまた知っているのである。だが、われわれの言語によっては、火星人やコウモリの現象学を詳細に記述することは望むべくもない、という事実があるからといって、コウモリや火星人が細部の豊かさにおいてわれわれのそれに十分比肩しうるほどの体験をもっているという主張が、無意味な主張として退けられてしまうことにはならない。もしかして、どこかに概念と理論を開発してくれる人がいて、われわれにもそうした豊かな体験が理解できるようになったとしたら、それはまったくめでたいことであろう。しかし、そのような理解は、われわれの本性上の限界のために、われわれには永遠に不可能かもしれないのである。そして、われわれには記述や理解がまったくできないことについては、その実在性も論理的有意味性も認めないというのは、心理的な葛藤の解決策としては最も幼稚な形態であると言えよう。

このようにしてわれわれは、私が今なしうるよりもはるかに詳しい議論を必要とするある論点の縁に達している。それはすなわち、事実と概念枠あるいは表現体系との関係という論点である。主観的な領域に関する私の実在論は、そのあらゆる形態において、人間のもっている概念の及びうる範囲を超えた事実というものが存在する、という信念を含意している。言うまでもなく、それを表現したり理解したりするのに必要な諸概念を人間たちが将来もつにいたることはないであろうような事実が存在する、と信じることは可能である。それどころか、人間に期待できることの限度を考慮に入れれば、それを疑うことはばかげたことだとさえ言えるであろう。何と言っても、たとえば超限数はカントールがそれを発見する以前に人類がペストで絶滅していたとしてもやはり存在するはずだからである。しかし、そうした事実のほかに、たとえ人類が永遠に存続するとしても、単にわれわれの構造が要求されている型の概念を操作できるようになっていないというだけの理由で、人間によって表現されたり理解されたりすることが永遠にありえないような事実が存在する、と信じることもまたできるのである。この種の不可能性が人間以外の存在者によって発見されるということは、考えられることである。しかし、そのような存在者が実在することが、あるいは実在する可能性が、人間には近づきえないような事実がある、という仮説が意味をもつための前提条件であるのかどうかはわからない。（結局のところ、人間には近づきえない事実に近づきうる存在者の本性は、おそらくそれ自体、人間には近づきえない事実であろう。）それゆえ、コウモリであることはどのようにあることなのかという問いの検討によって、われわれは、人間の言語で表現可能な命題によってはその本質がとらえられないような事実が存在する、という結論に達したかに見える。そして、ある種の事実に関しては、それを記述し理解することはできないにもかかわらず、それが実在することは認めざるをえない、ということがありうるのである。

しかし、私はここでこの問題を追究しようとは思わない。私が追究すべき問題（すなわち心身問題）とこの問題との関係は、この問題が体験の主観的な性格について一般的に語ることを可能にする、という点にある。人間、あるいはコウモリ、あるいは火星人であることはどのようにあることなのか、に関する事実がどのような身分にあるにせよ、そのような事実は特定の視点を具現している、ということがわかってくるのである。

私はここで、体験がその所有者にのみ知られうるといういわゆる私秘性の問題に言及しているのではない。いま問題になっている視点とは、一人の人間にしか近づきえないようなものではないのだ。むしろ、それは一つの型なのである。自分自身の視点以外の視点をとることもしばしば可能なのであって、それゆえ、特定の視点を具現しているような事実を理解することは、自分自身の場合以外にも可能なのである。ある意味では、現象学的事実とはまったく客観的なものである。一人の人間は他の人間のもつ体験の性質が何であるかを知ったり言ったりすることができるからである。しかし別の意味では、それはやはり主観的なものである。ある対象にある体験を客観的に帰属させることができるのは、その対象に十分似ているために彼の視点をとってみることができる――いわば第三人称においてと同時に第一人称においてその帰属を理解することができる――ような主体だけだからである。他の体験主体の自分との違いが大きければ大きいほど、彼の視点をとってみようとする試みの成功は望み薄となる。われわれ自身の場合には、適切な視点がすでに用意されている。だが、もし他の視点からわれわれ自身の体験に接近しようとすれば、その体験を正しく理解することはきわめて困難となろう。それはちょうど、その生物種の視点をとることなしに、ある生物種の体験を理解しようとする際に、われわれが陥る困難と同じものであろう(8)。

このことは心身問題と直接的な関係をもってくる。というのも、もし体験の事実が――すなわち、体験する生物にとってそれがどのようにあるのか、に関する事実が――一つの視点からしか近づきえないのであれば、体験の真の性格がその生物の身体に起こる生理的な作用の内に顕現しうるのはどうしてなのかは、まったくの謎と化してしまうであろうからである。生物の身体に起こる生理的な作用はすぐれて客観的な事実の領域に属する。すなわち、多くの視点から、また、異なる知覚システムをもった種々の個体によって、知覚され、理解されうるものの領域に属するのである。人間の科学者がコウモリの神経生理学を研究することに格別の困難があるとは思えない。そして、知性をもったコウモリや火星人が、人間の脳についてわれわれよりも詳しく知ることも可能なのである。

　このような指摘は、それだけで還元を否定する論拠となるわけではない。火星人の科学者は、たとえ視覚というものを理解していなくとも、物理現象としての虹や稲妻や雲を理解することができる。もちろん彼には、人間的概念としての虹や稲妻や雲を理解し、それらが人間の現象的世界の中で占めている位置を理解することは、望むべくもないだろうが。彼がそれらの人間的諸概念によってとらえられた事物の客観的本性を理解しうるのは、たしかにそうした概念そのものは特定の視点と特定の視覚の現象学に結びついているとはいえ、その視点からとらえられた事物はそうではないからである。つまり、事物は特定の視点から観察可能ではあるが、その視点に対しては外的な関係にあり、したがって、他の視点からも、そして同種の生物によっても異種の生物によっても、とらえられうるのである。稲妻は、その視覚的な外見によっては汲み尽くしえない客観的性格をもっており、それは視覚をもたない火星人によっても探究可能である。正確に言えば、稲妻はその視覚的な外見に現われている以上の客観的性格をもつのである。主観的な性格づけから客観的な性格づけへの推移について語る場合、私は、その終局地点の存在については、すなわち、われわれに到達可能かどうかは別として、完全に客観的な事物そのものの本性があるのかどうか、という問題については、態度を保留しておきたい。客観性を方向としてとらえ、それへ向かって理解は進行しうると考えるのが、より正確な考え方であろう。そして、稲妻のような現象を理解するに際しては、人間に固有の視点からできるだけ遠ざかろうとするのが、正しい方向なのである。[9]

　これに対して、体験の場合には、特定の視点との結びつきがはるかに緊密であるように思われる。体験の主体がそこから体験を把握している視点を別にすれば、体験の客観的な性格ということで何が意味されうるのかを理解することは困難である。結局のところ、もしコウモリの視点を取り去ってしまえば、コウモリであることはどのようにあることなのかに関して、いったい何が残るのであろうか。しかし、もし体験が、その主観的な性格に加えて、多くの異なる視点からとらえられる客観的な本性をもっているのでなければ、私の脳を探究している火星人が、異なる視点だけから、(稲妻の光である物理的過程を観察するように)私の心的過程である物理的過程を観察している可能性があるなどと、どうして考えることができるだろうか。だが、そうだとすると、私の脳を探究する人間の生理学者が、やはり他の視点から、私の心的過程である物理的過程を観察しうるなどとは、どうして言えるのだろうか[10]。

　われわれはここで、心理的なものを物理的なものに還元する際の一般的な困難に直面しているように見える。他の領域では、還元の過程は、事物の本性をより正確に知ることを求めて、客観性の増大する方向へ移動することである。それは、探究対象へ向かうに際して、個人的なあるいは種に固有の視点への依存度を減らすことによって実現される。われわれは、もはや対象がわれわれの感覚器官に与える印象によってではなく、対象の与えるより一般的な効果や、人間の感覚器官以外のものが発見できるような性質によって、その対象を記述するのである。特殊人間的な視点への依存度が減るにつれて、われわれの記述は客観性を増す。この途をたどることが可能なのは、外界について考える際にわれわれが使用する概念や観念は、最初はわれわれの知覚器官に依存する視点から持ち込まれるとはいえ、それ自身を越えて事物そのものを指示するのに用いられる——そしてその事物に向かってわれわれは現象的な視点を持つ——ようになるからである。それだからこそわれわれは、その現象的な視点を捨て、別の現象的な視点をとっても、なおやはり同じ事物について考えていることが可能なのである。

　体験それ自体は、しかし、このパターンに当てはまるとは思えない。外見から実在への移行という考えは、ここでは意味を失うように思われる。体験の場合に、同じ現象のより客観的な理解を求めて、それへ向かう最初の主観的な視点を捨て、より客観的な別の視点をとる、といったパターンに相当するものは、いったい何だろうか。人間の体験の真の本性に近づこうとするのに、人間の視点の特殊性を捨て、人間であることがどのようにあることなのかを想像できないような存在者にも理解できる記述を求める、というのは、確かに一見して成功の見込みがなさそうである。体験の主観的な性格は一つの視点からしか十全に把握されない以上、客観性の増す方向への移行——すなわち、特殊な視点への結びつきが減る方向への移行——は、現象の本性へ近づくことにはならず、むしろそこから遠ざかることになるのである。

ある意味では、体験の還元可能性に対するこの異論のもとになっているものは、成功した還元の場合にも、すでに発見可能である。というのは、音とは実は空気や他の媒体の波動現象であることがわかった、という場合、われわれは一つの視点を捨てて他の視点へ移行しているわけだが、そのとき捨てられた人間や動物の聴覚という視点は、還元されることなく残っているからである。根本的に異なる種に属している者どうしが同じ物理的事象を客観的に理解し合うことは可能であるが、その際、その物理的事象が相手の感覚に現われる現象形態を、彼らが理解し合っている必要はないのである。ということはつまり、彼らのもつより特殊的な視点は、双方が理解している共通の実在の一部となってはいない、ということであり、そのことがこの共通の実在に言及するための条件をなしているのである。還元は、還元されるべきものから種に固有の視点が排除される場合にしか、成功しないのである。

外界の十分な理解を求める場合には、種に固有の視点を排除するのが正しいとはいえ、その視点を永久に無視し続けるわけにはいかない。なぜならば、それは内面に対しては一つの視点ではなくその本質をなしているからである。最近の哲学的心理学の新行動主義は、そのほとんどが、還元不可能なものを残さないことを目ざして、心の中に実在する事象を心に関する客観的な概念で置き換えようとする努力から生まれたものである。もしわれわれが、心に関する物理的な理論は体験の主観的な性格を説明しなければならない、ということを認めるならば、われわれはまた、それがいかにしてなされうるのかを示唆するようなものは現在のところまったく与えられていない、ということも認めなければならない。今われわれが考えているのは、類例のない問題なのである。心的な過程は実は物理的過程なのだとすれば、ある特定の物理的過程が経過することが本質的に[11]そのようにあることであるような何かが存在している、ということになる。だが、まさにそのようなことが起こりうるということが何を意味するのかが、依然として謎なのである。

以上の考察からどのような教訓が引き出されるべきか。そして、次に何がなされるべきか。物理主義は誤謬であるという結論が引き出されるとすれば、それは間違っている。心に関する誤った客観的分析を前提としている物理主義の仮説が不十分なものだからといって、それで何かが証明されたわけではない。物理主義は、それがどうして真理でありうるのかが現在のところわれわれにはまったくわからないのだから、われわれには理解できない立場である、と言った方がより正確であろう。あるいは、ある主張を理解するための条件としてそのような理由づけを要求するのは不適切だと考える人がいるかもしれない。何はともあれ、物理主義の意味は十分に明快であって、それは要するに、心の状態は身体の状態であり、心的事象は物理的事象である、という主張なのだ、と言われるかもしれない。なるほどわれわれにはどの物理的事象が心的事象なのかはまだわからないが、それは仮説の理解を妨げはしない、と。何が「である」という語よりも明快でありえようか、というわけである。

しかしながら、私の信ずるところでは、まさにこの「である」という語の見かけの明快さこそが曲者なのである。通常、XはYであると言われる場合、われわれはそれがどのようにして真理であるとされるのかを知っている。だが、それは概念的・理論的な背景のおかげなのであって、「である」だけでことがすむわけではないのだ。われわれは「X」と「Y」の両者が提示作用を行なう仕方とそれによって指示される対象の種類を知っており、また、二つの指示経路がどのようにして単一の事物——それが物、人、過程、事象、等の何であろうと——へ収束しうるのかに関しても、大体のところは知っている。しかし、同定される二つの項がまったく異種のものである場合、そのような条件がどのようにして整えられるのかは、必ずしもはっきりしているとは言えない。われわれは、二つの指示経路がどのようにして収束するのか、あるいはどのような種類の事物に収束しうるのかについて、大体のところさえも知りえないかもしれず、また、それを理解するためには、ある理論的な枠組みが新たに与えられなければならないかもしれないのである。その理論的な枠組みを欠くところでは、同定には神秘的な外見がまとわりつくことになろう。科学上の基礎的な発見が、真に理解することはできなくとも同意しなければならない命題として、人々の前に提示されたときには、一種の魔術的な雰囲気をもつことがあるが、その理由もこれまで述べてきたことによって理解されるであろう。たとえば、人々は幼い頃に「あらゆる物質は実はエネルギーである」と教えられる。「である」の意味を知っているにもかかわらず、彼らの大部分はどうしてこの主張が真理であるのかはまったく理解できないが、それは彼らに理論的な背景が欠けているからなのである。

現代における物理主義の身分は、かりにソクラテス以前の哲学者が物質はエネルギーであると主張したとすれば、その主張がもったであろう身分に類似している。われわれは、物理主義がどのようにして真理でありうるのかに関して、見当をつけることもできない。心的事象は物理的事象であるという仮説を理解するためには、「である」という語の理解以上のものが必要なのだが、心的術語と物理的術語がどうして同じ事物を指示しうるのかについての説明はなく、他の分野における理論的同一性とのアナロジーによる説明は成功していない。それが成功しない理由は、心的術語による物理的事象への指示が通常の理論的同一性とのアナロジーで解釈された場合、心的術語による物理的事象への指示を保証するものとして別の心的事象が再び出現するか、または心的術語が指示する仕方に関する誤った説明(たとえば因果的行動主義による説明)が得られるかのどちらかの結果に終わるからである。

まったく奇妙なことではあるが、われわれは自分が本当には理解できていないことがらについても、それが真理であることについては証拠をもっている、ということがありうる。一ぴきの毛虫が昆虫の変態に通じていない人物によって無菌容器の中に密封され、数週間後に容器があけられると蝶が現われたとしよう。その人物が容器はずっと閉じたままであったことを知っているならば、彼はその蝶は毛虫である、あるいはかつてあった、と信じるべき理由を持ってはいる。しかし彼は、どのような意味でそうでありうるのかついては、何の考えも持ってはいないのである。

（その毛虫には羽根のはえた小さな寄生物がおり、それが毛虫を食って成長し蝶になった、というのも一つの可能性であろう。）

われわれも物理主義に関してこのような立場に立っているということは、考えられることである。ドナルド・デイヴィドソンは、心的事象に物理的原因と物理的結果があるならば、心的事象には物理的な記述があるのでなければならないと、論じている。彼によれば、たとえわれわれが一般的な精神物理学説を持っていない――それどころか、もつことができない――としても、われわれにはそのことを信じるべき理由があるのだ[12]。彼の論拠は志向的な心的事象に適合するものであるが、私の考えでは、われわれはまた感覚も――どうしてそうであるのかは理解できないにしても――物理的な過程であると信じるべきある種の理由は持っているのである。デイヴィドソンの立場は、ある種の物理的事象はそのままの形ですでに心的性質を備えている、というものであり、そのような形で表現される見解のあるものは、おそらく正しい見解であろう。しかし、われわれに現在理解できる理論の中には、そのような見解と調和するものは一つもなく、また、そのような見解を理解可能なものにしてくれる理論がどのようなものであるのか、われわれにはまったくわかっていないのである[13]。

およそ体験が客観的な性格をもつということに何らかの意味がありうるかどうかという根本的な問い（この問いからは脳への言及はまったく排除されていてよい）に関しては、ほとんどいかなる研究もなされてこなかった。言いかえれば、私の体験が私にとってどのように現われるかを離れて、実はどのようにあるのか、と問うことに意味があるのかどうか、という問題が論じられていないのである。体験が客観的な本性をもっているという（あるいは客観的な過程が主観的な本性をもちうるという）より根本的な前提を理解できないうちは、われわれは体験の本性が物理的な記述によってとらえられるという仮説を真に理解することはできない[14]。

一つの思弁的な提案をして、結びとしよう。主観的なものと客観的なものの間にあるギャップを問題にするには、われわれはまた別の方向からのアプローチも可能なのである。心と脳の関係はしばらく脇に置いておくことにして、われわれは心的なものそれ自体のより客観的な理解を追究することができる。目下のところわれわれは、想像力に頼る以外には——つまり体験する主体の視点をとってみる以外には——体験の主観的な性格について考えることがまったくできない。この現状は、新たな概念と新たな方法——自己投入や想像に依存しない一種の客観的な現象学——を考え出すことを要求しているとみなされるべきである。おそらくこの現象学によって何でも記述されるようになるというわけにはいくまいが、体験の主観的な性格の少なくとも一部が、その体験をもちえない存在者にもわかるように記述されるようになることぐらいは、目標として掲げることができるであろう。

コウモリのソナー体験を記述しようとすれば、このような現象学が開発されねばならないだろう。だが、人間どうしの場合から始めることも可能であろう。たとえば、見るとはどのようなことなのかを、生まれつきの盲人に説明するために使える概念を開発してみてもよい。その企てはどこかで壁に突き当たるであろうが、現在われわれが使えるよりもはるかに多くの客観的な言葉を用いて、はるかに正確に表現する方法を考え出すことは、可能なはずである。だが、たとえば「赤はトランペットの音に似ている」といったような、この問題に関する議論にときどき顔を出す感官を統合するルーズなアナロジーは、ほとんど役に立たない。それは、トランペットの音と赤い色の両方を知っている人なら、誰でもわかるはずである。しかし、知覚の構造的な特徴についてならば、何か抜け落ちるものはあるにせよ、客観的な記述は比較的容易であるかもしれない。そして、第一人称においてわれわれが習得する諸概念に代わる諸概念の助けをかりることによって、われわれは自分自身の体験についてさえも、主観的な概念がわれわれに与えてくれる記述の容易さと距離の欠如のためにかえって把握しにくかった新たな理解に、達することができるようになるかもしれないのである。

それ自体としての興味を離れても、そのような意味で客観的なこの現象学になしうることは、体験の物理的な基礎[15]に関する問いを、より明快な問いにつくり変えることである。この種の客観的な記述を許容するような主観的な体験の諸側面ならば、もっと馴染み深い種類の客観的説明に関しても、そのよき候補者となるであろう。しかし、この推測が正しいにせよ誤っているにせよ、心に関する物理的な理論を思い描こうとするならば、まず主観的なものと客観的なものに関する一般的な問題を、よく考えてからでなければならない、とは言えよう。そうしなければわれわれは、心身問題を取り逃がすことなく設定することさえできないのである。

（1） いくつかの例を挙げれば、J. J. C. Smart, *Philosophy and Scientific Realism* (London: Routledge & Kegan Paul, 1963). David K. Lewis, 'An Argument for the Identity Theory', *Journal of Philosophy*, LXIII (1966). 補遺とともにDavid M. Rosenthal, *Materialism & the Mind-Body Problem* (Englewood Cliffs, N.J.: Prentice-Hall, 1971) に再録。Hilary Putnam, 'Psychological Predicates', in *Art, Mind, & Religion*, ed. W. H. Capitan and D. D. Merrill (Pittsburgh: University of Pittsburgh Press, 1967). 'The Nature of Mental States' として*Materialism*, ed. Rosenthal に再録。D. M. Armstrong, *A Materialist Theory of the Mind* (London: Routledge & Kegan Paul, 1968). D. C. Dennett, *Content and Consciousness* (London: Routledge & Kegan Paul, 1969). 私の初期の段階での疑問点は、'Armstrong on the Mind', *Philosophical Review*, LXXIX (1970), 394-403, a review of Dennett, *Journal of Philosophy*, LXIX (1972), および本書第11章に表現されている。また、Saul Kripke, 'Naming and Necessity', in *Semantics of Natural Language*, ed. D. Davidson and G. Harman (Dordrecht: Reidel, 1972) の特に三三四～四二ページ〔邦訳：ソール・クリプキ『名指しと必然性――様相の形而上学と心身問題』八木沢敬・野家啓一訳、産業図書、一九八五年、一七〇～八三ページ〕、およびM. T. Thornton, 'Ostensive Terms and Materialism', *The Monist*, LVI (1972), 193-214も見よ。

（2） おそらく現在のところ、そのようなロボットは存在しえないであろうが、しかしおそらく、人間のように振舞うことができるほどの複雑さを備えたものならば、体験をもつことであろう。しかしそうだとしても、それは体験という概念を分析するだけでは発見できない事実である。

（3） 私はここで主観的体験の訂正不可能性に言及するつもりはない。第一に、われわれは体験に関して訂正不可能ではないし、第二に体験は、言語と思考を欠き自分の体験について何の信念ももたない動物たちにも存在するからである。

（4） Richard Rorty, 'Mind-Body Identity, Privacy, and Categories', *Review of Metaphysics*, XIX (1965) の特に三七～八ページを参照せよ。

（5）「われわれ自身の」という句によって私は私自身の内面生活だけを意味しているのではない。むしろ、自分自身と他の人間に問題なく適用される心理的諸概念を念頭に置いているのである。

（6）したがって類推によって、使用された「〜はどのようにあるのか」という表現形式は、誤解をまねきやすい。それは「（われわれの体験における）何に似ているのか」という意味ではなく、むしろ「その主体自身にとってどうあるか」という意味なのである。

（7）われわれとまったく異なる知性のある地球外生物なら何でもよい。

（8）生物種の間の障壁を想像力によって越えることは、私が想定しているよりも容易なことなのかもしれない。たとえば、盲人は舌打ちの音や杖の音を使って、一種のソナーで近くの対象を認知することができる。その認知の仕方がどのようなものであるかは想像によって知りうるのだとすれば、どれを拡張することによって、はるかに精巧に出来たコウモリのソナーをもつことがどのようなことなのかも、大体のところは想像できるのではあるまいか。自分、他の人間、他の生物種、の間に見られる差異は連続的なものでありうる。他の人間に関しても、彼らであることはどのようにあることなのかは、部分的にしか理解できない。だとすれば、自分とはまったく異なる種に関しても、より少ない部分的な理解は可能なのかもしれない。想像力とはきわめて柔軟なものだからである。私の論点は、しかし、われわれはコウモリであることはどのようにあることなのかを知りえない、という点にあるのではない。私はそのような認識論的な問題を立てているのではないのだ。私の論点はむしろ、コウモリであることはどのようにあることなのかという問いの意味を把握するためにさえ（いわんやコウモリであることがどのようにあることなのかを知るためにはなおのこと）コウモリの視点をとらねばならない、という点にある。もしわれわれがコウモリの視点を大ざっぱに、あるいは部分的にしかとりえないのであれば、意味の把握もまた大ざっぱで部分的となるであろう。あるいは少なくとも、われわれのコウモリ理解の現状からは、そのように見えるであろう。

（9）それゆえ、たとえより主観的な記述あるいは視点とより客観的な記述あるいは視点の間に引かれる区別が、それ自体、より広い意味における人間の視点の内部での区別にすぎないとしても、私が提起しようとしている問題は、依然として提出されうるのである。私自身はこの種の概念相対主義を受け入れるつもりはないが、しかし、われわれの当面の議論は、心理的なものを物理的なものに還元しようとする試みが、他の事例では有効にはたらく主観‐客観モデルによってはうまく説明しきれない、ということを示すことにあるのだから、その目的にとっては、この種の概念相対主義が論駁される必要はないのである。

(10)　問題は、私がモナリザの絵を見ているとき、私の視覚体験はある特定の性質をもっているのだが、私の脳を覗いている人にはその痕跡が発見できない、ということにあるのではない、というのも、たとえ彼がそこに微小なモナリザ像を発見したとしても、彼にはそれを私の体験と同定する理由がないからである。

(11)　したがって、この関係は、原因とその結果の関係のような偶然的な関係ではないだろう。ある特定の物理的過程がある仕方で感覚を引き起こすというのは、必然的な真理であろう。ソール・クリプキは『名指しと必然性』において、因果的行動主義やそれに類する立場からの心的現象の分析はたとえば、痛みを「痛み」の単に偶然的な名前として解釈するがゆえに失敗している、と論じている。体験の主観的な性格（クリプキはそれを「直接的な現象学的性質」〔邦訳前掲書一七九ページ〕と呼んでいる）は、その種の分析からこぼれ落ちた本質的な属性であり、その本質的な属性によってこそ、体験は必然的にその体験たりえているのである。私の見解は、彼の見解と密接に関連している。クリプキと同様に、私もまた、ある特定の脳状態は必然的にある特定の主観的性格をもたねばならないという仮説は、さらに詳しい説明が与えられない限り、理解不可能な仮説である、と思う。そのような説明は、心と脳の関係を偶然的とみなす理論からは出てこないが、おそらくまだ発見されていない代案はありうるであろう。

心と脳の関係が必然的な関係である理由が、ある理論によって説明されたとしても、依然として残るのは、それにもかかわらずその関係が偶然的なものに見えるのはなぜか、というクリプキの問題である。この困難は以下のような方法でのり越えることができると私には思われる。われわれが何かを想像しうるのは、それを知覚的に、共感的に、あるいは象徴的に表象することによってである。象徴的な想像力のはたらきかたについてはここでは言及しないが、他の二つのもののはたらきかたの一部は以下のごとくである。知覚的に想像する場合にわれわれがしていることは、もし自分がそれを知覚するならば自分はどのような意識状態にあるかを考え、それに似た状態に身を置くことである。これに対して、共感的に想像する場合にわれわれがしていることは、共感される事象そのものに似た意識状態に身を置くことである。（この方法は心的事象――自分自身のであれ他人のであれ――を想像する場合にのみ使用されうる。）ある心的状態が脳状態と結びつくことなく生起することを想像する場合、われわれはまずその心的状態の生起を共感的に想像する、つまり、その心的状態に似た状態に身を置く。それと同時に、その心的状態と結びついた物理的状態が生起しないことを知覚的に想像しようとする。これは共感的に想像された状態と結びついていない別の状態に――つまり、脳にある特定の物理的状態が生起していないことを知覚するならば自分がどのような状態にあるかを考え、それに似た状態に――身を置くことによってなされる。物理的な性質は知覚的に想像され、心的な性質は共感的に想像される以上、われわれがどのような体験も脳状態と結びつくことなしに生起するのを想像しうることは明らかであり、逆もまた真である。脳の状態と心の状態との関係は、それぞれを想像する際の想像力の型がまったく独立したものであるために、たとえ必然的な関係であるとしても、偶然的な関係に見えるであろう。

（ついでながら、独我論は共感的想像力のはたらきを誤解し、それがあたかも知覚的想像力のようにはたらくと理解するところから生じる。そのような誤解の下では、自分自身のものでない体験を想像するなどということは、およそ不可能であろうから。）

(12) 'Mental Events,' in *Experience and Theory*, ed. Lawrence Foster and J. W. Swanson (Amherst: University of Massachusetts Press, 1970)〔邦訳：ドナルド・デイヴィドソン「心的出来事」『行為と出来事』服部裕幸・柴田正良訳、勁草書房、一九九〇年、第八章〕を見よ。ただし、私には精神物理法則に反対する議論は理解できない。

(13) 同様の論評は私の論文 'Physicalism,' *Philosophical Review*, LXXIV (1965), 339-56 にも妥当する。この論文は補遺とともに *Modern Materialism*, ed. John O'Conner (New York: Harcourt Brace Jovanovich, 1969) に再録されている。

(14) この問いはまた、他我問題の核心にある問いでもある。この問題と心身問題との密接な関係はしばしば看過されている。しかし、主観的な体験がどのようにして客観的な本性をもちうるのかが理解できたならば、自分以外の主観の存在を理解するのは容易なことであろう。

(15) 私は「物理的」という語を定義せずに使用してきた。物理学がさらに発展する可能性もある以上、明らかにこの語は現在の物理学の諸概念によって記述されうるものにだけ適用されているのではない。心的諸事象がそれ自体として物理的なものとされる日が来ることを妨げるものは何もない、と考える人がいるかもしれない。しかし、物理的なものについて他に何が言われようとも、それは少なくとも客観的なものでなければならない。そこで、もし物理的なものというわれわれの概念が脹らんで心的現象を含み込むようになったとすれば、そのとき心的現象は――すでに物理的なものとされた他の現象によって分析されることを通じてであるか否かはともかく――客観的な性格をもつことになろう。しかし、私にはむしろ、心的なものと物理的なものとの関係は、いずれにもはっきりとは分類されない基本語から成る理論によって表現されるようになる、という事態の方がより可能性が高いように思われる。

13　汎心論

汎心論（panpsychism）という語によって，私は，宇宙の基本的な物理的構成要素は，生きた有機体の部分であるかないかに関わりなく心的な属性をもつ，という見解を意味する。それは次に挙げるような少数の単純な諸前提から導き出されるように見える。各々の前提は，おそらく汎心論の否定よりももっともらしいとは言えないにもかかわらず，その前提自身の否定よりはもっともらしいと言えるのである。

1　物質的合成

あらゆる生きた有機体は，人間も含めて，複雑な物質的システムである。それは，特別な仕方で組み合わせられた膨大な数の粒子から成り立っている。われわれはそれぞれ，われわれの食卓に，あるいはわれわれの両親の食卓に供せられるまでの長い期間，主として無生物的な歴史をすごしてきた物質から合成されている。おそらく，それはかつて太陽の一部であっただろうが，他の星雲から来た物質であったとしてもおかしくはないだろう。かりにそれが地球に運ばれ，その中で草が成長し，その草を食べる牛から取れるミルクを妊娠中の女性が飲むとすれば，彼女の産む子供の脳は，部分的にはその物質から合成されるだろう。何であれ，どこまでも細かく分解されて配列し直されれば，生きた有機体に組み込まれうるだろう。物質以外のいかなる構成要素も必要とされてはいないのである。

2　非還元主義

思考、感情、感覚、欲求のような通常の心的諸状態は、その有機体の物理的属性——行動的、生理学的、その他の——ではなく、また物理的属性だけによって、その存在が必然化されるものでもない[(1)]。

3　実在論

にもかかわらず、そうした心的諸状態はその有機体の属性である。なぜならば魂は存在せず、心的諸状態は存在しないものの属性ではありえないからである[(2)]。

4　非創発

複雑なシステムのもつまったく創発的な属性といったものは存在しない。複雑なシステムのもつすべての属性——他のものとの関係は除く——は、システムの構成要素の諸属性と、それらがそのように結合している場合に相互に及ぼし合う影響とから派生する。創発とは認識論的条件なのである。その意味するところは、システムのもつある観察された特徴が、その構成要素に現在帰属されている諸属性からは出てこない、ということである。しかしこのことは、システムにわれわれにはまだ知られていない構成要素が存在するか、あるいはわれわれに知られている構成要素にわれわれにはまだ発見されていない性質が残されているか、のいずれかであると、結論づける根拠であるにすぎないのである。

汎心論は、これらの四つの前提から帰結するように思われる。ある有機体の心的諸属性が、いかなる物理的属性によってもその存在が必然化されていないにもかかわらず、その有機体の構成要素の諸属性から導き出されねばならないとすれば、そうした構成要素は、正しい結合がなされている場合にはそこから心的諸属性が現われて来るような、非物理的諸属性を持たなければならないことになる。いかなる物質も有機体を合成しうるのだから、すべての物質はこうした諸属性を持っていなければならない。そして、同じ物質が異なったタイプの心的生活をもつ異なったタイプの有機体（われわれはほんの少数のサンプルに出会ったにすぎないが）に生成しうるのであるから、その物質は、結合のされ方が異なるにしたがって異なる心的現象を必然的に出現させるような諸属性を持たなければならないことになる。これは結局、一種の心の化学となるであろう。

この結論は、いかにして宇宙に意識ある生命が誕生するかを一般的に説明するものとして、それなりの魅力を持ってはいる。しかし、この議論に関して私が論じたいと考えている三つの問題がある。

1　こうして推論された物質の諸属性をなぜ心的と呼ぶのか。物理的属性という概念によって何が意味されており、なぜその概念はここで推論された物質の諸属性には妥当しないのか。
2　創発の否定には、因果性に関するどのような見解が含まれているのか。
3　還元に反対する論拠となる心的現象の諸特徴はまた〈実在論〉に反対する論拠ともなるか。[3]

第一の問題を扱うためには、新たに発見された属性あるいは現象を物理的なものにするのは何であるのか、を考察しなければならない。既知の物理的諸属性の集合は絶えず膨張してゆくのだから、物理的なものはその時代の物理学の諸概念によって定義されるものではなく、もっと一般的なものでなければならない。新しい属性は、すでに物理的属性に含まれている諸属性からの説明的推論によって発見されるならば、物理的とみなされる。何度も繰り返されたこのプロセスは、よく知られている観察可能な時間空間的諸現象から出発し、質量、力、運動エネルギー、電荷、原子価、重力場および電磁場、量子状態、反粒子、ストレンジネス、チャームを、そして物理学が次にわれわれにもたらすであろうすべてのものを、順次ふくみ込んでいくのである。(4)

この議論の主張するところは、身近な心的諸現象を出発点として同じような一連の説明的推論を行なって到達する物質の一般的諸属性は、物理学がそれに従って拡張されていく説明的推論の道筋を辿って到達する物質の一般的諸属性とは異なっている、ということである。さしあたり、心的現象が物質の諸属性から導き出されるという提案に対して、人が当然感じるであろう落ち着かなさに関しては、触れずにおこう。

ここでの論点は、そのような属性が存在するとしても、それは先ほど説明された意味において物理的な属性ではない、という点にある。もっぱら物理学によって発見された有機体の、あるいはその構成要素の諸属性は、どんなものであれ、意識的あるいは前意識的側面を伴うよく知られた心的諸属性ではないだろうし、それらはまた、心的諸属性を必然的に伴うより基本的な原-心的属性でもないだろう。というのは、その属性をもつ主体の意識をも必然的に含まざるをえないような属性を、物理現象だけを理論的に説明するものとして推論することは、決して正当とは言えないだろうからである。確かにわれわれは物理的振舞いに関する明白に心的な説明を推論するが、こうした説明が使用する概念は、独立に理解されたものであり、物理理論を通じてもたらされたものではない。もっぱら物理的観察と物理的比較に基づいて構築された理論は、その機構に意識があることを含意するようなタームを含まないだろう。

物理的なものは心的なものを決して含まないだろうという立場の根底にあるのは、推論に関するこうした仮定である。もしこれが真であるとすれば、物質のもつ何らかの属性が観察可能な心的諸現象からの説明的推論によって発見可能である場合には、その属性は、物理的に推論される諸属性が決して持たないであろうような心的含意を持つことになる。その意味において、心的プロセスを説明するために推論された最終的な諸属性は、心的であって物理的ではないことになろう。

しかし、これは修正を要する。というのは第三の可能性が存在するからである。おそらく、二本の推論の鎖が存在するのではなく、心的なものと物理的なものから出発して共通の源泉へと至る、一本の鎖が存在するのである。およそ心的諸現象が物質の諸属性から派生するならば、それらの諸属性は、物理的諸現象が派生する源泉でもある非物理的諸属性と、ある段階では一致するかもしれない、ということは理屈の上では考えられるのである。

本題からはそれるが、多少この点に触れておくことにしよう。共通の基盤へのこうした還元可能性が認められるならば、それは心的現象と物理的現象の必然的な因果関係――どちらが原因でどちらが結果であるかを問わず――はいかに存在しうるかを説明できる、という利点を持つであろう。それはまた、身体運動のような単一の出来事が心的原因とまったく物理的な説明とをともに持ちうる、という可能性にまつわる疑問点を減じるのにも役立つだろう。十分に分析された心的原因は、十分に分析された物理的原因の一部であることが可能となる。しかし、もしそうであるならば、還元の共通の源泉である諸属性は物理的なものではないだろう。それらの諸属性は、物理現象だけからの説明的推論の連鎖によっては到達されえないだろう。というのも、物理的データだけでは、心理主義的帰結をも含みうるような説明的理論を仮定しなければならない根拠を提出できないだろうからである。物理的データがその根拠となるような理論も、ラディカルな物理的帰結（物質とエネルギーの変換可能性、重力による光の屈折など）の演繹を可能にするような驚くべき飛躍をとげるかもしれない。しかし、心理主義的証拠がなければ、物理的出来事の説明に心的内容を与える理由は何もない。（干ばつから雨の神が怒っていることを推論する人は、彼の仮説の基礎を物理的証拠だけに置いているのではない。彼は、人間の動機づけとの親近性に基づいた、干ばつの心理学的解釈を行なっているのである。この種の推論はどんなものであれ――合理的であろうと非合理的であろうと――物理学には属さない。）それゆえ、心的なものの根底にも物理的なものの根底にも存する共通の最終的な諸属性があるとしても、それらは物理的発見の進路上に、すなわちもっぱら観察可能な物理的現象からの説明的推論の進路上に、存在するわけではない、したがって物理的属性ではないのである。

もしこのような属性が存在するとすれば、それらは心的現象と物理的現象の両方からの説明的推論によってのみ発見可能であろう。事実これは、二つのはっきり区別された基本的諸属性のグループへと遡る二本のまったく別個の説明の鎖が存在する、と考えるよりも、いくぶんか真実味があるように思われる。もしそうであるならば、基本的諸属性を心的であると言うことは、それらが物理的であると言えなかったのと同じ理由で正当性を欠くことになろう。厳密に言って、心的現象（行為を含む）を説明するために推論されるものだけが、心的と呼ばれるべきなのである。このことによって明らかに、抑圧、効用関数、あるいはおそらく普遍文法といった諸概念が、心的なものと認められることになる。[5] これらの概念は、心理学的理論のあるレベルでは、身近な心的プロセスからそう隔たっていないように見えるからである。しかし、たとえ素粒子が、何らかの規準に照らして、心的な諸属性ではなく心的でも物理的でもない諸属性をもつとしても、議論の結論は修正された形をとって生き残るだろう。有機的なシステムの心的諸属性がそこから派生してくる、物理的ではない、物質の属性が存在することになるだろう。これもやはり汎心論と呼ばれてよい。

第二の問いは因果性と創発に関するものである。真の創発は不可能であるという結論を導く、因果的説明の見方とはどういうものだろうか。複雑なシステムの諸属性は、その構成要素の諸属性プラスそれらの結合の仕方から出てくるのでなければならない、と私は述べた。この議論は、斉一的な相関関係は複雑な諸現象の説明の十分な根拠とはなりえない、ということを前提しており、それゆえ、因果作用に関するヒュームの分析としばしば——不正確に——呼ばれているものを拒絶する。ヒュームによれば因果的必然性という観念は、一種の幻想である、なぜならば、およそわれわれが観察するすべてのものは、自然の規則性と相関関係であって、決して原因と結果の必然的結合ではないからである。ヒュームは、原因という観念は、自然において恒常的連接を示す事例の観念であるとは考えなかった。

私の考えでは、もし存在するのはそれだけだとすれば因果性は幻想となるであろう、と言った点で彼は正しかった。しかし、私は因果性が幻想であるとは思っていない。真の原因は結果を実際に必然化するのである。原因は結果を生じさせる、あるいは結果を現実のものとする。斉一的な相関関係は、せいぜい、このような根底に横たわる必然性の証拠であるにすぎない。このことは、基礎的な諸事例において、明らかに真であるように私には思われる。熱は水を沸騰させ、石ころはガラスを割り、磁石は電流を誘導し、風は波を起こすのである。熱であるものと水であるものが与えられれば、水が通常の大気圧の下で、沸騰状態とならずに特定の温度以上に熱せられることは、まったく不可能である。

因果的必然性は、最も根底的なレベルにおいてすら働いている。電子は一定の電荷と一定の質量をもつ粒子である。それらの諸属性によって、電子が場や他の対象と一定の仕方で相互に作用し合うことが必然的となる。このような関連のうちのいくつかは確率論的であろうが、それだからといって本質的な変化はない。電子だけでなく、原子を構成するその他の粒子にも、同様のことが言える。通常の物理学や化学は、肉眼で見える諸現象を——それらが説明されうる限り——粒子の属性（時として本質的属性）と粒子間の相互作用からの必然的帰結として説明する。そうした諸現象は単に偶然的な相関関係にのみ依存しているのではない。

このことは、われわれが複雑なシステムの属性とそのシステムの構成要素の属性との関係を同時に考察する際に、特に明らかとなる。ダイアモンドの物理的属性について考察してみよう。そのうちのいくつか——形、大きさ、重さ、結晶構造など——は、その構成要素の物理的属性や物理的関係、そして要素がそのように結合されている場合に相互に及ぼし合う影響によって、直接的に帰結するものである。また、色や輝きや硬度のように、ダイアモンドと他の事物との相互作用を含む属性もある。そうした属性は、ダイアモンドの構成要素が他の事物に及ぼす影響によって説明されなければならない。

ダイアモンド、あるいは一つの有機体が（単に認識論的にではなく）真に創発的な属性をもつと仮定することは、そのような属性は組織の特定の複雑な諸水準で現われるが、そのシステムを構成する要素——知られているといないとにかかわらず——のより基本的な属性によっては説明不可能である、とみなすことである。かりに因果的結合が偶然的な規則性を示す事例にすぎないとすれば、このような状況はある複雑な水準において創発的属性の因果的説明が存在することと両立するであろう。おそらく、「ある有機体が正確に物理的な状態Pにあるときは常に、それはまた心的状態Mにもある」という形式をとる斉一的な心理‐物理的相関関係が数多く存在することになるだろう。このことは、たとえば、私の現在の全体的な物理的かつ心理的状態にも妥当するかもしれない。もちろん、より一般的な相関関係もまた存在するだろう。

相関関係という見方においては、MがPによって因果的に説明されるにはそれで十分であるはずだが、因果作用というより強力な見方に立てば、それでは不十分なのである。より強力な見方は、Pが何らかの仕方でMを必然化することを要求する。しかし、このような複雑な水準では、いかなる必然的結合も発見されえない。私の身体の物理的状態がおのずから、私が心的状態Mにあるという事態を成立させる、ということには何の意味もない。もちろん、私の脳の中で進行していることが私の心的状態を引き起こすことは、私が熱い鍋に触れるとそれが痛みを引き起こすことが明らかであるのと同じように、明らかである。ここにはある種の必然性が存在しなければならない。われわれに理解できないことは、熱が、あるいは脳のプロセスが、どのように感覚を必然化するのか、ということである。われわれが脳内で起こることについて純粋に物理的な把握のレベルに留まっている限り、このことはわれわれの目には不可能なことと映り続けるだろう。結論は次のようなものである。すなわち、複雑なシステムにおいて心的属性が現われることに対しては、いかなる因果的説明も与えられない、という選択肢を受け入れる用意がない限り、——そのシステムの構成要素には、われわれには知られていないが、これらの結果を必然的なものとしている諸属性があるのだ、と信じる理由として——心的なものに関する今日の認識論的創発を採らざるをえない、という結論である。

物理的有機体において心的状態がどのようにして必然的に現われるか、を説明することへの要求は、心的状態と物理的な脳状態の間の斉一的な相関関係を発見することによっては、満たされえない。もっとも、心理‐物理的法則は伝統的にこのように理解されてきたのではあるが。そうではなく、システムの心的諸属性がそこから必然的に出てくるような、構成要素の内在的な諸属性が発見されなければならない。これは達成不可能であるかもしれない。しかし、もし心的現象に因果的説明があるならば、そうした内在的諸属性が存在しなければならないのだ。そして、それらは物理的なものではないだろう。(6)

第三の問題、〈実在論〉に関する問題が最も困難である。心的諸属性は物理的諸属性によって必然的に引き起こされうる、ということを否定すべき根拠は何であろうか。生きた有機体の生理学的特徴や行動上の特徴が基本的粒子――そのように結合された場合の――の物理的諸属性から必然的に帰結する、ということは確かに考えられることである。ただしこの場合、われわれはそうした説明の断片以上のものを所有できると期待してはならない。いわゆる機能的状態に関しても、それが相互的な関係と刺激や行動に対する関係によって定義されるならば、このような物理的説明が妥当する。定義が十分に一般的なものであれば、機能的状態は、行動形態がきわめて多岐にわたる有機体を含む、非常にさまざまな物理的システムにおいて、現われうるだろう。しかし、そうした機能的状態の存在は依然として、それが現われた有機体のもつミクロな物理的諸属性によって引き起こされている可能性があるのだ。

行動的あるいは機能的状態の物理的説明は、心的なものを説明しない。なぜならば、そのような説明は心的なものの主観的な特徴――意識のある心的状態はそれを所有する者にとってどのようなあり方をしているのか――を説明しないからである。この場できちんと論じるには大きすぎる話題ではあるが、このことの意味を手短かに述べておこう。(7)経験が原理上、ある一つのタイプの観点からしか、つまり、その経験をもつ者に――少なくとも関連する点で――似た存在者の観点からしか、完全には理解されえないとすれば、経験の一つの特徴は主観的ということである。われわれ自身の経験のもつ現象学的諸性質は、この意味で主観的なものである。われわれの脳の中の物理的な出来事はそうではない。人間である生理学者がそのような出来事に特別な興味を抱くかもしれないが、それは原理上、物理的および心的構造において、われわれとはまったく似ていない生き物によっても、まったく同様に、あるいはより以上に、理解されうるのである。そうした生き物は、それを理解するためにわれわれの観点をとる必要はない。物理的な脳過程は主観的な現象ではないがゆえに、客観的に、すなわち外側から、理解されうるのである。そして、客観的な神経システムの記述や分析は、それがどれほど完璧なものであっても、それだけでは、客観的でないものを、すなわち一種類の観点からしか——つまり、その状態が記述されている当の存在者の観点からしか——理解されえないものを、決して含意しないのである。われわれは、即自（en soi）から対自（pour soi）を引き出すことはできないのだ。

すべての心的状態が意識的であるとは限らないが、すべての心的状態が意識的な状態を生み出すことができる。それゆえ、ある有機体の心的諸属性をその有機体の構成要素の諸属性から導き出そうとすれば、主観的状態が構成要素の諸属性から必然的に現われ出ることを示さなければならないことになる。無論、前に論じたように、もし行動の説明が最終的には心的でも物理的でもない属性へと行き着くのであれば、行動の物理的側面の十分に基礎的な説明は、そのプロセスの不可欠な部分としての主観的経験も説明できる、という可能性はある。しかし、物理的属性だけでは、こうした結果をもたらすことはできないだろう。物理的属性は、特定の主観的観点から見て事象がどうあるかを説明するのではなく、客観的に見て、すなわちさまざまな観点から理解されることが可能だがどの観点にも属さないような仕方で、事象がどうあるかを説明するのである。

このギャップは論理的に架橋不可能である。かりに身体を持たない神が意識を持つ存在者を創造したいと思ったとすれば、神は物理的属性しかもたない多数の粒子を有機的な形態に結合させることによってそれをすることなど思いもよらなかっただろう。(8) 特定の種類の知覚に関してその現象学の説明が与えられれば、いかにして特定の客観的事態がその観点から現出するのかを演繹することは可能であるかもしれない。しかし、主観的前提は本質的であるように思われる。そして、客観的状態が物理的な脳状態である場合にも、このことはやはり妥当するのであって、この場合、客観的状態の主観的現象とは、脳状態を観察した場合のそれのあり方ではなく、脳状態において起こっていることなのである。

簡単に言えば、これが還元主義に反対する議論である。この議論が心的なものの主観性に依存しているその仕方のゆえに、それは〈実在論〉に対する疑念を抱かせることになるのではないか、と私には思われる。もっともこれを説明するのは容易なことではない。

私が前に定義した意味における〈実在論〉が真であるためには、物理的な有機体が主観的諸属性を持たなければならない。これに関して受け入れがたいように見える点は、有機体は観点を持たず人間あるいは生き物がそれを持つ、という点である。有機体の原子論的な分解の中に、その人の観点の基礎となるものを発見しようと試みることは、馬鹿げているように思われる。なぜならば、その作業の対象は、その人物の経験がそこから開けているその観点の可能的主体ではないからである。さらに、主観的状態を複雑な全体に帰属させることがいかなる意味もなさないとすれば、原－心的状態をその全体の構成要素に帰属させるための根拠はまったく存在しないことになるだろう。それゆえ、そのような構成要素は、有機体にとって経験をもつということは何を意味するのかを説明する際、必要とされえないのである。私はこのことに関してこれ以上言うべきことを持たないので、このような不可能性の感覚を記すのみにとどめる。一匹のネズミが怯えているとき、小さな物質的な物体が怯えているというふうには、私には見えない。

この直観のやっかいなところは、ここからはいかなる結論も導かれないということである。他に取りうる道は何だろうか。私は、私もネズミも魂——こうした心的諸属性を担うべき——を持っていないと仮定している。そして、たとえ私やネズミが魂をもつとしても、だからといって問題が取り除かれるわけではないだろう。なぜならば、物質的でない事物という概念を理解することが可能であるとしても、それが観点を持ちうるのはいかにしてかということを理解することにも、まったく同じ程度の困難があるからである。しかし、主観的経験の生起がなにものかによる属性の所有でないとすれば、それはいったい何であろうか。そして、それは有機体とどのように結合しているのだろうか。明らかに、経験は何らかの仕方で物質としての有機体に依存している——たとえその有機体の状態であるとは言えないにしても。

私の知る限りでは、他に取りうる道と言えるかもしれない唯一の見解は、『哲学探究』に見出される。私が理解するところのウィトゲンシュタインの見解によれば、心的状態の主体である人（あるいはネズミ）は、有機体や魂や他の何かと同一視されてはならない。彼の主張するところでは、個々の生きた存在者の心的諸状態に関するあらゆる種類のありふれた諸命題は真であるが、それらの帰属命題の一つが真であるためにはどのような属性がどのような事物によって所有されなければならないか、ということに関しては、言うべきことはほとんど何もない。このような真理条件の特定はすべて、とるに足らないことがらである。より完全に記述されうるものは、そのような帰属を適切なものたらしめる状況――そこには証拠となる根拠も含まれる――である。すなわち、真理条件ではなく規準なのである。第三人称帰属に関して言えば、根拠は行動、刺激、状況、そして証言（主体が適切な心的語彙を習得している場合）である。自己帰属に関しては、いかなる証拠的根拠も必要とされない。

身体に関する諸事実は、心的状態を他人に帰属させる規準ともなりうるし、彼らが心的状態を自分に帰属させるために用いる言葉の理解を彼らに帰属させる規準ともなりうるのだが、だからと言って心的状態は身体の状態なのではない。この立場は還元主義的ではない。心的状態は、行動、物理的刺激、生理学的プロセスに劣らず実在的なものである。それどころか、互いの他に対する状況は対称的である。なぜならば、心的プロセスが物理的な規準をもつのとまったく同じように、物理的プロセスは心的な（特に観察的な）規準をもつからである。ウィトゲンシュタインによれば、およそ存在するものはすべて、それが存在するかどうかに関して、公共的一致をあるいは少なくとも公共的不一致を可能にするような仕方で、他の事象と体系的に結合しているのでなければならない。心的諸現象は、行動や状況との結合を通してこの条件を満たすのだが、それらの諸現象は、それ自身の正当な権利によって、完全に実在的なのである。心的諸現象が行動への傾性や有機体の属性として分析されえないのは、物理的諸現象が感覚や観察の数多くの可能性として分析されえないのと同じことである。こうした種類のものが本当は何であるのか、あるいはそれらに関する言明は本当は何を主張しているのか、を言うように求められても、われわれはトリヴィアルでない解答を与えることはできないのである。

あるいくつかの点において、これは魅力的な立場である。この立場は、規準を必要としない心的自己帰属に中心的地位を与えることによって、心的なものの主観性を正当に取り扱っている。ある人に事象がどのように見えているかということは、その事象が彼にどのように見えていると他人に見えているか、ということと結合されなければならない。しかし、これらの事実は彼の観点――それが公共的に同定されうる限り――と解きがたく結びついているのである。心的状態が主観的であるのは、観察なしに心的状態を自分に帰属しうるような生き物に、やはり観察なしに同様な状態を**自分**に帰属しうるような別の生き物によって、それが帰属させられる場合である、という考え方をはっきりと支持する根拠は存在する。そして、個人のこうした状態を有機体の状態として記述することが正しいと思われない以上、この考え方は、〈実在論〉の他に取りうる一つの道を示しているのである。

この見解に対して私のもつ異論は、それがあまりにもわれわれの言語に依存しているということである。その見解による心的諸現象の説明は、本質的に、心的諸現象が――特に第一人称において――いかに帰属されるかに関する説明である。しかし、すべての意識ある存在者が言語能力を有するわけではない。したがって、この立場が**そのような存在者**の心的状態の主観性をどのように説明するのかという困難な問題が残されることになる。

われわれは、行動、構造、状況に基づいて、経験を動物に帰属させるが、単に、行動、構造、状況を動物に帰属させているわけではない。それでは、われわれは何を語っているのだろうか。もちろん、われわれが人間たちに関して「彼らは経験をもっている」と言うときに語っていることと同じ種類のことをである。しかしここでは、第一人称帰属と第三人称帰属の特殊な関係は、心的なものの主観性の指標としては有効に機能しない。われわれのもとには、人間への適用において固定され、通常の人間のケースで働いている行動的かつ文脈的な規準からの自然な拡張によって他の生き物にも適用されるようになった諸概念が残されるにすぎない。

これはまったく不満足なものに思われる。なぜならば、他の生き物の経験は、人間のケースとの類比によって得られるものとは、はっきりと独立したものだからである。彼らの経験はそれに固有の実在性とそれに固有の主観性を持っている。そうした経験は、私の考えでは、人間の行動や状況からの自然な拡張が何の確定的な結果ももたらさないケースにおいても、決して不確定なものにはならない。非常に明白な例を挙げよう。宇宙船の中から、機械なのか意識をもった存在者なのかはっきりしないものが現われたとする。それがわれわれの身近にいるどんなものともあまりにも異なっているため、機械なのか意識ある存在者なのかわれわれにはまったくわからない場合でも、やはりその問いには答えがあるだろう。その答えは、その存在者であることがそのようにあることであるようなその何かが存在するかどうか、に基づいているのであり、行動上の類似性がわれわれがそのように言うことを正当化するかどうかに基づいているのではない。

このことは、心的状態の主体が何であるかという問題とまったく離れて、真であるように思われる。心的状態は身体の〔物理的〕状態ではないかもしれないが、われわれの言語を越えたさまざまな形態をとって確かに実在するのである。したがって、そのような心的状態はその帰属に関して人間の規準によっては分析されえない。そして、人間の経験も同種の実在性をもつのだから、それに関しても同じことが妥当してはいけないだろうか。人間の経験がどんなものであるかは、経験の第一人称および第三人称帰属が適切なものであるような諸条件の説明によって、完全に捉えられるわけではないのだ。

私が用いている経験という概念が、それが明確に定義されるためには満たしていなければならない公共性に関する基本的諸条件を満たしているかどうか、をめぐる諸問題が、ここから持ち上がってくる、ということを述べておこう。単に一例を示し「これと同じである」と言うだけでは、類似性のタイプや事物のタイプを常に定義できるとは限らない、ということは一般に認められている。そして、宇宙船の中から現われるものが経験をもつかどうかを――そのどちらであるかを決定する可能性に関して何の考えも持たずに――疑問に思っている人は、本当に明確に定義された問題を問うているのかどうか、という疑問が湧いてくるかもしれない。私は、このケースにおいて意味に関する諸条件は満たされていると思うが、ここではその主張の擁護を試みるつもりはない。経験的性質と経験的類似が実在するためには、経験は行動や状況と体系的に結合していなければならない。しかし、われわれは、その異様なものの中に経験が存在するかどうかを問うために、その結合がどのようなものであるかを知る必要はないのである。

したがって、私はウィトゲンシュタインよりもずっと「実在論的な」立場に近づいているようである。これはおそらく、私が、心的なものだけでなくあらゆることがらに関して、ウィトゲンシュタインよりも実在論的な立場に近づいているからであろう。私は、宇宙船の中から現われるものが意識をもつかどうかという問いには、答えがなければならないと信じている。ウィトゲンシュタインならばおそらく、この想定はある特定の画像がその適用を一義的に決定するという根拠なき信念から出てきたものだ、と言うであろう。それは、その存在者の頭（あるいは頭のかわりをするもの）の中で起こっている、解剖によっては観察されえない何かの画像なのである。

私がこの考えを表象するためにいかなる画像を用いようとも、その存在者であることがそのようにあることであるその当のものが存在するかどうか、を問うことが何を意味するのかを、私は知っているように思われてならない。そしてまた、人間のケースとの類似に基づいて心的帰属を拡張しうる可能性によってではなく、この問いへの解答によってこそ、その存在者が意識をもつかどうかが決定されるのだということを、私は知っているように思われてならないのである。意識ある心的状態は、私のものであろうと異様な生きもののものであろうと、何ものかの実在的状態なのである。おそらく、ウィトゲンシュタインの見解はこの直観と調和しうるのだが、今のところどのように調和するのか、私にはわからない。

この議論によってわれわれはどのような場所に立たされたのだろうか。私は心的状態について選択可能な三つの解釈への不満を述べた。それは身体の状態であるという解釈、それは魂の状態であるという解釈、それの本質に関して語りうることはそれの帰属の規準あるいは条件を与えることだけであるという解釈、の三つである。しかし、何が残されているだろうか。もし心的状態が世界内の何ものかの実在的状態であるならば、もしそれが生き物の身体の中で起こっていることに依存しているならば、もしそれが刺激や行動と密接に結びついているならば、そしてもし生き物が身体プラス他の何ものかから構成されてはいないのならば、経験は有機体の状態以外の何でありうるだろうか。われわれが心的状態に関する広義の実在論を受け入れるならば、汎心論を擁護する議論の前提を形成する、より特殊な意味での〈実在論〉を避けることは、きわめて困難である。

もちろん、これは心の哲学におけるあの宿命的な一歩、すなわち排除による議論を表現している。あらゆる可能性が考えられたとみなすべき理由は何もなく、したがって、今の時点でおよそ他に思いつく限りの選択肢がすべてそれよりも容認しがたいからといって、ある見解が正しいとみなすべき理由もまたない。それでもなお、物質が特定の仕方で結合することによってネズミやハエや人間が存在するのであれば、結果的に生じる心的状態は、他によりよい住み処がない以上、有機体に属さなければならないように思われる。〈実在論〉はこの議論における最も弱い前提であるかもしれないが、さしあたってその否定よりは真実味があるのだ。

それゆえ汎心論は、心身問題に対する、相互に両立不可能で絶望的に容認不可能な諸解答の今日的なリストに加えられるべきだ、と私は信じている。汎心論は、この議論の諸前提がどれか一つでも否定されることによって回避されうる。第一の前提の否定は、二元論に帰着する。この場合にもやはり、心と身体の因果的な結合に関する諸問題は残る。すなわち、(a)、(b)、(c)のいずれかということになる。(a)心身の結合は純粋な相関関係であり、必然的ではない。(b)身体は、魂における心的影響と身体への魂の影響とを必然化するような諸属性を持っている。(c)魂は身体から影響を及ぼされうるような属性を持ち、身体は逆に魂から影響を及ぼされうるような属性を持っている。もし(b)が真ならば、身体は心的あるいは少なくとも非物理的諸属性をもっていると言えるだろう。(c)が真であれば魂は、心的諸属性だけでなく物理的諸属性も持っていることになる。

第二の前提の否定は、現代の哲学者の間ではかなり一般的であるが、そこから帰結する諸種の還元主義のどれかを受け入れることに関して、私に理解できる唯一の動機は、心身問題というものを消滅させたいという欲求である。その種の還元主義はどれも、それ自体としての説得力をもつものではない。

第三の前提である〈実在論〉の否定はより魅力的ではあるが、それは成功の可能性を秘めたもう一つの選択肢――心的諸現象を主体としての有機体や魂に帰属させることなく、その実在性を認める何らかの方法――の発展に待つところが大きいのである。

第四の前提である非創発の否定は、複雑な有機体的状態を心的状態と結合させる還元不可能な偶然的法則が存在するということの容認を含んでいる。ある意味において、これは、心的状態にはいかなる因果的説明も与えられないということ、すなわち心的状態はいかなるものによっても必然的にもたらされはしないということを意味している。世界がそのようなものであるとは、私には信じられないが、しかしここでも、他の諸前提の場合と同様、例の逃げ道を残しておくことはできる。つまり、選択可能なすべての道をより完全に発展させてみることは有益であろう、と。

汎心論に関して言えば、いったいどのようにして説明的推論の鎖が、あらゆる動物たちの心的状態から無機物の原－心的属性に遡って行くのかを想像することは困難である。それはわれわれが思い描くことのできない一種の解体であり、おそらく理解不可能であろう。そこから観点が構成されることになる諸要素は、おそらくそれ自体は観点を持つ必要がないであろう。（単一の自我がどうして数多くの自我から構成されようか。）しかしそれらの構成要素は、さまざまな観点を形成できるように組み換え可能でなければならないだろう。それは、単一の有機体がさまざまな経験を持ちうるためだけでなく、その有機体の物質がまったく異なる型の経験をもつ他の有機体を形成できるように組み換えられるためでもある。すべての物質のもつ心的諸属性は、それゆえ、種に固有のものではなく普遍的なものでなければならないことになる。というのも、それらは意識のあらゆる可能な形態の基礎にあることになるからである。ある意味において、それらは特殊な形態をもつ何ものよりも主観的でないことになるだろう。

この意味における汎心論は、木々や花々、そしておそらくは岩、湖、血液細胞に至るまでのすべてが、ある種の意識を有すると考える、より一般的な意味での汎心論を意味するわけではない。しかしわれわれは、われわれが意識を確認しうる自分自身や動物のケースにおいて、意識がいかにして物質から発生するのかをほとんど知らないのであり、それゆえ、他の複雑なシステムの中に、あるいは星雲規模のシステムの中にさえ、われわれを成り立たせている物質の同じ基本的属性の結果として、意識が存在しないと仮定するのは独断的であろう(9)。

（1）厳密に言えば、この論証が要求するのは、いくつかの心的状態は還元不可能である、ということだけである。

（2）それらの中には、信念や知覚のように、関係的属性もあるが、それらはすべて、何らかの非関係的側面を含んでいる。

（3）前提3の特殊な意味においてこの語を使用する場合、今後私は〈実在論〉と表記することにする。

（4）これはだいたいファイグルの 'physical$_2$' と等しい。H. Feigl, 'The "Mental" and the "Physical"', *Minnesota Studies in the Philosophy of Science*, vol. II, ed. H. Feigl, M. Scriven, and G. Maxwell（Minneapolis: University of Minnesota Press, 1958）を参照。

（5）私は、心理学的理論に属するこの種の諸概念が心的である場合の意味について、'Linguistics and Epistemology', in *Language and Philosophy*, ed. Sidney Hook（New York: New York University Press, 1969）と 'Freud's Anthropomorphism', in *Freud*, ed. Richard Wollheim（New York: Doubleday, 1974）とにおいて論じた。

（6）こうした諸属性の存在を推論することは、「アヘンは人々を眠らせる、なぜならば、それは、催眠力を持つからだ」という言明のように、トリヴィアルではない。原因はその結果を含意するように定式化されるとしても、逆の含意はこのジョークの場合のようには成立しないからである。

（7）私は第12章で、この考えにもっと詳しい説明を与えようと試みている。

（8）Cf. Saul Kripke, 'Naming and Necessity', in *Semantics of Natural Language*, ed. D. Davidson and G. Harman（Dodrecht: Reidel, 1972）, pp. 340-1〔邦訳：ソール・クリプキ『名指しと必然性――様相の形而上学と心身問題』八木沢敬・野家啓一訳、産業図書、一九八五年、一八〇～一ページ〕。

（9）この話題、特に物理的なものの概念と因果的説明における必然性の役割に関する私の考えは、レベッカ・ゴールドシュタインとウィリアム・L・スタントンの影響を強く受けている。彼ら自身の見解は、スタントンの 'Anomalous Monism and The Mental Qua Mental'（Ph. D. dissertation, Princeton University, 1975）とゴールドシュタインの 'Reduction, Realism, and Mind'（Ph. D. dissertation, Princeton University, 1976）において、展開されている。

14　主観的と客観的

相互関係は明らかでないが、哲学の諸領域に登場する一つの問題がある。私の考えでは、その問題には一般的な形式を与えることができ、個々の事例を離れてそれを論じることが可能である。そこから結果として、個々の事例に適用可能な結論が得られるはずなのである。この論文は将来なされるべきより完全な議論のための準備的なスケッチにすぎない。

その問題とは、主観的な観点と客観的な観点の対立という問題である。実在性を認めるに先立って、どんなものに対しても客観的説明を求めようとする傾向が存在する。だが多くの場合、より主観的な観点に現われてくるものは、そのような仕方では説明されえない。それゆえ、世界の客観的なとらえ方は不完全であるのか、あるいは主観的な観点が拒絶されるべき幻想を含むのか、いずれかなのである。

言葉の定義から始めるかわりに、倫理学と形而上学からのいくつかの例から始めることにしよう。それらの間の類似性は、論を進めるにつれて明らかになるはずである。

まず最初に、人生の意味の問題を考えてみよう(1)。人間のしていることを人生の内部から考察する方法がある。この方法をとると、ある活動を別の活動の観点から正当化することはできるが、全体の意義を問うことはできなくなる。

もちろん、人生の異なる諸部分の相対的な重要性によってそれらにエネルギーや注意を向けることが意味をなすかどうかを、人生の内部から問うているならば、話は別であるが。この見解は、人間のもつ特殊なあるいは一般的な目的から離れて人生を考察する立場からの挑戦にさらされている。この立場に立つと、人々は、そして特に自分は、まったく意義のないもの、無意味なものとみなされることになる。なぜならば、人々は自分がまったく重要性をもたなくなるような広大な観点をも受け入れることができるにもかかわらず、行為において自分の人生に大いなる重要性を認めているように見えるからである。

この二つの観点は、それぞれ優先権を主張する。内部からの見解は、外的な観点からみて個人の生が無意義であることにどんな重要性があるのか、と問う。生とは内側から生きられるものであり、意義に関する議論が意義をもつのは、それが内部から立てられうる場合だけである。それゆえ、私の人生の外部から見て私の人生に重要性がないということは、重要性のないことがらなのである。

他方、外部からの見解は、その視野の中に、内的な意義が判定される際の尺度となりうるすべての目標と前提を含んでいる。それは、個人が世界とその中での自分の位置とを見る際の正しい見方として、巨大な画像として提示される。個人がこの種の超然とした見方をもつようになるのは自然なことであって、そのことによって純粋に内的な見方の自己中心的な歪みを立て直し、自分のきわめて限定された性向や境遇のもつ偶然性から生ずる偏狭さを矯正しうるようになるのである。だが、外的な見方は単に矯正的でしかありえないわけではない。それは、事物の本当のあり方に関する唯一の完全なとらえ方として、優越的な地位を主張する。この優越性は外から押しつけられたものではなく、個人を越えることが個人的な反省にとって本質的に訴える力をもつことから由来するのである。人生が無意味に見えるのは、自然でもあれば訴える力もあるある観点をとったとき、自分にとって人生が無意味に見えてくるからなのである。

考察すべき第二の例は、自由意志の問題である。この問題は最初、行為は先行する状況によって決定されているという仮説から、自由な行為主体に対する脅威という形態をとって現われてくる。行為主体を決定論と両立可能な形で分析しようとする多くの試みが存在した。意図、動機、第二階の意志、能力、障害や強制の不在、といったものへの言及による分析である。行為主体の必要条件が特定されることによって本当の進歩が実現した。だが、必要条件がそれ自体決定されているという可能性が、通常の行為概念のある構成要素に対して、さらなる脅威を与えているように思われる。(2) その条件は必要条件ではあるかもしれないが、十分条件であるとは思えないのである。

次のステップはしかし、自由な行為主体は、決定論の存在によって脅かされるように見えるとしても、決定論の不在を含意しているわけではない、という発見である。原因のない行為が行為者に起因するわけではないのは、先行する状況を原因とする行為が行為者に起因しないのと同じことである。それゆえ、自由な行為主体のためには決定論の不在に加えてさらにどのような要因が必要とされるのか、そしてこの要因はそれだけで自由の十分条件となりうるのではないか、という問いが立てられねばならないことになる。自由意志に関する最もむずかしい問題は、何が問題であるのかを言うことであって、それは自由な行為の十分条件を特定するどんな試みをも越えて生き残り続けるように思われる。

出来事因果ではなく行為者因果の概念によって行為を分析しようとする最近の試み(3)は、決定論に対する不満の真の源泉を明らかにしているという理由で、有益な試みである。問題は、ある行為が他の出来事と因果的に結びついた出来事とみなされるとき、その画像の中には誰かがそれをするということの余地が残らない、という点にある。しかし、それが他の出来事と因果的に結びついていない出来事であっても、誰かがそれをするということに、やはり余地は残らないことが判明する。それゆえ、出来事ではなく行為者を原因とすることによって、この側面をとらえようとする哲学者たちが出てきた。私は行為者因果という概念が明快なものだとは思わないが、そういう概念を案出した動機は理解できるように思う。その概念のポジティヴな内容ははっきりしないが、ネガティヴな含意ははっきりしている。それは、行為が先行する状況によって原因づけられているということを否定することによって、出来事の因果連鎖から行為を取り除き、かわりの原因として行為者を置くことによって、行為とは単に起こる何かであるという別の選択肢を回避するのである。それは、行為のすることを新種の因果性によってとらえようとする、失敗を運命づけられた試みなのである。

しかし問題は、行為があるタイプの出来事として外から見られたとき、行為主体の概念は行為において起こることのあれこれの特定のとらえ方と衝突する、という点にあるのではない。問題を生み出すのは予言可能性ではない。というのも、私は完全に予言可能な多くの選択と多くの行為をなしうるからである。つまり、私が腐ったリンゴではなくつやのあるリンゴを選ぶとすれば、それは私のすることである——そして、決定論的であろうとそうでなかろうと、この出来事の外的な説明にはそのことの余地が残らないのである。真の問題は、行為を内側から見る見方とどんなものであれそれを外側から見る見方との衝突から生じる。因果的な先行事象をともなっていようといまいと、行為を起こることとして見る外的な見方はどれも、行為をすることをとらえそこなっているように思われる。

たとえ行為が動機、理由、能力、障害や強制の不在、といったものによって記述されるとしても、そのことによって、行為者が行為の源泉としての自分自身についてもつ観念がとらえられるわけではない。彼の行為は、彼にとって世界の中に起こる他の事象と異なっているように見えるが、しかし、異なった原因をもつにせよ、まったく原因をもたないにせよ、ただ単に異なった種類の出来事のように見えているのではない。彼の行為は、彼がそれをするとき事象が起こるとしても、(行為がまったく彼の統制下にない場合は別として)ある記述しがたい意味においてまったく起こることではないように見えるのである。そして、もし彼が他人のことも行為者とみなすならば、彼らの行為もまた同じ性質をもつように見えてくるのだ。行為主体のこのような理解を先行原因からの自由として表現しようとする傾向は、誤りではあるが、しかし理解できる傾向である。行為が先行事象による決定の相の下に見られた場合、出来事としてのその地位は顕著なものとなるからである。だが、さらなる探究によって明らかになるように、行為者がそれをするという内的な観点からすれば、出来事としての行為の説明は、どのようなものであれ不十分なのである。

この問題と道徳的責任との結びつきは、自分のであれ他人のであれ、行為が単に出来事の一般的進行の一部とみなされた場合には、行為の源泉とされる者に対してわれわれがとる態度を理解可能にするような仕方で、個人に行為を帰属させることが不可能となるように見える、という点にある。行為者に向かう――単に行為者に関するではなく――ある態度は、その足場を失うことになる。もしある個人が十分に有害であるとすれば、われわれは彼が存在しなければよかったのにと思うかもしれない。しかし、もし彼が世界の有害な部分にすぎないのであれば、彼の行動や動機が因果的にあるいは非決定論的にどれほど複雑なものであろうとも、彼に向けられた非難や彼が自分自身に向ける罪悪感には、何の意味もないのである(4)。

私が言及したい第三の問題――人格の同一性の問題――の本性もまた、多くの議論において隠されている。この問題は、時点において分離された二つの経験的なエピソードが単一の人格に属するとされるとき、そのために不可欠な条件の探究という形で提出されることが多い。さまざまなタイプの連続性と類似性――身体的、心的、因果的、情緒的――が考慮されてきたが、それらのどれもが人格の同一性のある局面を説明づけることができないままに残しているように思われる。提案されたどのような条件が満たされたとしても、同一の主体または自我がこの条件の下に保存されているかどうかについては、依然として問題が残るように思われる。このさらなる問いは、あなたが二つの経験のうちの最初の方をもっていると想像し、もう一方（最初の経験と関連しているとされている）について「よろしい、しかしそれは私のなのか」と問うことによって、立てられる。自由意志の場合と同様、真の問題は、どれほど巧妙な解答が提案されても常に残る問いを取り出すことにあるように思われる。

このさらなる問いは、人格の同一性を保存する形而上学的自我の仮定を含む、と思われるかもしれない。しかし、それは誤りであろう。というのは、その自我は、それがもし時点を越えてそれ自体の同一性をもつ持続的個体であるとすれば、それについてもまた同じ問いが立てられうるようなもう一つのものでしかないからである（その自我は依然として私であるのか？）。他方もしその自我の時点を越えた唯一の同一性が、なおも私である、ということの同一性でしかないとすれば、そのような自我は、それが持続することによって人格の同一性が保存されるような個体ではありえない。なぜならば、その自我の同一性はそれがもつ経験はすべて私のものであるという事実にのみ基づいており、何がそれらの経験をすべて私のものにさせるのか、を説明する力はないからである。

物理的であれ心的であれ、人格が世界内の存在者として見られている場合には、真の問題は存在しないように思われる。そのような存在者は、時間を通して持続しかつ変化するが、人格とはその存在者が記述される際に使わざるをえない表現なのである。しかし、自由意志の問題の場合と同様、この型の分析に対して絶えず提出される不満は、問題の隠された内的な局面から出てくるのであって、それはいかなる外的な取り扱いによっても手つかずに残されるのである。その人格自身の観点からすれば、未来においてある経験をもつ誰かと自分との同一性や非同一性は、記憶、性格の類似、物理的連続性、といったものによるどのような分析によっても、汲み尽くすことのできない内容をもっているように思われる。そのような分析は決して十分ではないが、この観点からすれば、同一性の必要条件さえ与えていないように思われるのである。

過去または未来の経験が自分のものであったかどうか、またはそうなるかどうか、という問題を誰かが内側から立てる場合、彼は、時点を越えた同一性がきちんと定義された何かを、もっぱら自分の現在の経験に意識を集中し、それの主体の時間的延長を明確化することによって取り出す、という感覚をもつ。自我（セルフ）という概念は心理学的な概念であり、それの主観的本質は、第一人称型で最も明確に表現された場合、より客観的な付随物からも、そしてかなりの程度において他の心理現象との必然的結合からも、分離可能である、という哲学的な観念をひき起こすのは、そのような概念に特徴的なことである。（別の例——砂糖が他の人々にもこのような味がするのかどうかは、完全にきちんと定義されてはいるが、原理的に答えることのできない問いである、という確信。）これは幻想にすぎないかもしれない。あらゆる外的条件からまったく独立に、「この自我と同じ自我」について語ることには、意味がないのかもしれない。しかし、人格の同一性の問題をひき起こすのは、やはり自我という内的な観念なのである。時間を通して持続する世界内にある一種の事物として、人格をとらえようとする試みは、いずれにせよこの障害に突き当たることになる。主観に現われる自我（セルフ）は、外的な分析の下では消滅するように思われる。

第四の例は心身問題である。この問題の特に困難な面は、経験の主観的性格から来ている。刺激と行動への因果的連関において、心的状態が客観的に見られている限り、他の自然現象の物理学的分析に関しては起こらないような特別な問題は何も起こらない。もし主観的な面を度外視するのであれば、志向性をめぐる諸問題でさえ解決可能であるように思われるかもしれない。というのは、その場合、ある種のコンピュータは、志向的システムとして記述されうるかもしれないからである。不可能と思われることは、心的状態を持っている生き物にとってその心的状態がどのようにあるか、に関する諸事実を、世界の物理的なとらえ方の中に含み込むことなのである。その生き物と彼の状態は、非人格的かつ外的に見られうる世界に属しているように思われる。しかし、心的なものの主観的な面は、（おそらくは他の誰かによって感情移入的にとらえられた）その生き物自身の観点からしかとらえられえないのに対し、物理的なものは端的にそこにあって、一つ以上の観点から外的にとらえることができる。(5) 心的現象をも端的にそこにあるものの一部として、世界の内に含み込む方法があるだろうか。

ここでもまた、非人格的に理解可能な実在という観念がその優先権を主張する。われわれはここで、心身関係の問題、あるいは心的なものを物理的世界に包含するという問題にのみ直面しているのではない。人格的なものと非人格的なものとの、あるいは主観的なものと客観的なものとの間にあるより広大な問題は、心に関する二元論的な学説にとっても問題であり続ける。いかにして主観的性質をもった心的実体を客観的世界の中に含み込むことができるか、という問題は、いかにして物理的実体が主観的性質をもちうるか、という問題と同様に重大なのである。

物理的なものは、客観的なものの一般の理想的な代表である。したがって、心的なものと物理的なものの関係と、物理的なものと実在の他の客観的な側面との関係、この二つの関係の間に成り立つ誤ったアナロジーによって、多くの不明瞭がこの問題に関して産み出されてきた。自由意志の問題を設定する際に、決定論が外在性と客観性の代理をつとめたのと同様、心身問題を設定するに際しては、物理的なものが客観性の代理をつとめることになる。因果的役割、理論的同一化、機能的実現をめぐるすべての論争は、それ自体としては興味深いものであっても、心身問題をこれほど困難なものにしている中心的な論点に表現を与えることには失敗している。そして、自由意志や人格の同一性の問題の場合と同様、たとえ黙殺されていようとも、内的な要素が、心に関するすべての物理的な、あるいは他の外的な理論に対する執拗な不満感の真の源泉として残るのである。同時に、人格が（それに関するすべてのものとともに）客観的実在の一部でなければならないという考え方は、強い訴える力をもち続けている。客観性が実在性と結びつくのは自然である。どのようなものも、実在的なものとして性格づけられるためには、客観的世界の内に位置づけられねばならない、と感じること、そして、そのものは――物理的であろうとあるまいと――非人格的かつ外的に見られうるある性格を、その本性として持っていなければならない、と感じること、これは容易なことなのである。

私が論じたいと思う最後の例は倫理学からとられており、正邪に関する帰結主義的な見解とより行為者中心的な見解との違いに関係している。功利主義や他の帰結主義的な諸見解に対するよく知られたタイプの異論は、そうした諸見解が何を為すべきかに関する問いを何が総体的に見て最善であるかに関する問いに従属させている点を、不当だとして論難する。このような批判は、倫理学説というものは、個人がより包括的な目標にいかに役立っているかをあらゆる点で考慮しなければならないのではなく、各個人が自分自身の生活を追求する余地をいくらかは残しておくべきものだ、と主張する。このような批判はまた、行為に対して、一般的な善への貢献によっては正当化されないような制限や要求を加えることが必要だ、とも主張する。言いかえれば、ある人物に許されることも要求されることも、最善の結果を生むであろうこととはときとして食い違う、というわけである。私が帰結主義に対するこの二つのやや異なった異論を一つにまとめるのは、相互に対立することもありうるとはいえ、それらが帰結主義的な観点から同じ方向に逸脱しているからである。その逸脱方向は、自分自身の生活の追求を許容する場合には明瞭であるが、行為に対する一般的な要求や制限の場合には、それほど明瞭ではない。

功利主義、あるいは他の純粋に帰結主義的な見解はどれも、非常に要求の多い見解である。それはあなたに、あなた自身の個人的生活と利益の追求を、一般的な善の構成要素としてしか正当化しないことを要求し、行為の理由があなたの欲していることや傾倒していることへの言及で終わることを許容しない。このような考え方は、あなたにどのような特別な位置も――それが非個人的に正当化されうるのでない限り――認めない非個人的な観点によって、完全に包み込まれてしまっている。これに対する抵抗は、当然のことながら個人の観点から出てくる。その個人とは、非個人的な観点にもある程度の重要性は喜んで認めるが、自分自身の生活からの――世界の中で彼が占めている場所からの――独立の要求によっても力強く動機づけられた個人である。しかしこれは、非個人的な諸価値と単なる個人的な利害関心との背反にとどまるものではない。この抵抗もまた一般化されうるからである。すなわち、自分自身の観点に対して優越性をもつという要求のゆえに、帰結主義的な諸要求を受け入れがたいとみなす人は、当然、この異論を他の人々の場合にも当てはめることになるのである。彼は帰結主義に対して個人的な観点を重視するような一般的な異論を立てるであろうが、これは単に倫理に対する反抗というよりはむしろ、別の倫理を成り立たせることになるだろう。そのような倫理も功利主義と同様に普遍的でなければならない。ただそれは帰結主義的な立場がそうでないような点において主観的なだけである。つまり、それぞれの人間は、ある限界内で、自分の生活の追求に専心してよいのであって、あらゆる人の行為がそれへの言及によって正当化されねばならないような、客観的に記述可能な単一の目的などは存在しない、というわけである。

この意味において、帰結主義的な説明に抵抗する義務論的な要求もまた主観的である。殺人、嘘、裏切り、暴行を禁じる強制は、普遍的に適用されることが意図されているとはいえ、他者に対して行為者のもつ特殊な諸関係を、誰もがある単一の目的を推進すべきであるという考え方に、対置させてもいるのである。義務論的な強制もまた行為者中心的なのだが、それは別の意味においてである。これらの強制の真の源泉は、行為者中心的な許容の場合の源泉とは違って、行為者にあるのではなく、権利が保護されている潜在的な被害者の側にあるのだ。しかし、そうした権利を侵害することが不正であるということは、(多少は侵害するにしても)全体としての侵害を最小限度にとどめるように努めよ、という要求を意味するのではなく、侵害することを禁じる強制を意味している(6)。義務論的諸要求が行為者中心的であるのは、それらの諸要求が各人に、行為の正邪を世界内における彼の位置と他者に対する彼の直接的な関係という観点からのみ決定するように、指図するからである。基本的な道徳的概念は善悪ではなく正邪であるというまさにその考え方が、全体としての世界の性格ではなく人の行為の性格が第一次的な関心事でなければならない、ということを含意しているのである(7)。

帰結主義に対する二つの型の異論の間に観点の違いがあるとすれば、それは、第一のタイプがもっぱら個人としての行為者の観点から出てくるのに対し、第二のタイプは、行為者が彼自身の観点を、行為において彼が直接的に関係している相手の観点とある仕方で結びつけて考えるときに出てくる、という点にある。義務論的な強制は、純粋に個人的な動機と完全に非個人的な価値との中間者なのである。

功利主義が反帰結主義者の批判がそれに与えるような諸帰結を本当に持つのかどうかに関して、よく知られた諸論争——功利主義のラディカルな解釈と穏やかな解釈との間にあるより広い論争の諸局面にあたる——が存在する。同様に、反功利主義的な諸見解の定式化についても諸論争がある。いかに絶対主義的であるか、個人の権利、自由、自己実現、個人間の約束といったどの観点から述べられるべきであるのか、といった論争である。しかし、対立の本質はこれらの選択肢の精確な本性よりも明確である。問題点は、行為者の個人的な立場は、彼が何を為すべきかあるいは何を為してよいかの決定に、いかに入り込むべきかということなのである。

行為者の個人的な立場が、ある仕方で必ず入り込んでいることは明らかである。帰結主義者の見解においてさえ、人が何を為すべきかは、その人が何を為しうる立場にあるかに、そして可能的な諸結果の相対的な望ましさに、依存するであろう。それにもかかわらず、人が何かをすべきであるという帰結主義的な判断は、もし人がそれを為せば最善の結果が得られるであろうという判断、それは起こるべきことだという判断なのである。為すべき正しいことは、可能な限り自分を永遠の相の下で最善の事態を実現するための手段とすることなのである。

他方、行為者中心的な見解は、正しいこと、不正なこと、許されることを、少なくとも部分的には、個人の生活、世界における彼の役割、他者に対する彼の関係、といった根拠に基づいて決定する。行為者中心的な道徳は、何を為すべきかという問題に、すなわち個人としての行為者によって問われる問題に、第一の意義を認め、それに答える唯一の方法は、彼が何を為せば永遠の相の下で最善であるかを言うことだ、とは想定しない。それはまた次のように考えるかもしれない。何を為すべきかの決定において何が最善の結果をもたらすかを考えるための場所ははっきりしておらず、それは行為者中心的な選択とその根拠の分析によって確定されなければならない、というようにである。

したがって本当の問題は、世界を見る二つの見方の、行為に関する相対的優先権にある。一方には、決定は究極的には外的な観点――当人が他の人々の中の一人の人物としての意味しかもたない観点――から吟味されるべきだとする立場がある。その場合、問題は「何が最善〔の結果をもたらす〕か？　私の力の範囲内にある諸行為の内のどれを選べば、自分の立場から事態を非個人的に考慮した場合、最大の善をなしうることになるか？」ということになる。この観点はより包括的であることによって優先権を主張する。行為者の状況がより広い視野の中に位置づけられると考えられているわけである(8)。

他方には次のような立場がある。行為者は彼の置かれている場所から自分の人生を生きるのだから、たとえ彼が自分の状況の非個人的な見方を手に入れようと努めたとしても、そのような超然とした態度から得られるどのような洞察も、決定や行為に影響を与えうる以前に、個人的な見方の一部になっている必要がある、とする立場である。非個人的に最善と思われるものの追求は、人生の重要な一側面であるかもしれないが、人生におけるその位置は、個人的な観点から決定されるほかはない。人生とは常に特定の個人の人生であって、永遠の相の下にそれを生きることはできないからである(9)。

この対立は、二つの観点のそれぞれが他方を包含することによって優越性を主張するのだから、決着がつかないように見える。非個人的な観点は、個人や彼の個人的な見方を含んだ世界を包含している。他方、個人的な観点は、非個人的な反省の表明を個人の全体的な世界観の一部としか見ないのである。

諸問題のこのようなリストはもっと広げることもできるだろう。明らかに、主観的な観点と客観的な観点を調停することの難しさは、時間・空間や死にも関連し、そして知識論のすみずみにまで及んでいる。おそらくこの問題は、人は必ず特定の誰かであり、宇宙の中の特定の時間と場所に存在する、特定の人種に属する独特の個人である、というある意味で驚くべき事実において、その最も純粋な形態をとることになる。これらの諸問題の中には、それらすべての背後に共通の哲学的困難を見出すことを正当化するような、一つのパターンが存在する。それは諸問題の多様性によって隠され、その諸問題を論じる際には不幸にして時として無視されてきた一つのパターンである。以下において、私はこの問題を取り扱うためのいくつかの戦略を論じるつもりである。しかし、まずは異なった諸形態の間に存在する類似性について論じることにしたい。

私は主観的な観点と客観的な観点について語るつもりではあるが、これは便宜的な手段にすぎない。というのは、そのような二つの観点が存在するわけでもなければ、より個別的な諸観点がその中に位置づけられうるような二つのカテゴリーが存在するわけでもないからである。存在するのは二極性なのである。一方の極には、特定の気質、状況、世界の他の部分への関係を持った、特定の個人の観点がある。ここから出発して、客観性の増大を目ざす運動方向は、まずは世界内における個人の特殊な空間的、時間的、人格的な位置を捨象し、次いで他の人間たちから彼を区別する諸特徴を捨象し、さらには次第に人間に固有の知覚形式や行動形式を捨象してゆき、空間、時間、量における人間的な尺度の狭い範囲を脱して、可能な限り世界内のどこからの眺めでもないような世界の捉え方へと向かうのである。このプロセスには、おそらく終局点がなく、その目標は世界を中心なきものとみなし、世界を眺める者を単にその内容物の一つとみなすことなのである。

主観的と客観的の区別は相対的である。一般的な人間的観点は、自分がたまたま置かれている場所から見た観点よりも客観的であるが、物理科学の観点ほど客観的ではない。一つの観点が他の、より主観的な観点に対して優越性を主張し、その主張が反対されもするようなスペクトル上で、主観的と客観的の対立はどこにおいても起こりうる。倫理学における帰結主義に関する議論においては、両者とも人間の関心事と目標の重要性を十分に認めている、人間生活の内的な見方と外的な見方の衝突という形で、この対立が現われている。心身問題においては、この対立は人間存在の内的・人間的な見方と物理理論の外的な見方の衝突として現われている。人格の同一性の問題においてこの対立が現われるのは、自分自身の過去と未来に向かう特定の個人の観点と、彼を身体的かつ心理的な連続性によって特徴づけられた持続的な意識存在とみなすことができる他者の観点、の衝突においてである。

私が強調したい別の論点は次の点である。より主観的なものは、必ずしもより私的であるとは言えない。一般的に言えば、それは間主観的に接近可能である。私の考えでは、経験、行為、自我に関する主観的な観念は、ある意味では公共的な、あるいは共有の財産である。だからこそ、心身関係、自由意志、人格の同一性の問題は、単に自分自身のケースについての問題とはなりえないのである。

私はここで、規則の、したがってまた概念の公共性に関するウィトゲンシュタインの議論を取り上げることはできない[10]。私は、彼が正しいと思うし、われわれの最も主観的な現象学的諸概念でさえ、ある意味では公共的であるとも思う。しかし、それらが公共的であるのは、物理的世界を記述するために使われる諸概念が公共的であるのとは、まったく別の意味においてである。さまざまな諸個人の観点の彼自身の体験への結びつき方は、それらの観点の外界への結びつき方とは、まったく異なっている。前者の場合には、何ものも同じ対象へ向かう一つの視点を共有するさまざまな個人に対応してはいないのである。感覚に関するウィトゲンシュタインの立場は、感覚はまさしく現象であり、それゆえ感覚の性質はその感覚を持っている人に現われる対象の性質ではなく、感覚の性質に関する類似はそのような対象の性質に関する類似ではない、というものである。むしろ、その類似は現象に関する類似なのである。それは、主観的でしかありえない諸現象の間に成り立つ類似性である。それらの主観性——それぞれが本質的に誰かへの現象であるという事実――をわれわれが認める場合にのみ、感覚は公共的に比較可能であって私的なものではない、と言える特別な意味が理解されうる。私的対象とか感覚与件といった見方は、本質的に私的なものの誤った客観化の一例なのである。

最も主観的なものでさえある種の間主観的な一致によって特徴づけられている以上、より客観的な観点への移行は間主観的一致によるだけでは実現されない。その移行はまた、自分自身の観点以外の多くの主観的観点への通路となるような想像範囲の拡大によっても実現されはしない。客観的な観点の本質は、これまで出てきたすべての例において、外在性と超然性であった。客観的観点をとろうと試みることは、世界の中のある場所からでもなく、特別な種類の生活と知識という見晴しのよい場所からでもなく、むしろ特定のどこでもない場所から、特定のいかなる生活形式でもないものから、世界を眺めることなのである。その目的は、事物をわれわれにそう見えさせている前反省的な外見の諸特徴を値引きし、そのことによって事物の真のあり方の理解へ到達することである。われわれは、すべての事物は何らかの観点にとってではなく、それ自体において何かでなければならない、という仮定の重圧の下で、主観的なものから離れていくのである。自分自身の観点からますます離れていくことによってこれを達成することは、客観性の追求が目ざす到達不可能な理想である。

倫理学的、認識論的、形而上学的、といった多くの主題との関連において、この二極性の何らかの形態が見出されうる。さまざまな諸現象の相対的な主観性と客観性は程度問題ではあるが、しかしより外在的な観点を目ざす同じ重圧がどの現象にも見出されうるのである。当然のことながら、ある人の観点は、その人の気質や境遇といった偶然的なことがらの結果、ゆがめられていることがありうる。このようなゆがみを正すためには、最もゆがみの目立つ知覚形態や判断形態への依存度を減らしてゆくか、またはゆがみのメカニズムを分析してそれをあからさまに差し引くか、どちらかが必要である。主観的なものは、客観性のこのような発展との対比において、規定されてくるのである。

問題が起こるのは、同じ個人が両方の観点を持つからである。自分の特殊な性質に由来する事態をゆがませがちな影響を理解し除去しようとすれば、そのような影響を受けにくいと自分に思われる、自分の性質のある面に頼らざるをえない。彼はこの目的のために、自分自身の特別に選ばれた部分を使用して、自分自身と世界と彼との相互作用を検討する。次には引き続いてその部分が検討に付されるかもしれず、このプロセスには終わりがないかもしれない。しかし、信頼に値する部分の選択が問題となることは明らかである。

頼るべき部分の選択の一部は、ある現象がこの特定の自己のもつ偶然的な要素に依存しなければしないほど、その現象はさまざまな観点から到達されうる、という理念に基づく。もし事物の真のあり方というものが考えられ、そのあり方が、さまざまな体質と状況をもった観察者への、事物のさまざまな現われ方を説明する、とするならば、そのあり方は特定のタイプの観察者に特有ではない方法によって最も正確にとらえられることになる。それゆえ、科学的測定はわれわれと世界の間に、それと世界との相互作用が人間的な感覚を共有しない生物によっても看取可能であるような器械を介在させるのである。客観性は、個人的な観点から離脱するだけではなく、可能な限り、特殊人間的な観点から、あるいは哺乳類的な観点からさえも離脱することを、要求する。すなわち、人が自分の位置や形態に特有のものへの依存度を減じてゆくとき、なおもある見方を保持しうるとすれば、その見方は実在により忠実であろう、と考えるわけである。さまざまな観点の諸帰結が相互に調和しないような場合には、事態の真のあり方がゆがめられている。そしてもし正しい見方といったものがあるとすれば、それは人が世界の中でたまたま占めている場所から眺められた未編集の見方であろうはずがない。それは自分自身を、体質と環境によるすべての偶然的な要素とともに、眺められた諸事物の中に含ませ、特別な中心的位置には置かないような見方でなければならない。その見方はまた、自分がその一例であるような類型に対しても同じ客観的な態度をとらなければならない。ものごとの真の姿は、ここから見える姿ではありえないのと同様に、また人間に自然に見えてくる姿でもありえないのだ。

客観性の追求はそれゆえ、二つの意味で自己を超越することを含む。すなわち、特殊性の超越と自己の類型の超越である。それは、人が他者の主観的観点の中に想像的に入り込み、他の特殊な視点から事物がどう見えるかを知ろうとする、といったような別種の超越の仕方からは、区別されなければならない。客観的な超越は、どのような特殊な観点にとっても外的であるようなものを描き出そうとする。つまり、誰かにとってではなく、それ自体として、存在するものあるいは価値あるものを、である。そのような超越は、描き出すための手段としては利用できるどんな観点でも利用する――人間が物理について考える際に視覚的な図や表記法を使うように――が、その目的は、誰かあるいはあるタイプの存在者にとってではなく、事物がどうあるかを描き出すことなのである。この企ては、描き出されるものは描き出され方から分離可能であり、そのため、同じ物理法則がわれわれのような感覚様式をまったく持っていない生き物によっても描き出されうる、ということを前提しているわけである。

この種の超越をどのようにして達成するかについてはさまざまな問題があるとはいえ、それがわれわれの知識を前進させる重要な方法の一つであることは疑いない。われわれはそのような超越をますます拡大してゆき、生活と世界のますます多くの部分をそれの射程内に収めることを望まざるをえない。しかし、そのような客観性の絶えざる追求は、すべてを包括しようとする野心であらざるをえないのだから、それが自己自身に還帰したときには、困惑に陥り、これまで述べてきたようなさまざまな哲学的問題を引き起こすことになるのである。

問題が起こるのは、客観的な見方が、それでは説明のできない、主観的に現われる何かに出会うときである。そのとき、客観的な見方の包括性要求は脅威にさらされることになる。包括不可能な要素は、事実であっても価値であってもよい。人格の同一性や心身関係の問題が起こるのは、主観的に明らかな自己に関する諸事実が、人がより客観的な観点に上昇するにつれて、消滅するように思われるからである。帰結主義や人生の意味の問題が起こるのは、より超然とした非個人的な観点に上昇すればするほど、それに応じて個人的な諸価値が消えうせてしまうからである。自由意志の問題が起こるのは、事実と価値の両方からである。

どちらの場合にも、何かが譲歩しなければならないように見える。というのは、二つの自然で必然的な考え方が衝突し、調整なしには事物のあり方に関する単一の見方には収まらないからである。しかし、調整を考慮に入れても、選択肢は限定されており、しかも愉快なものではない。もし、すべての実在するものは客観的に記述されなければならない、と主張したいのであれば、扱いにくい主観的なアスペクトに関して、取りうる三つの進路があるように思われる。すなわち、還元、排除、そして併合である。

第一に、還元。客観的な解釈の下に収容することによって、可能な限り現象を救おうと試みることができる。この場合、正義や特別義務や許容可能な自己利益に関しては、帰結主義的な説明が与えられることになろう。体験は行動主義的規準によって、行為主体はある種の原因によって、人格の同一性は身体的・心的連続性によって、分析されることになろう。

第二に、排除。還元に信憑性がないように見えるような場合には、主観的な観点の救出を幻想であるとして——おそらくはそれがどのように生起するかの説明は与えつつも——退けることができる。たとえば、純粋な人格の同一性や自由な行為主体のごときものは存在しない、と言われることになるであろう。それどころか、体験の主観的な性格といったものさえ存在せず、体験はそれのもつ因果的役割によって十分に特徴づけることができ、それに加えて現象学的性質をもちはしない、と言われることになるかもしれない。そして、義務論的な要求やその他の非帰結主義的な倫理的直観は、迷信的な、自分勝手な、あるいは規則に縛られたものであるとして、退けられることになるであろう。

第三に、併合。主観的なものをよく知られた客観的なタームに還元できず、しかもそれの実在性をきっぱり否定したくはない場合、特にこの扱いにくい要素を包含する目的のために、客観的実在の新しい要素を考案することが可能である。意志、自我、魂、あるいは神の命令、といったものがそれである。しかし、このような形而上学的考案物が、真に客観的実在に属しているとして、ねらい通りに役立つように見えるのは、それらのあいまいさゆえに、主観性に関する同じ問題がそれらに関しても起こることが明らかにならないからにすぎない。問題は何かが除外されてきたということにあるのではないのだから、主観的に現われるものを包含するために、客観的世界の概念を拡大しようとしても、何の役にも立たないのである。空間と時間に関する客観的概念は、それが**ここ**と**今**の同定を除外しているからといって、欠陥を指摘されたことにはならない。いかなる概念構成もここと今の同定を含めば客観的ではなく、どのような客観的理解もそれをとらえることはできないのである。心的現象は、ひとたび体系的に理解されたならば——すでに物理的であると認められているタームに還元されなくとも——結局は物理的なものとみなされるようになるだろう、という予言についても、同じことが言える。[11] これらの問題は、まだ客観的（あるいはまた物理的）世界に含まれていないすべてのものを、そこに併合することで解決がつくような問題ではないのである。

これらの不十分な措置にかわる唯一のとりうる道は、飽くことなき客観性への欲求に抵抗し、次のように考えるのをやめる道、すなわち、世界とその中でのわれわれの立場の理解が前進してゆくのは、その立場から脱することによってであり、その立場から見えるもののすべてを単一のより包括的な概念構成の下へ包摂することによってである、と考えるのをやめる道である。おそらく、最もよい、あるいは最も真なる見解は、可能な限り自己を超越することによっては獲得されないだろう。おそらく、実在性は客観的実在性と同一視されるべきではないのである。問題は、原理的に包含不可能な主観的要素を包含していないからといって、客観性の欠陥を指摘することではなく、なぜ客観性が理解の包括的な理想として不十分なのかを説明することである。当然のことながら、われわれによる事物の客観的理解には常に改善の余地がある。しかし、私が考えている提案は、客観的な画像は不完全だというものではなく、それは本質的に部分的でしかありえないというものなのである。

この提案を受け入れることは、一見そう見えるほど容易ではない。というのも、事物のそれ自体としての単一のあり方などは存在しない、ということがそこには含意されているからである。たとえ特定の観点を含む事実や価値が世界に許容されるとしても、何かが特定の観点からそのようにあることの本質は、別の何かがいかなる観点からでもなく成り立つことにあるはずだ、と想定することは人の心をそそるものがある。（その別の何かは、もちろん何らかの客観的な関係を含みうる。）客観的価値は存在しないと信じる人々は主観的な諸価値を、それらを価値とみなす個人に関する客観的諸事実によって分析しようとするかもしれない。他の人々は一見主観的に見える諸価値を、客観的諸価値によって分析してきた。[12] そして心の哲学は、何かが誰かに赤く見えるとき実在的に成立している客観的事実はないかもしれない、と認めることの拒絶例に満ちている。

今日の現象学を含む観念論の伝統は、もちろん、主観的観点を基本的なものと認め、還元不可能な客観的実在を否定するという逆の極端に走った。私はこれまで、すべてを客観化することによって問題点を解決しようとする傾向の方に議論を集中してきた。その理由は、ウィトゲンシュタインの仕事にもかかわらず、この傾向が最近の分析哲学を支配してきたからである。しかし私は、同じ根拠からして観念論的な解決を受け入れがたいものと考える。客観的実在もまた、主観的実在と同様、分析されたり存在から締め出されたりするわけにはいかない。たとえすべてのものがいかなる観点からでもなしに何かであるとは言えないとしても、そう言えるものもまた存在するのである。

観念論もその客観主義的対立物も、その深い源泉は同じである。すなわち、単一の世界が還元不可能な観点と還元不可能な客観的実在の双方を含むことはできないという確信、一方は本当に存在し、他方は何らかの仕方でそれに還元可能かそれに依存している、という確信である。これは強力な観念である。それを否定することは、ある意味では、単一の世界の存在を否定することだからである。

客観性へ向かう運動が、事物の見え方に対立するものとして、事物のそれ自体としてのあり方を明らかにすることは、認めなければならない。それは単に他の観点と対立する一つの比較的厳正な観点への現われ方を明らかにするのではない。したがって、客観的なまなざしが人間や他の体験をもつ生き物——それらもまた世界の一部分であることは否定しがたい——に向けられた場合、それは彼らのそれ自体としてのあり方だけを明らかにすることができることになる。そしてもし、これらの主体にとっての事物のあり方が事物のそれ自体としてのあり方の一部でないとすれば、客観的説明は、それが何を示そうと、何かを取り落としていることになる。それゆえ、実在は単に客観的実在につきるものではなく、客観性の追求はすべてのものの真理に到達する等しく有効な方法とは言えないのである。

すべてものがいくらかは客観的性質をもつ、ということは考えられる。同じ事物に物理的性質と現象学的性質があるとみなすことに、意味があるかどうかはわからないが、しかしおそらくは体験でさえ、一部は客観的に――おそらくは物理的に――記述できる出来事ではあろう。しかし、その出来事を体験たらしめている性質が存在するのは、その出来事を持つようなタイプの存在者の観点にとってだけなのである。

われわれは宇宙の中の唯一の生き物ではないのだから、実在の一般的な把握のためには、われわれ自身の主観的観点を一つの特殊ケースとして含むような体験の一般的把握が必要となる。それはわれわれの力を完全に超えており、おそらくは人類が存続する限りそうであるにとどまるだろう。

それゆえ客観性は、比較的魅力的なものとなる。われわれ自身の観点から徐々に離脱していくことによって、われわれは実在に関する統一的な――たとえまったく活力のないものだとしても――把握を追求してゆくことができる。われわれはただ、自分が背後に残しているものを心に留めておき、それを消滅させてしまったなどと思い込まないように気をつけさえすればよいのである。このことは、自由意志、人格の同一性、行為者中心的な道徳性、心身関係といった哲学的諸問題との関連において、殊に重要である。これらの諸問題は、それが存在すること自体が主観的観点に依存しており、主観的観点を離れては論じようがないからである。

自分自身と自分の属する種を超越しようとする衝動の力は大きく、それから得られるものは堅固な実質を有するので、客観性には限界があることの承認によってそれが決定的に挫かれることはありそうにない。私は一種のロマンティシズムに賛意を表しているのであって、決して極論に与しているわけではない。その両極のいずれもが他方を含み込みえないことを認めつつ二極性を受け入れるという仕事は、創造的な仕事であるはずだ。いかに生きるべきかに関する思索においても、何が存在するかに関する把握においても、私が間違っていると思うのは究極的な統一という目標である。偶然的な自己からの離脱においてさまざまに異なる、対立する諸観点の共存は、単に実践的に必然的な幻想なのではなく、生の還元不可能な事実なのである。

（1）第2章参照。

（2）この問題に関する文献は膨大である。最近の最もすぐれた諸論文のうち三篇をあげるならば、P. F. Strawson, 'Freedom and Resentment,' *Proceedings of the British Academy*（1962）; Harry G. Frankfurt, 'Freedom of the Will and the Concept of a Person,' *Journal of Philosophy*, LXIII（January 14, 1971）, 5–20; Gary Watson, 'Free Agency,' *Journal of Philosophy*, LXXII（April 24, 1975）, 209–20.

（3）Roderick M. Chisholm, 'Freedom and Action,' in *Freedom and Determinism*, ed. Keith Lehrer（New York: Random House, 1966）.

（4）これらの点は第3章においてより詳しく論じられている。

（5）第12章を見よ。

（6）第5章を見よ。

（7）この型の道徳理論は、*Right and Wrong*（Cambridge, Mass.: Harvard University Press, 1978）において、チャールズ・フリードによって展開された。中間的な見解が、'Agents and Outcomes'（Ph. D. dissertation, Princeton University, 1977）において、サミュエル・シェフラーによって提出されている。彼は、行為者中心的な許容は擁護するが、行為者中心的な要求の方は、理解可能な根拠をもたないものとして拒否する。

（8）*The Possibility of Altruism*（Oxford: Oxford University Press, 1970）において、私はこの立場の一つのヴァージョンを擁護した。

（9）この立場は、'A Critique of Utilitarianism,' in J. J. C. Smart and Bernard Williams, *Utilitarianism For and Against*（Cambridge: Cambridge University Press, 1973）において、バーナード・ウィリアムズによって説得的に提示された。'Persons, Character, and Morality,' in *The Identities of Persons*, ed. Amelie Rorty（Berkeley: University of California Press, 1976）も見よ。そこにおいて彼は、自分自身の生の内側からの見方に関してだけではなく、現時点からの見方に関しても、その主張を力説している。現時点へと収縮していく主観的観点のこの傾向は、デレク・パーフィットによって、賢慮に関する彼の懐疑的な仕事（未刊）の中で、取り上げられている。

（10）Ludwig Wittgenstein, *Philosophical Investigations*（Oxford: Blackwell, 1953）〔邦訳：L・ウィトゲンシュタイン『哲学探究』鬼界彰夫訳、紀伊國屋書店、二〇二〇年ほか〕。

（11） Noam Chomsky, *Language and Mind* (New York: Harcourt, Brace & World, 1968), pp. 83-4〔邦訳：ノーム・チョムスキー『言語と精神』町田健訳、河出書房新社、二〇一一年、一八二～三ページ〕を見よ。

（12） たとえば、*Principia Ethica* (Cambridge University Press, 1903), p. 99〔邦訳：G・E・ムア『倫理学原理』泉谷周三郎・寺中平治・星野勉訳、三和書籍、二〇一〇年、二三二～三ページ〕におけるG・E・ムーア。

第一版への訳者あとがき

これは大人のための哲学書である。二つの含意を込めて、私は本書をそう規定したい。第一に、この本は子供向きではない。第二に、この本は思想書ではない。

わが国で出版されている〝哲学的な本〟の大半は、子供のための思想書である。次に多いのが大人のための思想書。最後に、最近になって少しずつ増えてきたのが子供向きの哲学書である。つまり、大人向きの哲学の本は皆無に近いのである。

大人／子供の区別は単純である。大人は「内部」におり、子供は「外部」に立つ。それゆえ、子供たらんとする大人は「外部」を目ざすことになる。著者ネーゲルは、一貫して「内部」の立場を保持し、現に自分が生きている場、そこで通用している規範、その中で妥当性を得る直観、といったものを決して手放さない。ひとたび「外部」の視点に立てば一挙に相対化されてしまうような諸前提のからみあいを、実に丁寧に内側から解きほぐしていく。このような著者の態度が、もし哲学的思索のラディカリズムに欠けるもののごとく映るとすれば、それは哲学的であることが子供の立場に立つことと同義的であるような知的風土のなせるわざである、と言えよう。R・ローティは、ネーゲルが属しているような文化的伝統を「価値があるというよりもむしろ厄介なもの」「引き合わないもの」と規定し、その外部に立つことによってネーゲルを批判している（『哲学の脱構築』御茶の水書房、「序論」）。文明の転換を呼びかけるという、子供の思想家に特有の戦略は、常に魅力的である。しかも、大人と子供の喧嘩は、長期的に見れば大人に勝ち目はない。しかし、それはあくまでも長期的に見た場合のことなのであって、しかもそのとき、子供は大人になるという代価を払わざるをえないのである。いつまでも子供にとどまることによって、永遠に未来的な勝利に酔い痴れるのは、無責任というものであろう（もちろん、それはある程度は必要な無責任さではあるのだが）。

思想／哲学の区別はそう単純ではない。だが、その一つの指標は、結論を重視するかそれに至る過程（議論）を重視するか、に求めることができるだろう。思想の立場に立てば、どのような経路をへてであれ、自分と同じ結論に達している者が自分の同調者（フレンド）であろう。しかし哲学の立場に立てば、どれほど異なった結論に達していようとも、ものを考え論じる態度と、その行為それ自体に与える価値において一致している者こそが同調者（フレンド）なのである。この単純な指標によって測ってみても、著者ネーゲルの姿勢は終始一貫、徹頭徹尾、哲学的であって、特に政治的な事象を論じる諸章において、その姿勢は爽快である。私はネーゲルに出会うまで、平凡な市民生活の侍女たりうるような、それでいてまがう方なき哲学的思索が、つまりは大人の哲学が、このような形で存在しうることに気づかなかった。本書を、哲学や関連諸分野を専攻しない人々にも、広く推奨する所以である。

しかしそもそも、そのような哲学的思索なるものにどのような意義があるのか、なぜ一般の人々までもがそのようなものに親しまなければならないのか、という疑問が起こりうるかもしれない。この問いに対する私の答えは多少独断的なものとならざるをえない。哲学は必要か？　と問われて、それがタレスからデリダに至る西洋の諸思想を知る必要があるか？　という意味であるならば、全然必要ない、と断言せざるをえない。その種の「教養」に何か特別の価値を認める文化が終焉したのは、たいへんよいことであった。しかし、哲学を学ぶことは哲学者の思想（過去分詞形の thought）を学ぶことではなく、哲学的に考えること（現在形の think）を学ぶことなのである。そして私は、この意味での哲学はどのような人生を送る人にも必要（と言うのが言いすぎなら、身につけて無駄になることがない、と言おう）であると思う。

哲学的に考えるとは、決していわゆる哲学問題を考えることではない。身のまわりに起こるあらゆることがらについて、哲学的に考えることができる。哲学を学ぶことは考えることを学ぶことであり、それに尽きるといってよい。しかし、ただ考えるというだけのことであるならば、他の学問や実際の生活を通じてでも十分に学べるではないか、と思われるかもしれない。しかしそうではない。誤解を恐れずに、そして詳しい説明もなしに、断言してしまえば、およそ考えるとは、哲学的に考えることなのである。（そして倫理学とは倫理的事象について哲学的に考えること以外ではありえない。）人類史上のある時期にある文化圏の中で生まれた一つの思考法が「考える」という語の真の意味を定義している、と言ったら少々言いすぎもすぎるだろうか。いずれにせよ私は、人間生活のあらゆることがらをはっきりと見、見分けていく視力をつけるために、哲学を学ぶことが必要であり、それはどんな人にとっても意義のあることだ、と確信している。（ひょっとするとそれは、自分の愛着する文化に人々を誘い、友人（フレンド）をふやしたいという願望のあらわれにすぎないのかもしれないが。）そのような学習のトレーナーとして、また思索のパートナーとして、私はネーゲルの本書を推奨したいと思う。

＊

形の上から言えば本書は論文集であるから、読者はそれぞれ自分の興味にしたがってどこからでも読み始めることができる（また必ずしも全論文を通読する必要もない）。しかし内容の面から言えば、諸論文はばらばらではなく内的連関を備えているので、読者の便宜のためにその点を簡単に解説しておく。

諸論文は全体として三部門に分かれる。第一部は1から4まで。ここでは人生（人間生活）の諸問題が順不同に取り扱われ、各論文の間に依存関係はまったくない。読者はどこからでも読み始めることができる。

第二部は5から10まで。ここでは倫理学的な諸問題が取り扱われる。この部門に興味を持たれる読者は、まず9を、次いで8を読んでいただきたい。5、6、7は、それぞれ個別的な問題を論じているが、私個人としては5の戦争道徳の議論を、わが国の戦争論に欠けている一面を補うものとして、推奨したい。7の優先政策をめぐる議論も非常に重要な問題を扱ってはいるのだが、今日の「同情道徳」の支配下においては差別はそれ自体においてすでに逆差別を含み、それゆえ逆差別の推進がまた差別を深化させることにも通じる、というこの問題の最も微妙な点が看過されているため、議論は深部に達していない。これらの諸章には、明らかにアメリカ的なバイアスが感じ取れるが、それにもかかわらず、何も無いところからただ議論の力だけによって諸制度・諸規範を基礎づけていこうとする熱意と努力は、「先進国」からすでに出来上がった諸制度・諸規範を輸入しているだけでは事がすまなくなったわが国の住人にとって、範とするに足るものであろう。（当然のことながら、それは結論を受け入れるということとはまったく別のことである。）これらの諸章が、わが国における「倫理学」のリハビリに役立つことを願わずにはいられない。

第三部は11から14まで。ここでは「心の哲学」の諸問題が扱われる。この種の問題に興味を持たれる方も、そうでない方も、まず14が必読である。14は本書全体を総括する役割をも合わせ持っているので、他の分野にのみ関心をもつ読者も、一度は14に眼を通しておく必要がある。11、12、13はどれも重要な論点を含む力作だが、本訳書の表題作となった12は、この分野の英米の文献の中でしばしば論及される非常に有名な作品である。私自身はこれらの諸章における著者の見解に結論的には賛成できないが、残念ながら、その理由をきちんと述べるには相当長い論文を書かねばならない。

＊

訳者の問い合わせに対する著者からの回答によれば、著者の名前の発音は［tɔməs nɛigl］とのこと。正確には「ネイグル」と表記すべきかもしれないが、日本語の慣用的表記法に従って（「ゲル」の部分は綴り字のローマ字読みによって）「トマス・ネーゲル」とした。

原書のカヴァーの記載によれば、著者は一九三七年生まれ。コーネル、オックスフォード、ハーバードの各大学で学んだ後、一九六三年から六六年までカリフォルニア大学バークレー校で教え、プリンストン大学教授をへて、現在ニューヨーク大学教授。

本書以外の著作は、訳者の知る限り次の三点。

The Possibility of Altruism (Oxford U. P. 1970; Princeton U. P. 1978)
The View from Nowhere (Oxford U. P. 1986)〔邦訳：『どこでもないところからの眺め』中村昇・山田雅大・岡山敬二・齋藤宜之・新海太郎・鈴木保早訳、春秋社、二〇〇九年〕
What does it all mean? (Oxford U. P. 1987)〔邦訳：『哲学ってどんなこと？——とっても短い哲学入門』岡本裕一朗・若松良樹訳、昭和堂、一九九三年〕

他に共同編集者として、いくつかの論文集（広く社会問題一般を哲学的に考察することを主題とする）を編んでいる。

＊

著者ネーゲルは人も知る文章家であって、その文体はほとんど美文の域に達している。英語に固有の微妙な言い回しを駆使して書かれたその美文を日本語に訳すに際しては、認識的同義性を損わないことと、日本語としてそれほど不自然ではないこと、の二点のみを念頭に置いた。しかし、他の仕事の合間を縫って翻訳作業に従事せざるをえなかったことなどもあって、それですら必ずしもうまく行ったとは思わない。ご叱正を請いたい。
また本書の主題はご覧の通りたいへん多岐にわたっており、その中には訳者にとってまったく疎遠な領域も含まれている。本来ならばしかるべき専門家の方々の教示を得て事を行なうべきであったかもしれないが、その余裕もまったくなかった。その点の誤訳・不適訳についてもご叱正を賜りたい。

なお第12章にはすでに植村恒一郎氏による日本語訳がある（D・R・ホフスタッター、D・C・デネット編、坂本百大監訳『マインズ・アイ〔下〕』TBSブリタニカ、所収）。訳出にあたって参照させていただき、見解を異にする点もなくはなかったが、教えられる点がはるかに多かった。（なお同書には編者ホフスタッターによるこの論文に対する「短評」が併載されており、するどい論点が提出されていることを付記しておく。）

＊

本書のタイトルをどうするかという点については、最後まで難渋した。*Mortal Questions* という原題と内容を考慮して、いったんは『この世を生きる哲学』というタイトルに決まったのだが、あまりにも茫漠としていてインパクトが弱いということになり、校正段階で、思い切って第12章の題を本書全体のタイトルとすることになった。本書の扱う領域はあまりにも多様であり、全体を包括するタイトルをつけることには始めから無理があったと思う。（原題もまた苦し紛れの感がある。その証拠に原書のカヴァー・デザイナーは *Mortal* の意味を誤解している。）しかし、どちらかと言えば、本書は「心の哲学」の書であるというよりはむしろ「倫理学」の書であると言える。その方面に関心を持たれる方々にも、本書を読んでいただきたいと思う。

一九八九年　春

訳　者

「内側」と「外側」に引き裂かれる観点
——新装版への解説①「道徳における運の問題」

古田徹也

1 「Moral Luck」という主題をめぐって——ネーゲルとウィリアムズ

一九七六年、トマス・ネーゲルは、「Moral Luck」という奇妙な言葉をテーマとするシンポジウムに、バーナード・ウィリアムズとともに登壇した。二人の講演の内容は、シンポジウムの抄録[1]に掲載された後、加筆修正が施されたバージョンが各自の論集に収録されている。それが、ネーゲルの"Moral Luck"[2]と、ウィリアムズの"Moral Luck"[3]という、同一のタイトルを冠した二つの論文である。

「Moral Luck」という言葉はウィリアムズが案出したものであり、上述のシンポジウムのテーマを提案したのも彼の方だ。しかし、この言葉の位置づけ、あるいはこの言葉をめぐる議論の方向性は、彼とネーゲルとでは大きく異なっている。

ネーゲルが焦点を当てるのは、大雑把に言えば次のような事柄である。まず一方には、道徳的責任の帰属や道徳的評価に運の要素が影響を与えてはならないという、一般に広く受け入れられているはずの原則がある。しかし他方には、まさにそのような原則が広範に破られているという事実がある。この原則と事実の埋めがたいギャップを、ネーゲルは道徳の存立それ自体にかかわる深刻なポイントとして捉えている。言い換えれば、道徳的価値を守ったり追求したりすることにおける本質的な「躓きの石」として、彼は運の問題を捉えているということだ。その意味で、「Moral Luck」という論文タイトルを訳者の永井均氏が「道徳における運の問題」と訳しているのは、内容とよく整合した処置だと言える。つまりネーゲルは、道徳上の運の問題を主題にしているのである。

これに対し、ウィリアムズにとっては、運の存在はそのように道徳の危機をもたらすというよりも、道徳の限界を示すものだ。ウィリアムズによれば、道徳は他の何にもまして優先されるような至高の価値を有するものではない。「いかに生きるべきか」という倫理学の根本問題に関しても、道徳的観点からのみ考えることには限界があるというのだ。また彼は、行為の正当化——それは道徳的な正当化だけとは限らない——全般に関して、道徳的な考慮があるがゆえに運次第の「賭け」として立ち上がってくる個々人の人生の重要な局面に着目している。つまり、彼にとってMoral Luck とは、道徳上の運というよりも、道徳とかかわりのある運のことを指すのである(4)。

2　ネーゲルによる「道徳上の運」の定義

本解説ではこの先、ネーゲルの方の論文「道徳における運の問題」——以降、これを「本論文」と表記する——の議論に的を絞って、その概要と射程を見定めていくことにしたい。まずは、先ほど「原則と事実の埋めがたいギャップ」として簡単に言及した事柄の内実を、もう少し丁寧に跡づけてみよう。

人を道徳的に評価する際、我々が一般に広く受け入れていると思われる原則がある。すなわち、〈行為者が道徳的責任を負うのは、その当人のコントロール下にあった行為や意志、またはその結果に関してのみである〉という原則——これは一般に「コントロール原則」と呼ばれる——である。たとえば、海水浴場で子どもが溺れていたが、全く泳げないので助けに行かなかった人がいたとしよう。右の原則に照らせば、その人に対して「あなたは溺れている子どもを助けるべきだった」と非難することはできない。なぜなら、当該の状況はその人にコントロールできるものではなかったからだ。

そして、運という要素は、まさに「コントロールできないもの」なのだから、運の影響によって生じたことに対して道徳的責任を負うのは間違っているということになるはずだ。たとえば、人々のために善かれと思ってやったものの、運に恵まれず、むしろ人々に対して悪い結果をもたらすこともあれば、逆に、悪意をもってやったことなのに、思いがけず人々のためになり、善行として称賛されてしまうこともあるだろう。コントロール原則に従うならば、そのように運が介在した結果や、それをもたらした行為、および、その行為の主体といったものは、道徳的責任の帰属先や道徳的評価の対象から外されなければならない。

しかし、問題は、人の行為やその意志がどのような結果をもたらすかというのは、多かれ少なかれその当人にはコントロールできない種々の外在的要因に左右される、ということだ。それはたとえば、ある人物が慈善事業の中核として建設していた施設が、突如地震に見舞われて倒壊してしまう、といったことだけではない。そもそものような事業を立ち上げて運営するための知識や人脈、能力、財力等々は、生まれ持った素質や教育、周囲の環境などによるところが大きいだろう。そしてこれらの要素も、本人にはコントロールできないものだという意味で、運の範疇に含めることができる。

それゆえ、たとえばカントは、道徳的な価値はひとえに行為者当人の意志に見出されると主張している。本論文の冒頭で引かれている通り、『道徳形而上学原論』（＝『人倫の形而上学の基礎づけ』）においてカントはこう謳い上げるのである。

特別の不運のゆえに、あるいはまた冷やかな自然があまりにも僅かなものしか与えてくれなかったがゆえに、この善い意志にはその意図を実現する能力がまったく欠けていたとしても、したがってどれほどの努力を払ってみてもこの意志は何ひとつ成し遂げることができず、あとにはただその善い意志だけが残る……としても、善い意志は、自らの内にその全価値をもつものとして、宝石のようにただそれだけで光り輝くのである。(本書三三～四ページ)

このカントの考え方の背景にあるのは、頭のなかの思考や意志であれば行為者がコントロールできるという伝統的な発想だ。この発想の下では、道徳が内面の世界にのみ関係するのであれば、道徳は運に対していわば免疫をもつ、ということになる。

だが、現代の法哲学者・政治哲学者ジョエル・ファインバーグは、道徳的評価の対象や道徳的責任の帰属先を「意志」や「意図」といった個々人の心の世界に限定しようとしても、〈道徳は運に対して免疫をもつ〉という観念を擁護することは難しいと批判している。というのも、ファインバーグによれば、そうした「意志」や「意図」の形成それ自体もしばしば多様な外的要因によって影響を受け、行為者当人のコントロールを超え出ているのは明らかだからである。(5)

ネーゲルの見るところ、このファインバーグの批判は正鵠を射ている。つまり、事実として、人の行為やそれを選択する意志がどのような結果をもたらすかだけではなく、意志がそもそもどのように形成されるのかも、多かれ少なかれ運の影響を被るということだ。そして、そうであるならば、先述のコントロール原則からして、人は自身の行為や意志に関して道徳的責任を一切負わないという結論が当然導き出されるはずなのである。

しかしながら、我々は日々の生活においてはこの結論に至ったり、この結論を支持したりしていない。すなわち、我々は実際には自他を完全に免責したりはせずに、様々なケースで行為者に対して道徳的責任の帰属を行なっている。この、まさしく矛盾とも言える状況こそが、ネーゲルのいう「道徳上の運」にほかならない。彼自身によるこの概念の定義を確認しておこう。

ある人の為すことの重要な一面が彼の意のままにならない要因（factors beyond his control）に依存しているにもかかわらず、その点において彼を道徳的判断の対象とみなすことをわれわれがやめない場合、その一面は道徳上の運（moral luck）と呼ばれうる。（本書三五ページ）

3　「道徳上の運」の諸側面、認識論的懐疑論との結びつき

本論文におけるネーゲルの功績のひとつは、このように「道徳上の運」というもの全体の輪郭を明晰に描き取っていることだが、ほかにも、彼は重要な議論をいくつも展開している。たとえば、道徳上の運は次の四つの種類に大別される、という議論（本書三八ページ）はそのひとつだ。

(1) 構成的な運（constitutive luck）。すなわち、行為者がどういう種類の人物であるか——どのような性向や資質、気性を持ち合わせているか——に関係する運。

(2) 行為者の置かれた環境に関する運（luck in one's circumstances）。すなわち、人がどのような状況や問題に直面して特定の行為に至るのか、ということにまつわる運。（たとえば、財産を失って困窮する、誰かから脅迫される、など。）

(3) 行為の原因（cause）に関する運。すなわち、行為者が何を実行するかが、先行する諸条件によって因果的にどのように決定されるかに関する運。

(4) 行為の結果（result）に関する運。すなわち、実行された行為や計画がどのような結果に帰着するかに関する運。

これらのうち、(1)〜(3)は必ずしも明確に区別されるわけではなく、しばしば互いに深く関連し合っている。また、特に(3)は、意志の自由をめぐる古典的問題に直結している。ともあれ、道徳上の運の諸側面についての以上の整理は、この問題をめぐる後続の議論の大きな足掛かりになっている。

それから、本論文においてネーゲルが指摘したもうひとつの重要な論点として、道徳上の運の問題と認識論的懐疑論との間に強いアナロジーが成立する、ということが挙げられる。一般に、ある人の抱く信念が客観的な知識でもあるためには、当該の信念がたまたま真であるだけでは足りない。このことは、「知識は運を排除する（知識と運は両立しない）」というテーゼで表すこともできる。しかし、このテーゼを額面通りに受け取り、かつ、我々の認識活動が不断かつ広範に偶然的要素に取り囲まれていることを認めるならば、我々が真の意味で知識を獲得することはそもそも不可能ということになる。こうした認識論的懐疑論への筋道は、(a)道徳と運の非両立性と、(b)運の遍在性から、(c)道徳的評価の不可能性が導かれるという筋道と、確かに共通している。

このネーゲルの議論以降、現在に至るまで、認識にかかわる運を「認識上の運（epistemic luck）」と呼んで主題的に論じる流れが確固として出来上がっている。そして、認識上の運と道徳上の運それぞれの定義や、両者の関係性をめぐる多様な探究へと繋がっている。さらに、道徳上の運の問題というのは擬似問題であり、実際のところは認識上の運の問題に過ぎないのではないか、という類いのネーゲル批判も、幾人もの論者によって展開されている。道徳上の運をめぐるこうした多彩な議論の起点も、やはり本論文の議論のなかに見出されるのである。(6)

4　内側と外側——観点の二重性をめぐる問い

最後に、道徳上の運の問題に対するネーゲル自身の構えについて見ておきたい。

先述の通り、彼はこの問題を、道徳の存立そのものにとってきわめて深刻な、真正の問題として捉えている。とはいえ彼は、それによって、道徳的評価や道徳的責任の帰属の可能性を否定するわけではない。彼がむしろ目を向けるのは、我々が自分たちと世界とを眺める観点がいわば「内側」と「外側」に引き裂かれつつ併存するというあり方それ自体である。

道徳上の運の諸側面、とりわけ、先に列挙した(1)〜(3)の運の存在を受け入れるならば、能動的な行為主体や自我というものは一種の幻想のようにも思えてくる。自分の責任の下に自分の自由な意志によって選択したはずのことは、実は、生まれつきの性格や周囲の環境、先行する諸条件などによって決まっていたことだったのではないか。――このような観点を、ネーゲルは、〈行為を外側から、一連の出来事の一部分として眺める観点〉とか、あるいは簡潔に〈外的な観点〉などと呼んでいるが（本書四九ページ）、この観点からすれば、道徳的責任や道徳的評価も、それを支えるコントロール原則や公正の原則も、すべて崩れ去ってしまうだろう。

確かに、能動的な行為主体や自我という概念はかなり危うい基礎の上に立っている。しかし、我々はこの概念を捨て去り、完全に〈外的な観点〉に身を置くということはできない。我々は、種々の運の広範かつ強力な影響を認めたとしても、相変わらず自他に意志の自由を認め、道徳的評価や道徳的責任の帰属を行なうことにおいて、道徳的価値を真剣に追求している。言い換えれば、行為を内側から人間の自由な意志の賜物として眺める〈内的な観点〉に身を置いてもいる。

この種の観点の二重性は、ネーゲルの他の諸論考にもしばしば顕われる、彼の哲学のライトモチーフとも呼べるものだ。たとえば、本書に収録されている「人生の無意味さ（The Absurd）」というタイトルの論文でも、我々が日々の生活において特定の物事に価値を見出し、それを真剣に追求する〈内的な観点〉と、そこから一歩退いて全体を外側から傍観者のように眺める〈外的な観点〉、その二重性というものが主題となっている。

どこまでも相容れない二つの観点に引き裂かれつつ、双方の観点を絶えず行き来し、重ね合わせつつ生きるという、我々人間の独特なあり方を様々な角度から照らし出しながら、ネーゲルは繰り返し、人間とはいかなる存在であるのかという根本的な問いに迫るのである。

（1） *Proceedings of the Aristotelian Society, Supplementary Volumes*, Vol. 50 (1976) 所収。

（2） *Mortal Questions*, Cambridge University Press, 1979, pp. 24-38（本書第3章「道徳における運の問題」三三～五二ページ）。

（3） *Moral Luck*, Cambridge University Press, 1981, pp. 20-39（「道徳的な運」鶴田尚美訳、『道徳的な運——哲学論集一九七三～一九八〇』伊勢田哲治監訳、勁草書房、二〇一九年、三三～六五ページ）。

（4） こうしたウィリアムズの議論、およびそれが展開されている彼の論文"Moral Luck"の内容については、以下の著作を参照されたい。古田徹也『それは私がしたことなのか』新曜社、二〇一三年、第3章。古田徹也『不道徳的倫理学講義』ちくま新書、二〇一九年、第10章。

（5） ジョエル・ファインバーグ「法と道徳における問題含みの責任」望月由紀訳、『倫理学と法学の架橋——ファインバーグ論文選』嶋津格・飯田亘之編集・監訳、東信堂、二〇一八年、四八二ページ以下。

（6） これらの議論の詳細については、さしあたり、古田徹也「現代の英米圏の倫理学における運の問題」（『社会と倫理』三二、二〇一七年、三～一四ページ）を参照されたい。

コウモリであることがそのようにあることであるような
そのような何かは存在するだろうか
――新装版への解説②「コウモリであるとはどのようなことか」

永井　均

1　ネーゲルの問題設定

What is it like to be a bat? を「コウモリであるとはどのようなことか」と訳すのは正しい訳だろうか。私としてはこれをむしろ「コウモリであることはどのようにあることなのか」と訳したかった（だから本稿の表題はこのようにした）のだが、その方向とはむしろ逆に、「コウモリだったらどんなかな?」のように訳すべきだとの意見もありうるだろう。しかし、この後者の訳の場合、（現に人間である）自分自身がもしコウモリだったらどんなだろうか、が問われていることであるかのように受け取られるであろう。ネーゲルはそれをはっきりと否定している。

ネーゲルは、自分自身の「腕に水かきがついていて、……周囲を高周波の反響音信号システムによって知覚している」（二一五ページ）といった場合を想像することを例に挙げて、「コウモリであることがそのようにある」そのあり方を考えることは、そのように自分がコウモリである場合を考えるということではない、と言い、続けて次のように言う。

私に可能な範囲では（その範囲もさして広くはないが）、そのような想像によってわかることは、私がコウモリのようなあり方をしたとすれば、それは私にとってどのようなことであるのか、ということにすぎない。しかし、そのようなことが問題なのではない。私は、コウモリにとってコウモリであることがどのようなことなのか、を知りたいのである。（二二五ページ）

ネーゲルは、コウモリであるとはそのようにあることである、といえるようなそのような何かが存在するはずだ、と考えている。たしかに、そのような何かがそもそも存在しないなら、稲妻がじつは放電現象であるという場合のように、そのような何かはじつはしかじかの物理的性質であるという、心的なものの物的なものへのいわゆる「還元」が、そもそも成立しがたいであろう。還元されるべき何かがそもそも存在しないことになるからだ。ネーゲルの主張は主観的体験というものが客観的に存在するという主張であり、哲学業界ではなぜかあまり人気がないようだが、どちらかといえば常識的な、ふつうの考え方であるように思われる。

常識的な、ふつうの考え方であるとはいえ、そこには非常に複雑な問題が介在している。その理由をひとことで言うなら、そのように考える際、その「主観的体験」という概念には（したがって「意識」とか「主観」といった概念にも）矛盾が含まれることになるからである。ここで言う「矛盾」とは、マクタガートが「時間（の本質であるA系列）には矛盾が含まれている」と主張したときの「矛盾」と（私見によれば）同じ種類の矛盾である。(1) といっただけでは何もわからない方も多いであろうから、まずはひとことで単純に表現しておくなら、それは主観性が客観的に存在するということの矛盾である、といえる。しかし、これから論じるように、この矛盾は通常理解されているよりもはるかに巨大な問題を含み込んで成立しているのである。

2 「コウモリであることは（コウモリ自身にとって）どのようなことなのか」とはそもそもどのような問いなのか

「コウモリであることは（コウモリにとって）どのようなことなのか」とはそもそもどのような問いなのか、という問いは、ネーゲルの想定をはるかに超えて、非常に難しい問いである。ネーゲルに反して、対象がコウモリだから難しいのではない。そういう種類の難しさもまたあるとはいえ、真の難しさは、そのような些事を超えて、たとえば「大谷翔平であることは（大谷翔平にとって）どのようなことなのか」とはそもそもどのような問いなのか、にもまったく同様に厳存している。

こういう種類の、主観性の客観性（主観的なものの客観的存在）という事態を、われわれはそもそもどのように理解しているのだろうか、それ自体がすでに謎である。「コウモリであることは（コウモリにとって）……」、「大谷翔平であることは（大谷翔平にとって）……」と言うことによって、そういう客観的な主観性が表現できている（したがって理解できている）と考えられがちだが、それはじつは未解決の問題をすでに解決ずみと見なすある種の錯認にすぎないように思われる。自分の主観性は直接的に理解できる（なぜなら主観的なものとはそのような直接的に与えられているもののことであるから）としても、それと本質的に「同じ」ものがあちら側にも（＝客観的にも）存在できるとはどういうことなのか、これがそもそも謎なのである。原理的にここにしかない（どころかありえない）ものが、あちらにもある、と言っているわけであるから。

これは哲学的に見てすこぶる単純な、きわめて初歩的な問いにすぎないのだが、それにもかかわらず、実のところは哲学者たちによってまだ答えられていない問いである。(2) 痛みも、酸っぱさも、喜びも、想起も、情欲も、……、私は私に起こるそれらしか体験することができない（したがって「体験する」ことそのものがそうである）。そして、この文の「私は」はじつは余計なのである。[3] 正しくは、そもそも私に現れるそれらしか体験できない（という意味ではおよそ生起しえない）、と言われるべきであり、その理由を問われたなら、そうしたすべてが生起する場のことこそを「私」と呼ぶのだから、と答えるべきなのだ。そうである以上、他人にそれら（痛み、酸っぱさ、喜び……）が起こるとはそもそもどういうことなのか、私はその意味そのものを理解することができないはずである。これまでのところ、私に起こるそれらしか体験したことがない（という意味ではおよそ生起したことがない）、だからおそらくこれからもそうであろう、と言っているのではないのだ。そもそも私に現れるそれらしか体験できない（という意味ではおよそ生起しない）と言っているのだ。なぜなら、それらが起こるということがすなわち私であるということなのだから。だから、他人にそれらが起こることを想定しようとしても、その人（あるいはそのコウモリ）の身体において私がそれを感じるということまでしか想定できないはずなのだ。それ以上のことは、そもそも何を言っているのか意味そのものがわからない、ということになるはずではないか。そうではなく、その人（あるいはそのコウモリ）の「私」という（矛盾表現であるから原理的にありえないはずの）ものをあえて構想して、現に存在する人々（あるいはコウモリたち）に張り付けるには、いったい何をどうしたらよいのだろうか。これが問われるべき問いである。

　ここではっきりしていることは、この問いに答えうる道筋がどこにあるにせよ（あるいはないにせよ）、ともあれ先に引用したネーゲルの、自分が知りたいことは「私がコウモリのようなあり方をしたとすればそれは私にとってどのようなことであるのか」ではなく「コウモリにとってコウモリであることがどのようなことなのか」なのだ、という発言は誤りでなければならない、ということである。そもそもその対比自体が誤りでなければならない。「コウモリにとってコウモリであることがどのようなことなのか」という問いと、「私がコウモリのようなあり方をしたならそれは私にとってどのようなことか」という問いとは、じつは同じ問いでなければならないはずだからだ。

　このような対比の存在をまったく自明のことのように持ち込むとき、ネーゲルはその「私」を人間としての持続的な主体として捉え、それがコウモリ性を帯びる、という状況を考えている。しかし、そのような捉え方では、「私」

という極めて特殊な存在の特殊さの核があらかじめ取り逃がされている。じつは、ネーゲルの心配は最初から無用でなければならないのだ。「私」は特定の人物である必要はないからだ。いやむしろ、特定の人物であることと分かちがたく結合しているという他面の事実によっては捉えることができない別の一面にこそ、その極めて特異な不可能性にこそ、「私」概念の最大の（そして真に驚くべき）特徴があるからである。先ほどの言い方をふたたび用いるなら、痛みも、酸っぱさも、喜びも、想起も、情欲も、（そしてなんと記憶や想起さえも！）、何であれそこでしか起こりえない、それらすべてがそこで起こることしかできないその場のことが、正当かつ端的に「私」と呼ばれるべきものなのだ、と捉えられねばならないからである。こちらの捉え方の側面を、特定の人物であることと分かちがたく結合しているというもう一つの側面から分離して理解（概念的理解）することが可能であるという事実こそが、コウモリであることは如何にあることなのか、という問いに、その実質的な意味を与えており、それ以外の理解の仕方はじつはありえない。

　そういうすべてがそこから開始されているその場が、もし人間ではなくコウモリであったら、言い換えれば、この世界がある一匹のコウモリから開かれるという形で存在していたら、という想定（の可能性）こそが、ここで問われていることであらねばならない。その意味において、ネーゲルに反して、「私がコウモリのようなあり方をしたとすれば……」と考えることは、問題の正しい捉え方なのである。むしろ、その捉え方しかありえない、とさえいえる。ただし、そのように捉える場合には、通常「私」に与えられる二種の意味は切り離されねばならない。一つは、いま論じてきたような、「痛みも、酸っぱさも、喜びも、想起も、情欲も、（そしてなんと記憶や想起さえも！）、何であれそれらすべてがそこでしか起こりえないような、その場こそが「私」である」というほうの「私」の意味であり、もう一つは、とはいえ今そういわれたその場そのものにさえ、ある特殊な意味での時間的な連続性（人格的持続性）が存在せねばならず、そのような連続体こそがすなわち「私」である、というほうの「私」の意味である。前者が後者から切り離されて、そちらの要素だけがコウモリに付与される、そのような想定がここでなされねばならないのである。

そうするとしかし、なぜ、そういう事態が「コウモリであることがコウモリにとって……」のように、あたかもたんなる反省的な自己意識の成立のように表現されうるのであろうか、という新たな謎が生じることになる。ここにはそもそも反省的な自己意識というものに対する根深い誤解が隠されているといわざるをえない。先ほど分類された二種類の意味における前者のほうの「私」は、世界の開けの唯一の原点なのだから、本質的に一つしかないはずのものなのだが、そのこと自体が概念化され、たとえば任意のコウモリに（も）割り振られる（という仕方で複数化される）とき、とんでもないいびつな世界像が成立することになるだろう。原理的に一つしかありえないものが並列的に複数個存在している世界。それは矛盾を含むがゆえに一枚の絵には描けない。コウモリであることは（そのコウモリ自身にとって）どのよう（どんな）であるか？　とは、じつのところは、そいつだけが世界の開けの原点であったらどのよう（どんな）か、と問うているのである。ネーゲルの言い回しにおいて反省意識のごとくに現れるもののそれ自体として（＝想定されている連関から切り離された）の実態は世界そのものの唯一的な開闢の場であるということであり、なぜそれが反省という形を取るのかといえば、その（原理的に一つしかありえないはずの）開闢がむりやり複数個存在可能な形において表象されたからである。むりやり想定された共通世界の視点から見れば、それぞれじつは唯一的であらねばならないはずの開闢がそれぞれ自己反省的な形を取って表象されざるをえないわけである。(4)

3　ネーゲルの誤認

ネーゲルはまったくそのように考えておらず、「自分自身の視点以外の視点をとることもしばしば可能なのであって、……」（二一九ページ）と言っているが、それはたんに生形式とそれを語る概念を共有しているということにすぎないだろう。この引用文を含む段落全体（二一九ページ）をぜひ再読していただきたい。その最後に注8が付いており、その注もできたら全部再読していただきたいが、その中で彼はこう言っている。「自分、他の人間、他の生物種、の間に見られる差異は連続的なものでありうる」（二二八ページ）と。しかし、これは明白に偽である。決して連続的なものではありえない。なぜなら、ここには異なる二種の差異が繋げられているからである。自分と他の人間との間の差異と、人間と他の生物種との間の差異とは、違う種類の差異である。それが連続的ではないがゆえに、ネーゲルの問題提起はじつは最初から二重性を帯びたものになっており、自他間の断絶の問題と種間の断絶の問題が同時に提起されている。表向き後者が主題であるかのように語られているが、真の（すなわち哲学的な）主題が前者であることは明らかである。ネーゲルが問題にしようとしていることは、じつは、「自分、他の人間、他の生物種」と次第に広がっていく問題ではなく、最初の「自分、他の人間」に示された対比構造が、「他の生物種」においても反復されうる（されざるをえない）という問題なのである。すなわち、他種（たとえばコウモリ）の中にも「自分（であるコウモリ）、他のコウモリ」の対比がありうる（あらざるをえない）。それこそが「〜であることは（〜自身にとって）どのようなことか（どのようにあることか）」、「〜であることが（〜自身にとって）そのようにあることであるところのそれ」といった種類の苦心の表現に込められた（込めようとした）真の意味であらねばならない。

しかし、（その表現が正しく表現しえているものという意味での）そのようなものは存在しない。それが表現しようとしたものという意味でのそのようなものは存在するのだが、じつはその表現では表現しえていないのだ。それは、「〜にとって」と「〜のようである、〜のようにある（is like 〜）」の正用法に反する意味を持ち込まなければ（すなわちそこに存在論的に特殊な意味を込めなければ）表現できない。「にとってそのようであるようなそれ」などというものは存在しない。実際、大谷翔平であることが（大谷翔平自身にとって）然々であるところのその然々というものがもしあるとすれば、それが大谷翔平以外の人にあることはできないだろう。それは原理的に大谷翔平に「しかない」だろう。このしかなさの存在こそがそこで表現されて（あるいはされようとして）いることの本質なのだ。しかし、しかなさは文字どおり「しかない」のだから、共通世界の内には存在しえない。いや、「〜にとって」はそのしかなさがあるのだ、という形で、しかなさを「〜にとっては」付きにすることによって各主体に割り振り、共通世界の内に組み込むとき、世界は矛盾を内に含むものになる。われわれのこの世界は現にそのように出来ており、コウモリであることがそのようにあることであるようなそのような何かが現実に存在しているような気がするのは、われわれがそのような世界に住んでいるからであるといえよう。

（1） 要言すれば、時制概念と人称概念には同型の矛盾が内在しているということだが、この問題については、これまで何度も繰り返し論じてきたので、ここでは繰り返さない。以下に述べることは、これまで何度も繰り返し論じてきた私の議論を前提にしてはいるが、それを知らなくても、独立に理解することができはするように書かれてはいる。しかし、このように考えるべき根拠の根源まで知りたい方はやはり拙著を読んでもらうほかはない。一冊であれば、さしあたり『世界の独在論的存在構造——哲学探究2』（春秋社、二〇一八年）をお勧めする。

（2） 言語はこの問いを乗り超えて成立している。というより、この問いを越えた地平に立って世界を見ることが言語的世界把握の本質である。だから、この問いを理解する際には言語的疎通においては自明の前提とされていることを持ち込まないように注意しなければならない。

（3） ここで「私は私に……」と「私」を二重化してしまうと、問題の根源がその自己反省性にあるかのような誤解を誘発し、問題を「コウモリであることはコウモリにとって……」というような自己反省性によって捉える誤認のもとを作り出してしまうことになる。私見によれば、それこそが諸謬の根源である。

（4） その際に使われる「とって」には、したがって、非常に特殊な意味が込められているはずである。ある一匹のコウモリにとっての一匹の蚊ならふつうに実在するだろうが、そのコウモリにとってのそのコウモリであるあり方などというものが実在するはずもないからだ。それは、独在世界と共在世界を一つにまとめ（て矛盾した世界を作り出し）た結果として生じた像であろう。

マ　行

ラ　行

ワ　行

人名索引

ア　行

カ　行

サ　行

タ　行

ナ　行

ハ　行

トマス・ネーゲル（Thomas Nagel）

1937年生まれ、アメリカ人。コーネル、オックスフォード、ハーバードの各大学で学んだ後、1963〜66年カリフォニア大学、1966〜80年プリンストン大学、1980〜2016年ニューヨーク大学にて教鞭をとった。ニューヨーク大学名誉教授。

永井　均（ながい　ひとし）訳者、解説②

1951年生まれ、慶應義塾大学大学院文学研究科博士課程単位取得。信州大学人文学部教授、千葉大学文学部教授、日本大学文理学部教授を歴任。著書に『〈私〉のメタフィジックス』（勁草書房）ほか多数。

古田徹也（ふるた　てつや）解説①

1979年生まれ、東京大学大学院人文社会系研究科博士課程単位取得退学。博士（文学）。東京大学文学部准教授。著書に『それは私がしたことなのか』（新曜社）ほか。

新装版 コウモリであるとはどのようなことか

1989年 6月20日　第1版第1刷発行
2023年12月20日　第2版第1刷発行

著　者　トマス・ネーゲル
訳　者　永　井　　均
発行者　井　村　寿　人

発行所　株式会社　勁（けい）草（そう）書　房

112-0005 東京都文京区水道2-1-1　振替 00150-2-175253
（編集）電話 03-3815-5277／FAX 03-3814-6968
（営業）電話 03-3814-6861／FAX 03-3814-6854
三秀舎・中永製本

ISBN978-4-326-10330-0　　Printed in Japan

https://www.keisoshobo.co.jp

B・ウィリアムズ　道徳的な運　哲学論集一九七三〜一九八〇　伊勢田哲治監訳　三八五〇円

D・パーフィット　理由と人格　非人格性の倫理へ　森村進訳　一一〇〇〇円

P・グライス　論理と会話　清塚邦彦訳　五二八〇円

D・デイヴィドソン　行為と出来事　服部・柴田訳　六〇五〇円

J・マクダウェル　心と世界　神崎・河田他訳　四五一〇円

M・フリッカー　認識的不正義　権力は知ることの倫理にどのようにかかわるのか　佐藤邦政監訳　三七四〇円

大庭健編　現代倫理学基本論文集Ⅲ　規範倫理学篇②　古田徹也監訳　四一八〇円

永井均　〈私〉のメタフィジックス　四六判　二四二〇円

＊表示価格は二〇二三年一二月現在。消費税10％が含まれております。